SAMMLUNG GEOLOGISCHER FÜHRER

SAMMLUNG GEOLOGISCHER FÜHRER

Herausgegeben von Franz Lotze †

Band 54

GEBRÜDER BORNTRAEGER · BERLIN · STUTTGART · 1971

Nordwürttemberg

Stromberg, Heilbronn, Löwensteiner Berge, Schwäb. Hall

von

Gerhard H. Bachmann und **Manfred P. Gwinner**

Institut für Geologie und Paläontologie
der Universität Stuttgart
(Technische Hochschule)

Mit 49 Abbildungen sowie 1 Tabelle im Text und auf den Innenseiten des Umschlags

GEBRÜDER BORNTRAEGER · BERLIN · STUTTGART · 1971

Alle Rechte, auch die der Übersetzung, des auszugsweisen Nachdrucks, der Herstellung
von Mikrofilmen und der photomechanischen Wiedergabe, vorbehalten.
© 1971 by Gebrüder Borntraeger, Berlin-Stuttgart
Einbandentwurf Wolfgang Karrasch
Druck: Gebrüder Ranz, Dietenheim
Offsetdruck: Omnitypie Nachf. L. Zechnall, Stuttgart
Schrift: Candida-Antiqua
Papier: Papierfabrik Scheufelen, Oberlenningen
Printed in Germany
ISBN 3 443 15008 X

Inhaltsverzeichnis

Vorwort	VII
I. Schichtenfolge	1
I. 1 Der tiefere Untergrund	1
I. 2 Buntsandstein	3
I. 3 Muschelkalk	3
I. 31 Unterer Muschelkalk	6
I. 32 Mittlerer Muschelkalk	7
I. 33 Oberer Muschelkalk (Hauptmuschelkalk)	10
I. 4 Keuper	15
I. 41 Unterer Keuper (Lettenkeuper)	18
I. 42 Mittlerer Keuper	21
I. 43 Oberer Keuper (Rät)	41
I. 5 Lias (Lias α)	41
I. 6 Quartär	44
II. Schichtlagerung	49
III. Fluß- und Landschaftsgeschichte	53
IV. Exkursionen	60
Vorbemerkungen, Abkürzungen	60
(Übersichtskarte auf der Innenseite des Umschlags)	
1. Heilbronn; „Wartberg", „Jägerhaus"	60
2. Heilbronn; „Ludwigsschanzen"	65
3. Umgebung von Erlenbach, Weinsberg und Eberstadt	66
4. Willsbach–Löwenstein	69
5. Bad Friedrichshall–Mosbach (Neckartal N Heilbronn)	73
6. Bad Friedrichshall–Berlichingen (Jagsttal)	75
7. Heilbronn–Frankenbach–Lauffen–Besigheim–Pleidelsheim (Neckartal S Heilbronn)	77
8. Heilbronn–Talheim–Ilsfeld (Schozachtal)	83
9. Heuchelberg und Hardwald	85
10. Cleebronn–Freudental (Ostrand des Strombergs)	89
11. Umgebung von Hohenhaslach (Stromberg)	90

Inhaltsverzeichnis

12. Ochsenbach–Eibensbach (Stromberg) 91
13. Heilbronn–Beilstein–Steinheim a. d. Murr 94
14. Neudeck–Unterohrn–Kochersteinsfeld 99
15. Öhringen–Unterheimbach–Neuhütten 100
16. Wüstenrot–Großhöchberg (Löwensteiner Berge) 102
17. Umgebung von Spiegelberg, Ellenweiler 104
18. Umgebung von Großerlach 106
19. Finsterrot–Mainhardt–Gleichen (Mainhardter Wald) 107
20. Neuenstein–Waldenburger Berge 108
21. Geislingen am Kocher–Schwäbisch Hall–Westheim (Kochertal) 111
22. Westheim–Gaildorf (Kochertal) 116
23. Mittelrot–Oberrot (Unteres Rottal) 118
24. Umgebung von Engelhofen und Bühlertann 120
25. Autobahn Stuttgart–Heilbronn 124

Literatur 126
Sachverzeichnis 136
Ortsverzeichnis 142
Abbildungsanhang 149

Vorwort

Eine reizvolle Landschaft in der näheren und weiteren Umgebung von Heilbronn blickt auf eine nicht weniger interessante geologische Geschichte zurück. Der vorliegende geologische Führer soll den Weg zu Exkursionen weisen, auf denen die wichtigsten Gesteine, ihre Abfolge und ihre Lagerung gezeigt werden. Weiter soll er zeigen, wie sich der geologische Aufbau in den Landschaftsformen zu erkennen gibt.

Das Gebiet zwischen Stromberg und Heuchelberg, dem Neckartal, Jagst- und Kocher-Tal, den Löwensteiner Bergen, dem Mainhardter Wald, den Waldenburger und Limpurger Bergen ist recht weit gespannt und birgt eine sehr große Zahl geologischer Aufschlüsse. Die Aufgabe eines geologischen Exkursionsführers besteht darin, den Weg zu den derzeit besten — und mit einiger Wahrscheinlichkeit auch künftig bestehenden — Aufschlüssen zu zeigen. Dem Benützer wird also eine A u s w a h l vorgelegt, die nach dem Ermessen der Verfasser getroffen wurde. Dabei galt es auch, Rücksicht auf den Umfang des Buches zu nehmen.

Auf zahlreichen Fahrten und Begehungen, auch anläßlich von Institutsexkursionen und geologischen Geländeübungen haben die Verfasser eine Vielzahl von Aufschlüssen besucht und registriert, von denen nur ein T e i l in diesem Führer Aufnahme finden konnte. An der geologischen Erkundung haben anläßlich von Übungs- und Diplomkartierungen folgende Kollegen und Studenten teilgenommen: S. Al Sayari, K. Brenner, H. Brunner, K. Hinkelbein, E. Gölz, W. Menyesch, F. Neamat-Allah, K. Schäfer, K. Skupin, K. Stahr und J. Zander. Weiter sind die Verfasser besonderen Dank schuldig: Herrn Oberforstrat i. R. Dr. O. Linck (Güglingen) für Mitteilungen zur Ausbildung der *Anatina*-Bank und des Schilfsandsteins sowie für Einsicht in sein Manuskript der Arbeit über den Schilfsandstein (1970); Herrn Oberlandesgeologen Dr. H. Wild (Stuttgart) für Mitteilungen zur Ausbildung der *Anatina*-Bank und des Schilfsandsteins sowie für die Erlaubnis, die noch nicht publizierten Profile der Forschungsbohrungen „Heuchelberg" und „Stromberg" zu verwenden; Herrn K. H. DÄHN (Löwenstein) für eine Mitteilung zur Gewinnung von „Stubensand" bei Löwenstein; Herrn Oberkonservator Dr. H. MATTERN (Stuttgart) für Auskünfte über geologische Naturdenkmäler; Herrn Dipl.-Deol. G. BLOOS (Ludwigsburg) für Aufschlüsse und Profile des Lias α; Herrn Dipl.-Geol. W. SCHLOZ (Stuttgart) für Angaben zur Ausbildung der Oolithenbank des Lias α. Herr Oberlandesgeologe Dr. H. FREISING (Stuttgart) stellte sehr zuvorkommend seine Aufnahmen von Lößprofilen zur Verfügung, nachdem er sie eigens für diesen Zweck noch einmal im Aufschluß überprüft und ergänzt hatte.

Bei der Geländearbeit stellte sich in manchen Fällen heraus, daß die gegenwärtigen Kenntnisse der Geologie in unserem Gebiet noch längst nicht erschöpfend sind und daß von künftigen Arbeiten, besonders von der noch weithin ausstehenden Kartenaufnahme, wichtige Ergebnisse erwartet werden dürfen.

Die Schichtfolgen und ihre Lagerung werden nur kurz beschrieben. Ebenso kann eine eingehende Erörterung über die Vorgänge, die zu ihrer Bildung geführt haben, unterbleiben. Hier sei auf einschlägige und neue Literatur verwiesen (GEYER & GWINNER 1968). Der vorliegende Führer unterscheidet sich in vieler Hinsicht von der längst vergriffenen „Geologie von Heilbronn" von PFEIFFER & HEUBACH (1930). Dort sind Schichtfolge und Fossilinhalt eingehend beschrieben, jedoch ist das Werk auf ein viel kleineres Gebiet beschränkt und der Exkursionsteil sehr knapp bemessen. Die engste Umgebung von Heilbronn ist in der Geologischen Karte 1 : 25 000 nebst Erläuterungen ausführlich geschildert (WILD 1968). Sonst stehen für das Gebiet dieses Führers leider nur sehr wenige geologische Kartenunterlagen zur Verfügung. Von der auf veralteter Kartenunterlage gedruckten „Geognostischen Karte von Württemberg" 1 : 50 000 sind zur Zeit noch die Blätter *Besigheim* und *Künzelsau* erhältlich, die mit Teilen das Exkursionsgebiet überdecken. Darüber hinaus kann nur auf die „Geologische Übersichtskarte von Baden-Württemberg" 1 : 200 000 (Blatt 1 und 2) verwiesen werden.

Die Exkursionen sind an Hand der amtlichen **Topographischen Karte 1 : 50 000** beschrieben, die beim Landesvermessungsamt in Stuttgart (Büchsenstr. 54) und über jede Buchhandlung zu beziehen ist. In der Regel werden nur Orts- und Flurnamen usw. aufgeführt,

Vorwort IX

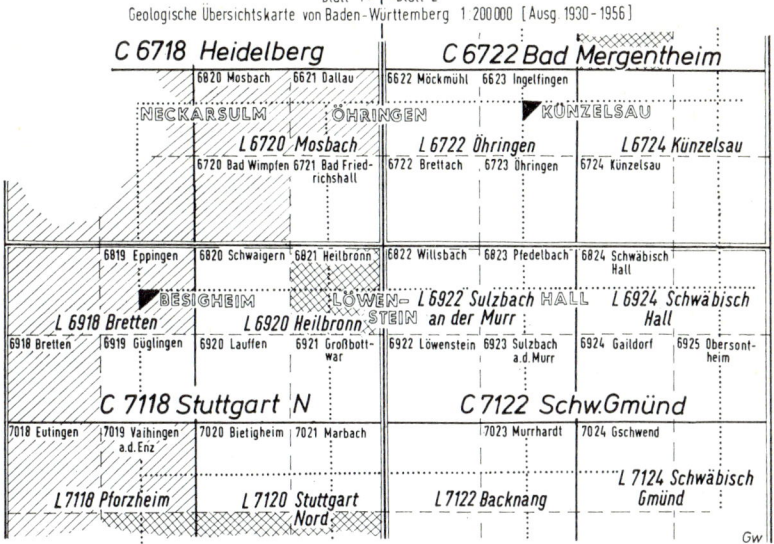

Abb. 1. Übersicht über die amtlichen Karten des Exkursionsgebietes. (Kleine Schrift = topographische Karte 1 : 25 000; fette Schrift und Blattnummer mit „L" = topographische Karte 1 : 50 000; mit Blattnummer „C" = topographische Karte 1 : 100 000.)
Geologische Karten: Schraffiert = geologische Karte 1 : 25 000 erschienen, jedoch vergriffen; kreuzschraffiert = geologische Karte käuflich (1970); punktiert: Netz der geognostischen Karte von Württemberg 1 : 50 000 (mit schwarzem Eck 1970 noch käuflich).

die auf diesen Karten verzeichnet sind. Es wird vorausgesetzt, daß sie bei den Exkursionen mitgeführt werden. Ein Übersichtsnetz über die topographischen und geologischen Karten findet sich auf Abb. 1.

Um das Zurechtfinden an Muschelkalkprofilen zu erleichtern, werden Aufschlußbilder beigegeben, auf denen wesentliche und erkennbare Leithorizonte eingezeichnet sind. Während der Arbeiten an einem von der Deutschen Forschungsgemeinschaft unterstützten Forschungsvorhaben stellte sich heraus, daß eine derartige Fixierung der Stratigraphie auf Aufschlußbildern vorteilhaft ist. Selbst wenn der Abbau in Steinbrüchen im Lauf der Zeit fortschritt und sich der Aufschluß deshalb veränderte, waren die Bilder noch gut zu gebrauchen. Die Klischees zu diesen Bildern wurden zum Teil vom Verlag, zum Teil vom Oberrheinischen geologischen Verein zur Verfügung gestellt, wofür besonderer Dank zu sagen ist.

Die Exkursionen sind in den meisten Fällen so gelegt, daß sie mit Personenkraftwagen und kleinen Autobussen durchzuführen sind. Überdies können viele Aufschlüsse oder Ausgangspunkte zu ihrem Besuch auch mit größeren Bussen erreicht werden.

Sämtliche Exkursionen dauern nicht länger als höchstens einen Tag. Größere Fahrten können nach eigener Wahl zusammengestellt werden (vgl. Übersichtskarte auf der Innenseite des Umschlags). Für einige Exkursionsgebiete werden bestimmte Routen nicht festgelegt oder nur empfohlen. In diesen Fällen sind Kartenskizzen beigefügt, auf denen wichtige Aufschlüsse eingezeichnet sind, die in beliebiger und den jeweiligen Interessen entsprechender Reihenfolge besucht werden können.

Die Verfasser sind dem Herausgeber und dem Verlag für die Aufnahme des vorliegenden Werkes in die „Sammlung Geologischer Führer" ganz besonderen Dank schuldig.

Stuttgart und Heilbronn, im Dezember 1970

Dipl.-Geol. GERHARD H. BACHMANN
Prof. Dr. MANFRED P. GWINNER

I. Schichtenfolge

I. 1 Der tiefere Untergrund

Die Daten, die über den tieferen Untergrund unseres Gebietes vorliegen, sind verhältnismäßig spärlich. Das variszische Grundgebirge, das im Schwarzwald und Odenwald zutage tritt, ist im tektonisch tiefer liegenden Bereich zwischen Kraichgau und Hohenlohe unter den mächtigen Deckschichten des Perm und der Trias verborgen. Im Osten kommt es erst wieder im Bayerisch-Böhmischen Wald auf breiter Fläche zum Vorschein. Man darf annehmen, daß dieses Gebirge auch unter Tage hauptsächlich von praevariszischen Gneisen und variszischen (devonisch-karbonischen) Intrusivgesteinen (Graniten u. ä.) aufgebaut wird. Allerdings wurde durch Bohrungen bei Ingelfingen (1857—1863) (O. Fraas 1859, Frank 1930 c, Carlé & Frank 1955) im Kochertal und in neuerer Zeit in Boxberg bei Bad Mergentheim auch das Vorhandensein von altpaläozoischen Schiefern nachgewiesen.

Nach seismischen Untersuchungen (Breyer 1956) ist die Oberfläche des Grundgebirges etwa 1100 m unter Heilbronn zu erwarten, wo sie in der „Heilbronner Mulde" (vgl. S. 50) ihren tiefsten Wert erreicht. Sie steigt nach Norden, Osten und Süden wieder kräftig an.

Gesteine des Perms wurden in den schon erwähnten Bohrungen, vor allem aber auch in der Bohrung Erlenbach bei Heilbronn erreicht, die 1912—1913 im Sulmtal abgeteuft wurde (E. Fraas 1914; siehe Abb. 20).

Das Profil dieser Bohrung ist auf Abb. 2 wiedergegeben. Das Rotliegende wurde nicht durchsunken. Man darf annehmen, daß es etwa 400 m Mächtigkeit aufweist (Wild 1968: 4). Wichtig ist die Bohrung Erlenbach deshalb, weil durch sie die Verbreitung von marinem Zechstein bis in das Gebiet um Heilbronn nachgewiesen wurde. Der Zechstein ist nach Süden bis zu einer Linie verbreitet, die von Baden-Baden nach ENE, südlich vorüber an Pforzheim, Mühlacker und Heil-

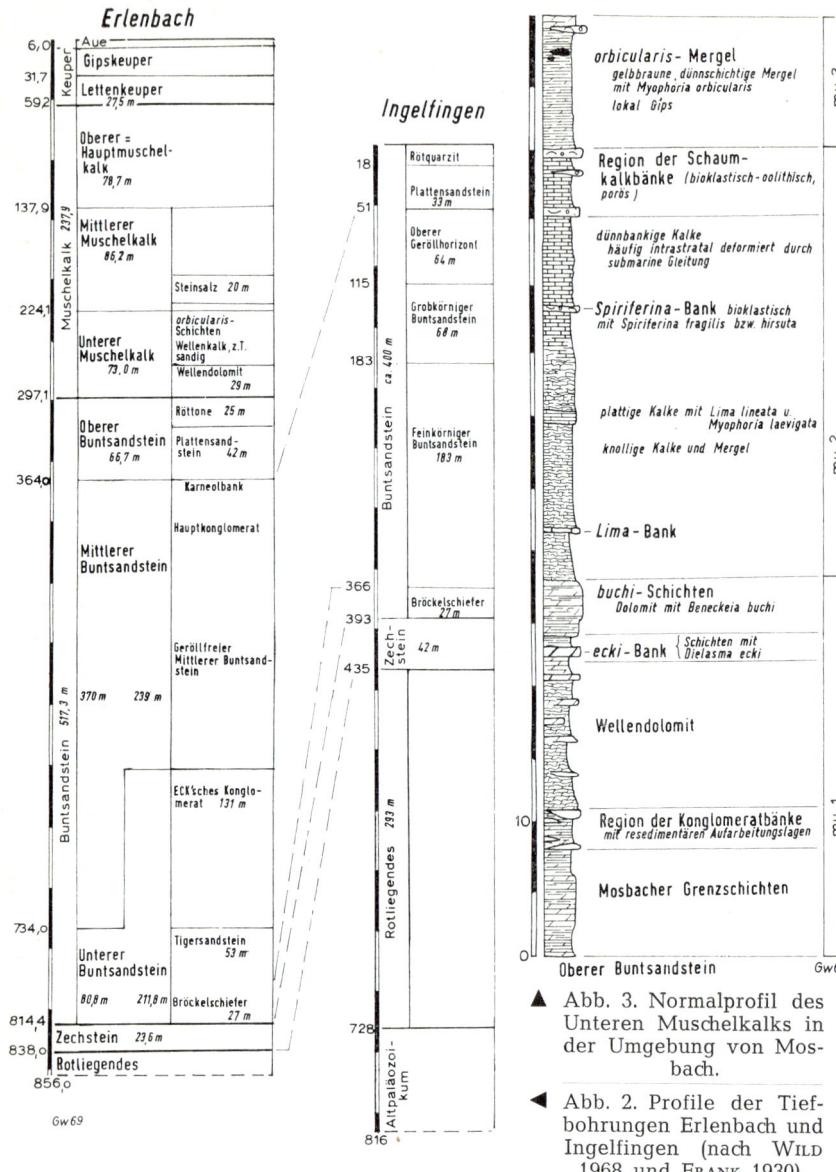

▲ Abb. 3. Normalprofil des Unteren Muschelkalks in der Umgebung von Mosbach.

◄ Abb. 2. Profile der Tiefbohrungen Erlenbach und Ingelfingen (nach WILD 1968 und FRANK 1930).

bronn verläuft (ILLIES 1965, vgl. auch GEYER & GWINNER 1968: Abb. 5).
Der Buntsandstein ist sowohl in der Bohrung Erlenbach wie in Ingelfingen sehr mächtig entwickelt; die Profile können mit denen von Schwarzwald und Odenwald verglichen werden.
1969 wurde nördlich Backnang eine Bohrung bei Allmersbach am Weinberge abgeteuft. Sie traf in 578—711 m Teufe mächtiges klastisches Rotliegendes (133 m) an, darüber 342 m Buntsandstein. Das Profil wird bei CARLÉ (1970 a) beschrieben.

I. 2 Buntsandstein

Der Buntsandstein ist im Bereich dieses geologischen Führers nur wenig und nur mit seinen jüngsten Schichtgliedern (Plattensandstein und Röt-Tone des Oberen Buntsandsteins) übertage verbreitet. Der Obere Buntsandstein reicht mit seinen südlichsten Ausläufern vom Odenwald her ins Neckartal bei Neckarelz und ins Elztal NE Mosbach.

Auch im Kochertal kommen Röt-Tone zwischen Niedernhall und Ingelfingen auf der hohen NE-Scholle der Niedernhaller Verwerfung (vgl. S. 51) zum Vorschein. Profile finden sich bei FRANK (1930 c) und ELTGEN (1965). Buntsandstein-Profile wurden in den Tiefbohrungen Erlenbach und Ingelfingen durchteuft (vgl. Abb. 2).

I. 3 Muschelkalk

Die Muschelkalk-Formation nimmt mit ihren Schichtgliedern einen sehr wesentlichen Anteil am Aufbau des Exkursionsgebiets. Das gilt ganz besonders für den Oberen Muschelkalk (= H a u p t m u - s c h e l k a l k).

Nachdem zur Buntsandsteinzeit überwiegend klastische und rotgefärbte Gesteine abgesetzt wurden, die von den umliegenden Hochgebieten in das germanische Triasbecken transportiert wurden, nimmt dort mit dem Muschelkalk die Sedimentation von Carbonaten überhand.

Das insgesamt sehr flache Triasbecken, das im Süden und Südosten von den Hochgebieten der Böhmischen Masse und des Vindelizischen Landes, im Westen vom Ardennen-Festland umrahmt wurde, zeigt schon zur Zeit des Oberen Buntsandsteins immer deutlicher marine Einflüsse bei länger dauernder Wasserbedeckung, die sich in Sedimentstrukturen (Sortierung, Schichtung) und Fossilien (z. B. Myophorien-Bänke) äußern.

Mit der Muschelkalkzeit drang nun ein flaches Nebenmeer aus dem oberschlesischen Raum bis in unseren Bereich und weiter nach S und SW vor. Dieses Meer hatte keinen völlig ungehinderten Wasseraustausch mit dem offenen Weltmeer, so daß sich besondere chemische und biologische Faktoren einstellten.

Dazu gehört eine wohl meist überhöhte Salzkonzentration, die schließlich im Mittleren Muschelkalk so weit ging, daß bei weitgehender Abschnürung des Beckens Gips (Anhydrit) oder gar Steinsalz ausgeschieden wurden und erhalten blieben. Die Zuflüsse von den umliegenden Hochgebieten waren bei herrschendem Trockenklima zu gering, um die Verdunstung des Meerwassers auszugleichen.

Der Mittlere Muschelkalk ist entsprechend den genannten Ablagerungsbedingungen bei uns so gut wie fossilleer, wenn man von eingeschwemmten Sporen absieht.

Hohe Salzkonzentration wie hohe Wassertemperatur bedingten aber auch zur Zeit des Oberen wie des Unteren Muschelkalks sehr eingeschränkte Lebensbedingungen. In diesen Abteilungen beobachtet man, daß die Reste vor allem von Muscheln und Brachiopoden ganz überwiegend und gehäuft in Schalentrümmerbänken auftreten. Viele dieser Bänke können beim Vergleich von Profilen weithin zusammenhängend verfolgt werden. Es ist anzunehmen, daß sie wenigstens annähernd gleichzeitig entstanden sind. Es müssen dann also im betreffenden Bereich die Möglichkeiten zur episodischen Entfaltung einer sehr artenarmen aber äußerst individuenreichen Muschel- oder auch Brachiopoden-Fauna bestanden haben, d. h. daß zeitweilig auf größeren oder kleineren Flächen eine Verbesserung der Lebensbedingungen stattfand. Dies könnte durch Zufuhr von frischem Wasser aus dem Ozean bei Verstärkung der Zirkulation und der damit verbundenen Verringerung der Salinität und Wassertemperatur bewirkt worden sein, wobei vor allen Dingen die Fortpflanzungsmöglichkeiten verbessert wurden. Ein besonders empfindliches Stadium bei der Vermehrung und Verbreitung von Muscheln oder Brachiopoden besteht während der Zeitspanne des Larven-Zustandes.

Inwieweit die Entstehung der Schalentrümmerbänke des Muschelkalks dem zeitweiligen Aufblühen der entsprechenden Faunen zuzuschreiben ist oder in welchem Maße die Anreicherung der Schalen- und Schalentrümmer durch Aufarbeitung von nicht oder wenig verfestigtem Sediment (Kalkschlamm) am Meeresboden zustandekam, ist dem Anteil nach nicht sicher nachweisbar. Aufarbeitung oder Wiederauflösung von Sediment am Meeresboden ist immer wieder nachzuweisen: so findet man häufig die Trümmer aufgearbeiteter, schon mehr oder weniger verfestigter Kalkbänke als „Intraklasten" resedimentiert. Auch Anlösungsspuren auf Schichtflächen kommen vor.

Das Muschelkalkmeer war wohl die meiste Zeit über verhältnismäßig flach, jedenfalls im süddeutschen Bereich. Die Zertrümmerung der unzähligen Muschel- und Brachiopoden-Schalen setzte eine hohe Energie der Wasserbewegung, also in erster Linie Wellenschlag voraus, sofern sie freilich nicht durch die Tätigkeit von Organismen erfolgte.

So war z. B. der Saurier *Placodus* („Pflasterzahn") mit seinem Gebiß darauf spezialisiert, Schalentiere zu erfassen und zu knacken. Auch bohrende Organismen (z. B. Algen u. a.) wirkten an der biologischen Zerstörung der Schalen mit.

Im Gebiet, das vom vorliegenden Führer umfaßt wird, hatte das Muschelkalkmeer eine meist recht einheitliche Faziesanordnung und damit auch während der Ablagerung gleichaltriger Schichten wohl nur wenig schwankende Meerestiefen. Die an verschiedenen Orten aufgenommenen Profile unterscheiden sich nämlich nur wenig voneinander.

Im Unteren Muschelkalk sind häufig Diskordanzen als Folge submariner Gleitungen usw. zu beobachten. Dagegen ist die Schichtenfolge des Oberen Muschelkalks, soweit sie der Beobachtung zugänglich ist, überaus konkordant.

Die Gliederung der Profile erfolgt im Unteren wie im Oberen Muschelkalk nach L e i t b ä n k e n und L e i t h o r i z o n t e n, die durch besondere Beschaffenheit auffallen und sich mehr oder weniger weit von Aufschluß zu Aufschluß verfolgen lassen. Solche Leithorizonte sind viele der bioklastischen Schalentrümmerbänke oder auch tonreiche Lagen, die in den Aufschlüssen zurückwittern und oft als Hohlkehlen in Erscheinung treten. Auch das gehäufte Auftreten von gewissen Fossilien (Muscheln und Brachiopoden) in einigen Abschnitten der Profile wird zur Gliederung benützt.

Neben dieser Unterteilung nach der Gesteinsabfolge (Lithostratigraphie) ist auch eine biostratigraphische möglich, die auf der Abfolge der Ceratiten beruht, allerdings nur im Oberen Muschelkalk (vgl. Abb. 5). Diese Ammoniten finden sich jedoch nicht immer und überall in wünschenswerter Häufigkeit. Die Feingliederung der Profile wird daher nach den genannten lithostratigraphischen Gesichtspunkten vollzogen.

Zur Bestimmung von Fossilien ist nach wie vor das umfassende Werk von SCHMIDT (1928, 1938) hervorragend geeignet. Eine Neubearbeitung der Ceratiten des Oberen Muschelkalks stammt von WENGER (1957).

I. 31 Unterer Muschelkalk

Der Untere Muschelkalk, der auch als „Wellengebirge" bezeichnet wird, tritt im Neckartal nördlich von Neckarzimmern zutage und ist in der Gegend von Mosbach in seiner vollen Mächtigkeit von etwa 70 m aufgeschlossen. Für diese Gegend gilt das Profil auf Abb. 3.

Sonst steht der Untere Muschelkalk im Kochertal zwischen Geislingen und Niedernhall an und bildet dort eine Schulter im unteren Teil der Talhänge, über der eine Hangverflachung im ausgelaugten Mittleren Muschelkalk eintritt.

Profile aus der Gegend von Niedernhall, Ingelfingen und Künzelsau findet man bei ELTGEN (1965: 97) und FRANK (1930 c: 9). Ein Profil ist ferner von Kocherstetten beschrieben. An der Böschung der Straße nach Künzelsau stehen die Schichten unterhalb und mit der *Spiriferina*-Bank an (FRANK 1930 c: 11).

Nach den neuen Untersuchungen von SCHWARZ (1970) weisen sich die sedimentären Erscheinungen den Unteren Muschelkalk als eine Flachmeerbildung im Gezeitenbereich aus. Die schon auf S. 5 erwähnten Schichtgleitungen erfolgten an den Rändern von Prielen. Dabei kam es auch zur Bildung von Gleittreppen, Fließfladen und intraformationellen Geröllen (Intraklasten). Im Strömungsbereich entstand longitudinale Schräg-Schichtung. Schichtflächen wurden mit Kleinrippeln überzogen. Bei der Aufarbeitung von teilweise verfestigtem Kalkschlamm entstanden riefenartige lineare Marken auf der Sedimentoberfläche.

Für einzelne Bänke charakteristische Fossilien sind aus Abb. 3 zu ersehen. Außerdem findet man im Unteren Muschelkalk hauptsächlich die Terebratel *Coenothyris vulgaris* und die Muscheln *Hoernesia socialis* und *Homomya albertii*. Neben dem Ammoniten *Beneckeia buchi* kommt *Ceratites antecedens* vor.

Weitere Literatur: LODEMANN 1958; SCHALCH 1892; P. VOLLRATH 1923.

I. 32 Mittlerer Muschelkalk

Das salinare Gebirge, vor allem die Steinsalzlager des Mittleren Muschelkalks sind nur dort erhalten geblieben, wo es unter genügend mächtiger Bedeckung durch jüngere Schichten dem Zugriff bewegten Grundwassers bis zur Gegenwart entzogen wurde. Man findet komplette Profile also nur unter Tage, wenn der Mittlere Muschelkalk durch Bohrungen oder durch Schächte durchteuft wird.

Steinsalzvorkommen im Untergrund sind bekannt aus der nördlichen Umgebung von Heilbronn im Bereich der Heilbronner Mulde. Hier wird das Salz in den Schachtanlagen von Bad Friedrichshall–Kochendorf und Heilbronn abgebaut. Salz wurde früher auch bergmännisch im Schacht Wilhelmsglück südlich Schwäbisch Hall gewonnen. Man darf damit rechnen, daß auch unter den Keuperbergen der Löwensteiner Berge, des Mainhardter Waldes und des Stromberg-Heuchelberg-Gebietes die Bedingungen für Erhaltung des Salzes gegeben sind (WILD 1968: Abb. 2). Es ist allerdings durchaus nicht sicher, ob Salz auch überall primär abgelagert wurde. So ist beispielsweise das Steinsalz in der Bohrung Stromberg nur in sehr geringer Mächtigkeit angetroffen worden (vgl. Abb. 4), die offensichtlich nicht etwa durch spätere Ablaugung zustandekam.

Die Profile des Mittleren Muschelkalks auf Abb. 4 zeigen schwankende Mächtigkeit und nicht einheitliche Abfolge des Steinsalzes. Die Gliederung des Profils über dem Salz konnte in der Umgebung von Heilbronn nach neueren Bohrungen etwas präziser vorgenommen werden als in den älteren Schachtprofilen Kochendorf und Wilhelmsglück.

Wo der Mittlere Muschelkalk nahe an oder gar über die Talsohle aufsteigt, bleiben nur seine Auslaugungsrelikte übrig in einer Mächtigkeit um 30—40 m. An den Talhängen des Neckartals zwischen Neckarzimmern und Obrigheim streichen Gipslager des Mittleren Muschelkalks aus, die untertage abgebaut wurden und werden (Abb. 22). Das in der Mosbacher Gegend gültige Profil findet sich auf Abb. 4. Seine Verknüpfung mit den übrigen Profilen ist vorerst nur recht lose möglich.

Mittlerer Muschelkalk streicht mit seinen Auslaugungsrelikten auch an den Hängen des Kochertales zwischen Untermünkheim bei Schwäbisch Hall und Sindringen aus. Schließlich erscheint er im

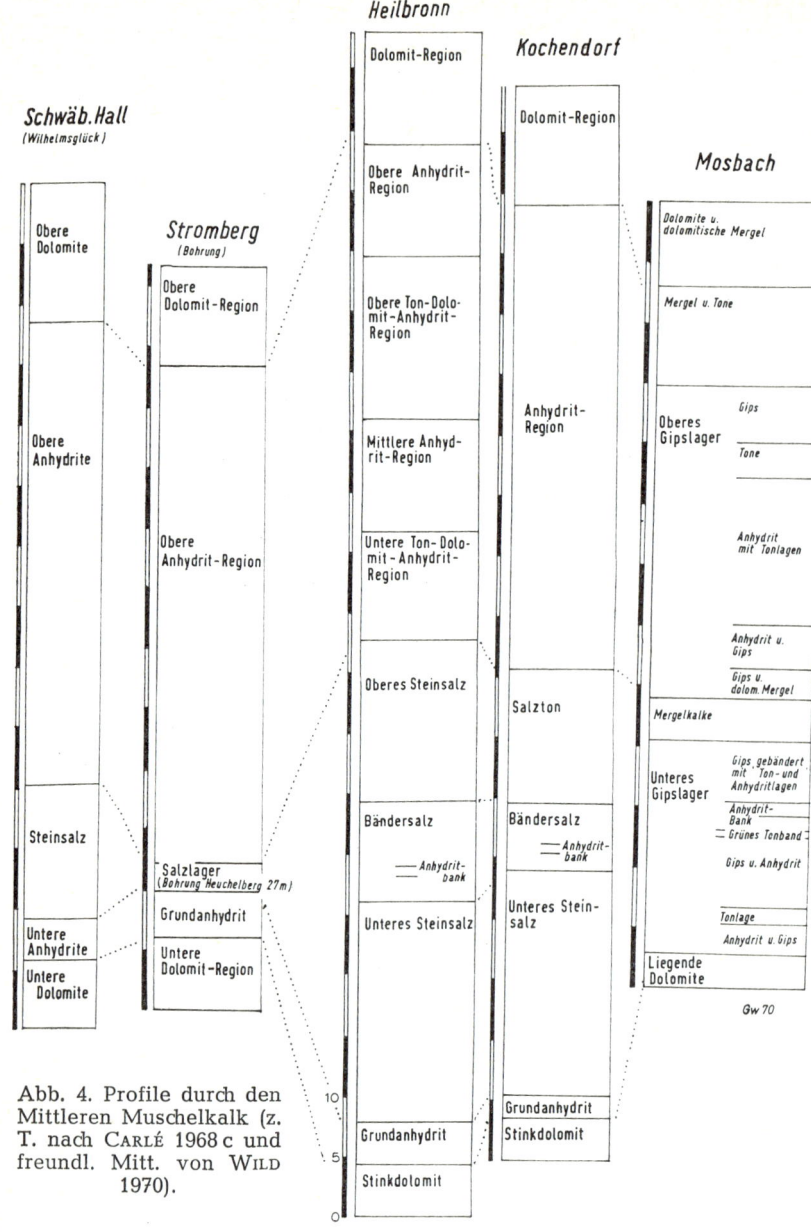

Abb. 4. Profile durch den Mittleren Muschelkalk (z. T. nach CARLÉ 1968 c und freundl. Mitt. von WILD 1970).

Tabelle 1. Salzgewinnung und Gewinnungsversuche im Bereich des Exkursionsführers.

Salzgewinnung aus Salinen

a) Solen aus dem Buntsandstein

Mosbach	1764–1824	CARLÉ 1961
Niedernhall, Weißbach und Criesbach/Kocher	1237–1827	CARLÉ 1964 b, 1968 b

b) Solen aus dem Mittleren Muschelkalk

Offenau („Clemenshall")	1756–1929	CARLÉ 1968 a
Bad Friedrichshall–Jagstfeld	1818–jetzt	CARLÉ 1968 b
Bad Wimpfen („Ludwigshalle")	1763–jetzt	CARLÉ 1965 a, XELLER 1881
Bad Rappenau	–jetzt	
Industrie-Solung in der westlichen Umgebung von Heilbronn (Frankenbach, Schwaigern)	1880–jetzt	CARLÉ 1968 b, WILD 1968
Schwäbisch Hall (ab 1887 Sole von Tullau)	1037–1930	CARLÉ 1965 b, 1966 b, 1968 c

c) Salinenversuche

Murrhardt	1594–1805	CARLÉ 1960, 1964 a
Lichtenstern	1596	
Westheim	1605	
Ottendorf	1737	
Bohrungen und Mutungen am unteren Neckar		CARLÉ 1968 b: 163

Salzgewinnung aus Bergwerken (Mittlerer Muschelkalk)

Wilhelmsglück S Schwäbisch Hall	1825–1900	CARLÉ 1966 b, 1968 c
Jagstfeld	1859–15. 9. 1895 (durch Wassereinbruch beendet)	CARLÉ 1968 b
	Einbruchstrichter des Jagstfelder Schachtes heute als „Schachtsee" E Bahnhof Jagstfeld noch erhalten.	
Salzwerk Heilbronn	1885–jetzt	CARLÉ 1968 b, WILD 1968
Bad Friedrichshall–Kochendorf („Schacht König Wilhelm II")	1899–jetzt	CARLÉ 1968 b
	In 60 Jahren 1899–1959 wurden insgesamt $14 \cdot 10^6$ Tonnen Steinsalz gefördert.	

Neckartal im Bereich des Hessigheimer Sattels (Abb. 15) über der Talsohle, obwohl er auch dort unter mächtigen Schuttbildungen des Oberen Muschelkalks verborgen bleibt.

Die Auslaugung im Mittleren Muschelkalk wirkt sich auch im Oberen Muschelkalk aus, dessen Lagerung durch Nachstürzen und Nachsacken gestört wird. Diese A u s l a u g u n g s t e k t o n i k tritt besonders an den Talhängen in Erscheinung, wo die Schichten des Oberen Muschelkalks dann häufig eine talwärtige Neigung zeigen. Auch kommt es zur Ablösung von Felspartien entlang von Klüften, wie z. B. in den bekannten Felsengärten von Besigheim (vgl. S. 82).

Die Salzführung des Mittleren Muschelkalks gab schon frühzeitig Anlaß zur Gewinnung von Solen und Anlage von Salinen. Daten und Literaturhinweise finden sich auf Tab. 1.

Der Schacht „König Wilhelm II" des Steinsalzbergwerks Kochendorf der Staatlichen Saline Friedrichshall ist während der Sommermonate an einigen Sonntagen öffentlichen Befahrungen zugänglich.

L i t e r a t u r: ALDINGER & SCHACHL 1952; BESTEL 1929; SCHACHL 1953, 1954; WILD 1958, 1965, 1968.

I. 33 O b e r e r M u s c h e l k a l k (H a u p t m u s c h e l k a l k)

Nicht nur im Exkursionsgebiet dieses geologischen Führers, sondern überall im Verbreitungsbereich des Muschelkalks ist der Obere Muschelkalk das augenfälligste Schichtglied, das deshalb auch als „Hauptmuschelkalk" bezeichnet wird. Seine widerständigen Carbonatgesteine bilden eine breite ausladende Schichtstufe, an deren Stirn und vor allem Taleinschnitten der Obere Muschelkalk zutage ausstreicht und oft Felsen bildet. Auf der Hochfläche ist allerdings mit zunehmender Entfernung von den Talkanten meist eine Bedeckung durch Lettenkeuper und Löß bzw. Lößlehm vorhanden. Gerade diese Flächen werden wegen ihrer Fruchtbarkeit weithin als Ackerland genutzt („S t r o h g ä u"). Im Gegensatz dazu steht das H e c k e n - und S c h l e h e n g ä u, wo Muschelkalk ohne Lehmdecke nur geringmächtige und wenig fruchtbare Bodenbildungen trägt. Besonders an den Talhängen mußten früher aus Weingärten und Äckern unzählige Steine ausgelesen werden, die zwischen den Äckern zu hohen Wällen angehäuft wurden. Diese Steinriegel sind für die Hänge der Muschelkalktäler typisch.

Da die Kalksteine des Hauptmuschelkalks vielfach zu Schottern verarbeitet werden, besteht eine sehr große Anzahl von künstlichen Aufschlüssen in Steinbrüchen.

Im Hauptmuschelkalk wechseln sich dichte (meist mikritische), in der Regel fossilarme Kalke und bioklastische, z. T. auch oolithische Schalentrümmerbänke ab. Die ersteren sind aus feinkörnigen Kalkschlammen entstanden. Sie werden auch als „Blaukalke", bei höherem Tongehalt als „Tonplatten" bezeichnet. Manche dichten Kalke zeigen auch Wühlgefüge und verwittern dann oft brockelig („Brockelkalke" z. T.). Die bioklastischen Kalke zeigen entweder eine mikritische Grundmasse oder eine sparitische (spätige). Die letztere kommt zustande, wenn der Porenraum zwischen den Schalentrümmern u. ä. klastischen Partikeln durch Abscheidung von kristallinem Kalk aus der Porenlösung zementiert wird. Eine nachträgliche teilweise Dolomitisierung ist häufig.

Wie die Abb. 5 und 6 zeigen, ist im Oberen Muschelkalk eine besondere detaillierte Gliederung des Profils möglich. Dabei unterscheiden sich die Profile aus dem Neckar- und Jagstgebiet nördlich Heilbronn, dem Neckartal S Heilbronn (Abb. 5) und dem Kochergebiet um Schwäbisch Hall (Abb. 6) nur wenig. Die angegebene Gliederung erfolgt nach GWINNER (1970 c). Da man sich naturgemäß in Muschelkalkprofilen, vor allem an schlecht zugänglichen Steinbruchwänden, schwer zurechtfindet, wird hier versucht, die stratigraphische Einteilung an zahlreichen Aufschlüssen an Hand von photographischen Aufnahmen aufzuzeigen.

Die Verbreitung der Ceratiten im Profil geht aus Abb. 5 hervor.

Die untere Abteilung des Hauptmuschelkalks, die Trochitenschichten (Trochitenkalk) zeichnen sich dadurch aus, daß viele der bioklastischen Bänke neben Schalentrümmern und ooidischen Körperchen auch die auffallenden Stielglieder der Seelilie *Encrinus liliiformis* (sog. „Trochiten") enthalten. Natürlich finden sich auch die Kronenteilchen dieser Tiere in den Kalken, jedoch sind sie im Handstück längst nicht so gut zu erkennen. Im Steinbruch Neckarwestheim (vgl. S. 82) fanden sich mehrere ganz erhaltene Seelilien mit Kronen und Wurzel (LINCK 1954, 1965 a, b).

Die Gliederung des Profils im Trochitenkalk wird, wie die Abb. 5 und 6 zeigen, nicht überall einheitlich vorgenommen. Im Neckar-Jagst-Gebiet werden die sog. „Trochitenbänke" in Anlehnung an W.

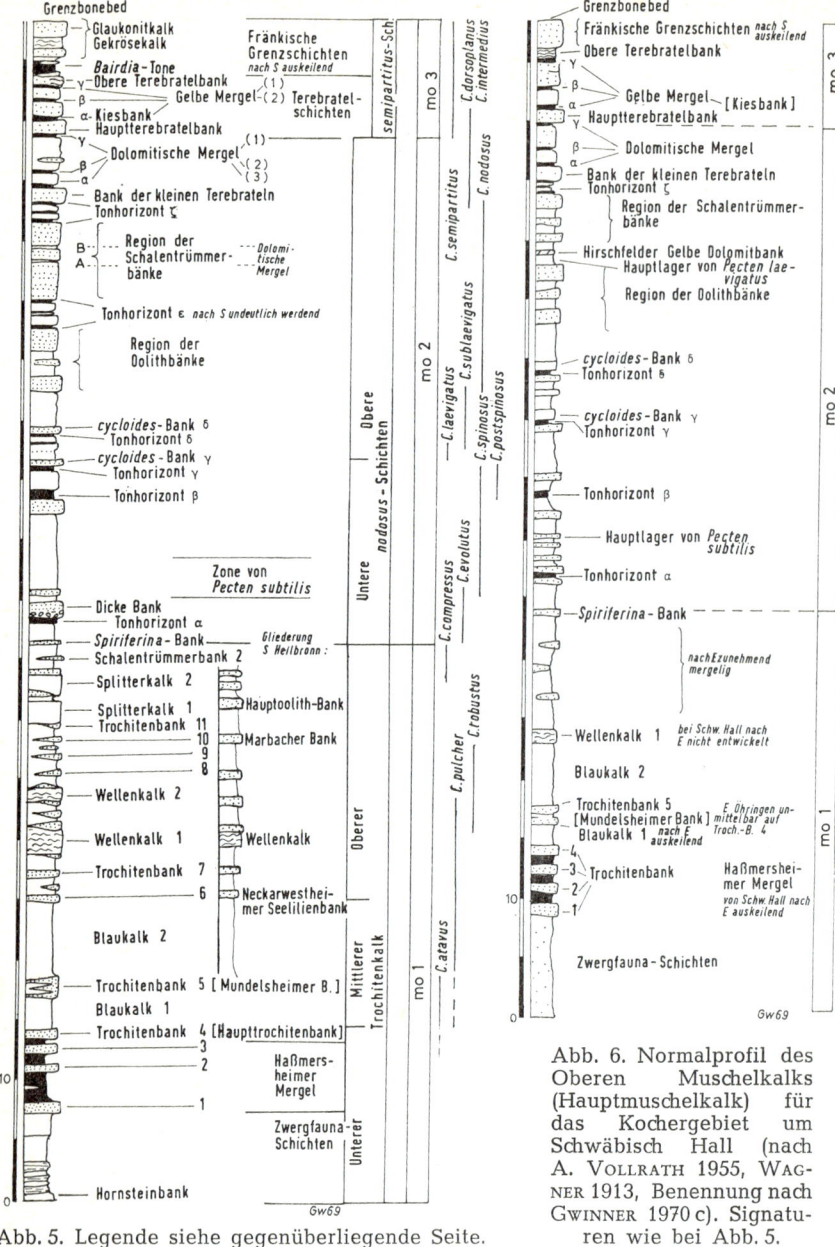

Abb. 5. Legende siehe gegenüberliegende Seite.

Abb. 6. Normalprofil des Oberen Muschelkalks (Hauptmuschelkalk) für das Kochergebiet um Schwäbisch Hall (nach A. VOLLRATH 1955, WAGNER 1913, Benennung nach GWINNER 1970 c). Signaturen wie bei Abb. 5.

WIRTH (1957, 1958) numeriert (SKUPIN 1969). In den übrigen Bereichen tragen sie Namen. Eine sichere Verknüpfung ist noch nicht gegeben. Es ist zu beachten, daß die „Trochitenbänke" des WIRTH'schen Gliederungs-Schemas vielerorts nur wenig oder k e i n e Trochiten führen, also lediglich S c h a l e n t r ü m m e r b ä n k e sind! Ausgezeichnete Leithorizonte sind die Wellenkalke, die sich durch wellig-flaserige Schichtung auszeichnen und namentlich an Steinbruchwänden sichtbar werden, die schon längere Zeit der Verwitterung unterliegen.

Die Grenze des Trochitenkalks gegen den Oberen Hauptmuschelkalk wird von der *Spiriferina*-Bank gebildet. Sie zeichnet sich dadurch aus, daß nur in ihr der Brachiopode *Spiriferina fragilis* vorkommt, der offenbar nur zu dieser Zeit günstige Einwanderungs- und Ausbreitungsbedingungen im süddeutschen Oberen Muschelkalk vorfand, dann aber nicht länger überleben konnte.

Das Profil des Oberen Hauptmuschelkalks wird durch mehrere tonreichere Horizonte gegliedert, von denen die bezeichnet werden, die auf größere Entfernung zu verfolgen sind und deshalb stratigraphischen Leitwert besitzen. Im oberen Teil des Profils kommen (z. T. dolomitische) Mergel hinzu, die ebenfalls als Leithorizonte dienen („Dolomitische Mergel", „Kiesbank", „Gelbe Mergel").

Daneben zeichnen sich einige Bänke durch den Gehalt an anfallenden Fossilien aus. So kommt in den *cycloides*-Bänken die kleine, rundliche Terebratel *Coenothyris vulgaris* var. *cycloides* oft massenhaft vor. In der „Bank der Kleinen Terebrateln" kommt die Varietät „*minor*" vor. Dagegen findet man in der Hauptterebratelbank oft sehr dicke Terebrateln.

Andere Bänke sind durch besondere Strukturen gekennzeichnet. So zeigt z. B. die Obere Terebratelbank meist ein wulstiges, knolliges Aussehen. Die Gekrösekalke der Fränkischen Grenzschichten sind unregelmäßig wulstig verfaltet.

Im Neckargebiet südlich Heilbronn sind die Schichten über der Hauptterebratelbank und diese selbst dolomitisch entwickelt. Sie erscheinen in den Aufschlüssen mit intensiv ockergelber Farbe. Nach

Abb. 5. Normalprofil des Oberen Muschelkalks (Hauptmuschelkalk) mit Ceratiten-Zonen N und S Heilbronn. Die Verknüpfung der Profile im Trochitenkalk N und S Heilbronn ist noch nicht vollständig möglich. (Nach SKUPIN 1969, A. VOLLRATH 1955, WAGNER 1913, Benennung nach GWINNER 1970 c.) — Bioklastische Kalke punktiert, überwiegend mikritische Kalke weiß, wichtige Ton- und Mergelhorizonte schwarz.

Süden greift die Dolomitisierung im Profil zunehmend höher und tiefer. Mit diesem Vorgang wurden die Sedimentstrukturen mehr oder weniger verwischt, Fossilreste zerstört.

Die **Fränkischen Grenzschichten** sind das jüngste Schichtglied des Hauptmuschelkalkes. Ihre Fazies (reiche Tonführung; Ostracoden, Estherien, *Lingula, Anoplophora*) zeigt schon Anklänge an den Lettenkeuper. Deshalb wurden vor den eingehenden Untersuchungen WAGNERS (1913) die Fränkischen Grenzschichten teilweise auch schon zu diesem gestellt.

Die Verbreitung der Fränkischen Grenzschichten gibt die maximale Tiefenlinie des Meeres am Ende der Muschelkalkzeit an. Nach Süden keilen sie aus und werden diskordant vom Grenzbonebed überlagert. Auf kurze Entfernung ist die Lagerung freilich konkordant.

Eine Regression zeigt sich im obersten Hauptmuschelkalk schon früher durch beckenwärts gerichtete Faziesverschiebungen an (A. VOLLRATH 1938, 1952, 1955). Besonders augenfällig ist dies bei der Verschiebung der Oolithfazies in der Region der Oolithbänke und der Schalentrümmerbänke.

Daß die Null-Meter-Mächtigkeitslinie der Fränkischen Grenzschichten jedoch gleichzeitig eine alte Uferlinie des Meeres dargestellt haben soll (WAGNER 1913: 172), ist nicht glaubhaft, da Anzeichen für ein Trockenfallen des Meeresgrundes (starke Erosion, Verkarstung, Bodenbildung) fehlen. Es ist vielmehr anzunehmen, daß das Ende der Muschelkalkzeit durch eine Sedimentationsunterbrechung gekennzeichnet ist, während der das Bonebed bei bestehender, wenn auch flacherer Wasserbedeckung gebildet wurde.

Neben den in den Abbildungen angeführten Ceratiten und anderen Fossilien sind noch zu nennen der zu den Cephalopoden gehörende *Germanonautilus bidorsatus*, die häufig vorkommenden Muscheln *Lima striata, Pecten laevigatus, P. discites, P. albertii, Myophoria vulgaris, M. goldfussi, Mytilus eduliformis, Hoernesia socialis, Pleuromya* und *Placunopsis* (lokal riffbildend). Nicht selten ist der Krebs *Pemphix seuri*.

Die für die „*Bairdia*-Tone" der Fränkischen Grenzschichten namengebende Ostracoden-Gattung kommt nach neueren Untersuchungen in diesen Schichten offenbar nicht oder doch nur ganz untergeordnet vor. Die häufigsten Gattungen sind *Letticocythere* und *Laevicythere* (KRÖMMELBEIN 1964: 499). Daneben ist *Mandelstamia* häufig (AUST 1969: 18).

Die wichtigsten Brachiopoden, vor allem Terebrateln, wurden schon genannt.

Unter der Oberen Terebratelbank kommen an der südlichen Verbreitungsgrenze der Fränkischen Grenzschichten Kalkalgen *(Sphaerocodium kokeni)* besonders zahlreich vor.

An Wirbeltierresten sind vor allem solche von Fischen (z. B. *Gyrolepis*) und Sauriern (z. B. *Nothosaurus*) zu nennen. Lebensspuren sind im Hauptmuschelkalk sehr häufig. Besonders fallen die Spreitenbauten von *Rhizocorallium* auf. Daneben finden sich die Fraßgänge sedimentfressender Organismen.

Fossilinhalt und Sedimentstrukturen (z. B. Schrägschichtung in bioklastischen Kalken) zeigen, daß der Obere Muschelkalk in einem wohl sehr flachen Meer abgelagert wurde, in welchem allerdings die Lebensbedingungen häufig und offensichtlich auf größere Erstreckung hin einigermaßen gleichzeitig wechselten. Auffällig ist, daß im Oberen Muschelkalk des hier beschriebenen Gebiets k e i n e nennenswerten Diskordanzen im Schichtverband auftreten, wie sie bei einer Ablagerung im Gezeitenbereich zu erwarten wären, sofern ein solcher überhaupt entwickelt war.

W e i t e r e L i t e r a t u r : LOSCH 1931; MUNDLOS 1970; SCHÄFER 1971; SEILACHER 1963, 1967; WAGNER 1913; A. VOLLRATH 1938, 1952, 1953, 1955 a, b, c, 1957, 1958.

I. 4 Keuper

Der weitaus größte Teil des in diesem Führer besprochenen Gebietes wird vom Keuper, insbesondere vom Mittleren Keuper, eingenommen.

Im Gegensatz zum Muschelkalk zeigt der Keuper starke festländische Beeinflussung. Seine Ablagerungen setzen sich in Süddeutschland aus Sandsteinen, meist schluffhaltigen Ton- und Tonmergelsteinen, dolomitischen Mergelsteinen, meist dolomitischen Karbonatbänken und Gips (Anhydrit) zusammen.[1] Da genaue sedimentpetrographische Untersuchungen größtenteils noch ausstehen, ist es oft schwierig zu beurteilen, unter welchen Bildungsbedingungen die Schichten entstanden. Für manche Horizonte geben Fossilien diesbezügliche Hinweise, doch ist der Keuper im Vergleich zum Muschelkalk und erst recht zum Jura außerordentlich fossilarm. Dies wird einerseits durch eine lebensfeindlichere Umgebung, andererseits auch durch die ungünstigen Fossilisationsbedingungen in den klastischen Sedimenten verursacht. Treten dennoch Fossilien auf, so sind

---

[1] Besonders im Mittleren Keuper bezeichnet man herkömmlicherweise die tonigen Sedimente, trotz ihres meist zu geringen Karbonatgehalts, gewöhnlich als „Mergel", die harten, karbonatischen Bänke als „Steinmergel".

sie meist auf geringmächtige Horizonte beschränkt und geben wenig Hinweise auf die Bildungsbedingungen der liegenden und hangenden Schichten. Allgemein darf man jedoch annehmen, daß die Ablagerungen des Keupers keineswegs in dem Maße kontinental sind, wie bisher vielfach geglaubt wurde, sondern daß er vielmehr eine überwiegend marine, wenn auch stark festländisch beeinflußte Bildung ist. Dies fordert allein schon die weithin gleichbleibende Ausbildung seiner Schichten.

Das Germanische Becken war zur Keuperzeit eine weite, reliefarme Senke, die von einem in der Regel hochsalinaren Flachmeer überflutet war. Schon geringfügige epirogenetische Bewegungen oder Meeresspiegelschwankungen konnten starke Veränderungen verursachen. Frisches Meerwasser strömte ebenso leicht ein, wie der Wasseraustausch bis zur Ausscheidung von $CaSO_4$ gehemmt wurde. Zeitweilig lag es trocken.

Die Verwitterungsprodukte der umgebenden Hochgebirge wurden durch Meeresströmungen, Flüsse, episodische Schichtfluten und durch den Wind beckenwärts transportiert und dort weiter ausgebreitet. Für die Sandschüttungen lassen sich zwei Herkunftsgebiete bestimmen: Lettenkeupersandstein und Schilfsandstein entstammen dem fennoskandischen Festland im Norden („N o r d i s c h e r   K e u p e r", WURSTER 1964a), Kiesel- und Stubensandstein der Böhmischen Masse und dem Vindelizischen Land im Osten und Süden („V i n d e l i z i s c h e r   K e u p e r", WURSTER 1964a). Die Herkunft der feinklastischen Ablagerungen ist nicht bekannt, wahrscheinlich entstammen sie insgesamt den umgebenden Hochgebieten, einschließlich dem Ardennen-Festland.

Während die „nordischen Sandsteine" in Mitteleuropa in ähnlicher Ausbildung weit verbreitet sind, treten die „vindelizischen Sandsteine" nur an den Rändern des Abtragungsgebietes auf und nehmen gegen das Beckeninnere rasch an Mächtigkeit und Korngröße ab. Sie verzahnen sich mit der überwiegend tonigen Fazies des Beckeninneren, die dort in zunehmendem Maße carbonatische Bänke führt. In den Profilen äußert sich dies in einem Wechsel von tonigen und sandigen Ablagerungen, die zusammen mit einzelnen charakteristischen Carbonatbänken eine detaillierte lithostratigraphische Gliederung ermöglicht. Eine biostratigraphische Gliederung ist durch die Fossilarmut des Keupers ausgeschlossen.

Einen gewissen Leitwert besitzen nach den Feststellungen WARTHS (1969) die Palaeestherien.

Für den Oberen Keuper (Rät) ist als Leitfossil die Muschel *Rhätavicula contorta* von Bedeutung.

Vor allem die Lamellibranchiaten-Fauna des Keupers stellt, wie M. SCHMIDT (1930: 28) hervorhebt, anfangs eine verarmte Muschelkalkfauna dar, von der allmählich immer mehr Arten verschwinden. Zum letzten Mal wird sie für uns in der Bleiglanzbank des Mittleren Keupers deutlich. Ein Ersatz kommt dann offenbar durch Einwanderung von Norden (LINCK 1968 b, 1970).

Der L e t t e n k e u p e r wird allgemein als eine marin-brackische Bildung angesehen. Dabei repräsentieren vor allem die carbonatischen Bänke, wie Blaubank, ALBERTI-Bank usw., das marine Milieu.

Während des G i p s k e u p e r s war der Wasseraustausch des Beckens mit dem offenen Meer häufig gehemmt. Dies führte vor allem zur Zeit der Grundgipsschichten und des Mittleren Gipshorizonts zur Ausscheidung von $CaSO_4$. Zeitweiliger Zustrom frischen Meerwassers erlaubte die Bildung fossilführender Carbonatbänke, wie die Steinmergel der Grundgipsschichten, die Bleiglanzbank und die *Anatina*-Bank. Dagegen deuten Sedimentstrukturen in der Engelhofer Platte auf zeitweiliges Trockenfallen hin.

Sind auch die Bildungsbedingungen von S c h i l f s a n d s t e i n und L e t t e n k e u p e r - H a u p t s a n d s t e i n umstritten (vgl. S. 32), so muß doch angenommen werden, daß sie in ein meererfülltes Becken eingeschüttet wurden. Dieses Meer blieb auch zur Zeit der B u n t e n M e r g e l bestehen, bei uns zeitweilig zurückgedrängt während des K i e s e l s a n d s t e i n s , der überwiegend eine fluviatile Bildung sein dürfte. Schließlich weicht auch mit dem S t u b e n s a n d s t e i n das Meer zurück. Hier waren neben episodischen Schichtfluten weit auspendelnde Flüsse die hauptsächlichen Transportmedien (vgl. GWINNER 1971 c). In Seen kam es zur Bildung von Carbonatsedimenten, z. B. den O c h s e n b a c h s c h i c h t e n , daneben entstanden durch kapillaren Aufstieg auch K a l k k r u s t e n .

Die K n o l l e n m e r g e l werden gewöhnlich als äolische Ablagerung angesehen, doch ist diese Deutung zweifelhaft. Sicher ist, daß mit dem R ä t und dem L i a s das Meer wieder in das Becken vordrang.

Bei der Betrachtung der Schichtgrenzen ist hervorzuheben, daß es sich oft um heterochrone Faziesgrenzen handelt (FRANK 1936). Dies gilt für die Grenzen Buntsandstein/Unterer Muschelkalk, Unterer/ Mittlerer und Mittlerer/Oberer Muschelkalk ebenso wie für die Grenzen der „vindelizischen Sandsteine". Bei der Grenze Muschelkalk/ Lettenkeuper, Lettenkeuper/Gipskeuper und den Grenzen der „nordischen Sandsteine" ist es umstritten (u. a. DUCHROW 1965, EMMERT 1965, v. FREYBERG 1965, WURSTER 1964 a). Gewissen Leitbänken, wie der Bleiglanzbank, der Engelhofer Platte, der *Anatina*-Bank und den Ochsenbachschichten dürfte wie den Terebratel-Bänken des Hauptmuschelkalks ein isochroner Leitwert zuzusprechen sein.

I. 41 Unterer Keuper (Lettenkeuper)

Die Schichtstufe des Muschelkalks wird auf weiter Fläche vom Lettenkeuper bedeckt. Gemeinsam bilden sie die wellige „Muschelkalk-Lettenkeuper-Verebnung" der Gäulandschaften. Besonders ausgeprägt ist sie im Kraichgau und in der Hohenloher Ebene. Die Schichten werden dort weithin von mächtigem Löß und Lößlehm verhüllt. Aus diesem Grund ist der Lettenkeuper oft nur schlecht der Beobachtung zugänglich. Gut erschlossen ist sein unterster Teil als z. T. mächtiger Abraum über den Steinbrüchen im Hauptmuschelkalk. Gewöhnlich reicht die Schichtfolge hier bis zum Hauptsandstein. Sie wurde zusammen mit dem obersten Hauptmuschelkalk von WAGNER (1913) bearbeitet. Gleichfalls gut erschlossen ist der Hauptsandstein selbst, wo er in mächtiger Ausbildung als Werkstein abgebaut wurde. Heute ist seine Gewinnung fast völlig zum Erliegen gekommen, so daß das Hangende des Sandsteins beinahe stets verwachsen ist. Im höchsten Lettenkeuper konnten die Verfasser auch nicht einen Aufschluß finden, der einen Besuch lohnte. Dennoch ist die gesamte Schichtfolge im Gebiet durch ältere Arbeiten (vor allem FRANK 1931 b, PROSI 1922, ZELLER 1908) und besonders im Stadtbereich von Heilbronn durch rege Bohrtätigkeit gut bekannt (WILD 1968). Sie ist zusammen mit den wichtigsten petrographischen Eigenschaften und Fossilien auf Abb. 7 dargestellt.

Abb. 7 zeigt, daß der Lettenkeuper im wesentlichen aus einer Folge von grauen und grünlichen Tonsteinen und carbonatischen, meist dolomitischen Bänken besteht, in deren Mitte ein Sandsteinhorizont von unterschiedlicher Mächtigkeit eingeschaltet ist. Nur

Keuper

Lithologie	Mächtigkeit	Beschreibung	Fossilien
Grenzdolomit	0,2-0,8 m	gelbgrauer Dolomit	*Myophoria goldfussi*
Grüne Mergel	3,0-4,5 m	grünliche und graue Tone und Mergel mit Dolomitbänkchen und lokal Sandlagen	*Myophoria transversa*, *Anoplophora lettica*, *Palaeestheria minuta*, *Bactryllium*
Lingula-Dolomite	3,0-3,5 m	fahlgelbe Dolomite mit tonigen und sandigen Zwischenlagen	*Lingula tenuissima*, *Anoplophora lettica* u.a., *Myophoria goldfussi* u.a., *Palaeestheria minuta*, Pflanzenreste
Obere Graue Mergel [„Oberes Zwischenmittel"]	1,0-1,5 m	dunkelgraue, z.T. sandige Tone und Mergel	Pflanzenreste, Fischschuppen
Anoplophora-Dolomite	1,8-2,5 m	braune Dolomite mit tonigen, z.T. sandigen Zwischenlagen	*Anoplophora lettica*, *Myophoria transversa*, *Hoernesia subcostata*, *Palaeestheria minuta*
Untere Graue Mergel [„Unteres Zwischenmittel"]	1,0-1,5 m	dunkelgraue, z.T. sandige Mergel und Tone	*Palaeestheria*, *Lingula tenuissima*
Anthrakonit-Bank	0,6-1,2 m	gelbbrauner Dolomit z.T. mit drusigem Kalkspat („Anthrakonit")	*Myophoria goldfussi*, *Hoernesia socialis*, *Anoplophora*
Sandige Pflanzenschiefer	0,8-2,5	sandig-glimmerige Tone und Mergel mit kohligen Pflanzenresten	*Anoplophora*, *Palaeestheria* m., Pflanzenreste
ALBERTI-Bank	0-1,2 m	plattiger heller Dolomit	*Myophoria goldfussi*, *transversa*, *Anoplophora*, *Hoernesia*, *Myacites*
Lettenkeuper-Hauptsandstein	0,5-9,0 m	fein- und gleichkörniger toniger Sandstein („Subgrauwacke") ersetzt faziell Teile der *Estherien*-Schichten, der Sandigen Pflanzenschiefer und die ALBERTI-Bank. Untergrenze oft diskordant eingetieft. Sandstein in diesen Rinnen massig („Flutfazies"): Werkstein	*Palaeestheria minuta*, Pflanzenreste: *Equisetites arenaceus*, *Pterophyllum*, *Voltzia* u.a.
Estherien-Schichten	1,3-7 m	graue und braune Tone mit Dolomitbänkchen	Ostracoden, *Palaeestheria minuta*
Untere Dolomite	0,5-1,5 m	gelbe Dolomite mit tonigen Zwischenlagen	
Dolomitische Mergel	0,7-1,0 m	gelbe und graue dolomitische Mergel	
Blaubank	0,2-0,8 m	blaugrauer mikritischer Kalk, z.T. Dolomit	*Myophoria goldfussi*
Vitriolschiefer	0,6-1,5 m	dunkelgraue Tone, z.T. sandig oder mit dolomitischen Mergeln	Mitte: Bonebed
Oberer Muschelkalk			Grenzbonebed — Gw 69

Abb. 7. Normalprofil des Lettenkeupers für das Gebiet zwischen Heilbronn und Schwäbisch Hall.

I. Schichtenfolge

ganz selten treten im Beckenbereich auch bunte Farben auf (S. 109). Die einzelnen Horizonte lassen sich auf weite Erstreckung verfolgen.

Die V i t r i o l s c h i e f e r verdanken ihren Namen dem Eisensulfat, das durch Verwitterung der pyritreichen Tone entsteht. Um es zu gewinnen, wurde z. B. bei Westernach versucht, sie bergmännisch abzubauen.

Die B l a u b a n k ist in ihrer Ausbildung oft ähnlich wie fossilführende Muschelkalkgesteine.

Die A n t h r a k o n i t b a n k ist nach drusigem Kalkspat benannt, der durch organisches Pigment dunkel gefärbt ist. Seine Genese ist nicht völlig geklärt. Anthrakonit ist im Lettenkeuper jedoch nicht nur auf diese Bank beschränkt.

Eine wichtige Hilfe bei der Kartierung bilden die auffälligen G r ü n e n   M e r g e l an der Obergrenze der Abfolge.

Der H a u p t s a n d s t e i n wurde, wie schon erwähnt, von Norden geschüttet. Seine Faziesausbildung ähnelt der des Schilfsandsteins (S. 27) im Mittleren Keuper (Frank 1931 a, Wurster 1964 a). Wie dieser ist er gewöhnlich als Wechselfolge von Sandsteinen und z. T. schluffig-sandigen Tonsteinen ausgebildet, die konkordant auf den Estherienschichten lagern und sich mit diesen wohl auch verzahnen („Normalfazies"). Stellenweise schließen sich die Sandsteine zu mächtigen Paketen zusammen, die diskordant ins Liegende eingeschnitten sein können und auch Teile des Hangenden faziell ersetzen („Flutfazies"). Es wurde schon versucht, diese Bereiche zu „Sandsträngen" zu verknüpfen (Wurster 1968). In seiner massigen Ausbildung war der Sandstein ein geschätzter Werkstein. Nach oben klingt die Sandführung mit den S a n d i g e n   P f l a n z e n s c h i e f e r n aus, denen faziell die Dunklen Mergel im Hangenden des Schilfsandsteins entsprechen (Frank 1929 b).

Daß der Lettenkeupersandstein morphologisch viel weniger als der Schilfsandstein in Erscheinung tritt, liegt daran, daß ihm im Gegensatz zu diesem eine mächtige Unterlagerung mit tonigen Sedimenten fehlt. Stattdessen ist der Sandstein allerdings viel besser als der Schilfsandstein in der durch zahlreiche Leithorizonte ausgezeichneten Folge des Lettenkeupers stratigraphisch fixiert.

Die F a u n a des Lettenkeupers stellt eine verarmte Muschelkalkfauna dar. Fossilien sind besonders in den Carbonatbänken erhalten. Von den Brachiopoden ist nur *Lingula* von Bedeutung.

Neben den in Abb. 7 aufgeführten Muscheln sind noch die Gattungen *Avicula, Gervilleia, Lima, Pecten, Myoconcha, Placunopsis, Mytilus, Nucula* und *Pleuromya* häufiger. Gastropoden sind selten. Cephalopoden sind aus Württemberg bisher nicht bekannt geworden. Ostracoden sind mit der Familie *Cytheridae* häufig. Bairdien treten nach neueren Feststellungen offenbar nicht auf. Conchostraken sind mit *Palaeesteria ("Estheria") minuta* vertreten.

An Wirbeltierresten sind Zähne der Haifische *Hybodus* und *Acrodus* und Zahnplatten des Lungenfisches *Ceratodus* zu nennen. An Ganoidfischen kommt *Gyrolepis* vor. Das räuberische Amphibium *Mastodonsaurus* ist von der Gaildorfer Gegend bekannt. An Reptilien wurden besonders *Nothosaurus, Plesiosaurus* und *Paleosaurus* gefunden.

Problematisch sind die winzigen, stäbchenförmigen Bactryllien, die besonders in den Grünen Mergeln auftreten.

In den Sandsteinen finden sich vor allem Pflanzen, die größtenteils weiter verfrachtet sein dürften. Wichtig sind vor allem verschiedene Arten von *Equisetites, Neocalamites* und *Pterophyllum*, weiter ist *Baiera, Dadoxylon* und *Voltzia* von Bedeutung.

Besonders an der Obergrenze des Sandsteins treten reichlich Pflanzenreste auf, die in kleinen Kohleflözchen angereichert sein können. Nach ihnen wurde der Untere Keuper früher irreführenderweise „L e t t e n k o h l e" genannt. Es wurden viele Versuche unternommen, diese Kohle abzubauen. Alle mußten wegen der geringen Menge und der schlechten Qualität bald wieder aufgegeben werden.

W e i t e r e L i t e r a t u r : BADER 1936, 1937; PAZELT 1964; WURSTER 1968.

I. 42 M i t t l e r e r K e u p e r

Über den welligen Muschelkalk-Lettenkeuper-Verebnungsflächen der Gäulandschaften erhebt sich der Anstieg des Mittleren Keupers. Herrschen im Unteren Keuper graue und grünliche Farben vor, so überwiegen hier bunte Farben mit den verschiedensten Tönen von rot, violett, grün und grau. Die rote Farbe der Gesteine wird durch den Gehalt wasserarmer Eisenoxide hervorgerufen, bedingt durch ein hohes Oxidationspotential bei geringem Anfall organischer Substanz. Graue und grüne Farben zeigen eine Bildung unter reduzierenden Bedingungen an. Eine Reduktion roter Sedimente kann partienweise auch sekundär erfolgen.

I. Schichtenfolge

Der vertikale Wechsel von gegen Abtragung wenig widerständigen Tongesteinen und widerständigeren Sandsteinen und Carbonatbänken verursacht eine morphologische Differenzierung in einzelnen Schichtstufen. Dabei bilden widerständige Horizonte Verebnungen, weniger widerständige die Anstiege. Die Tongesteine zerbröckeln oberflächlich rasch, Sand- und Karbonatsteine sind relativ verwitterungsbeständig; auf den ersteren fließt Wasser oberflächlich ab und leistet starke Erosionsarbeit, in den letzteren versitzt es zu einem beträchtlichen Teil in Porenräumen und Klüften, fließt unterirdisch ab und erodiert dann nicht mehr. Besonders ausgeprägte Verebnungen treten auf, wenn ein widerständiger Horizont von mächtigen Tonsteinfolgen unter- und überlagert wird.

Der Mittlere Keuper ist in Steinbrüchen, Sand-, Gips- und Mergelgruben gut erschlossen. Einen weiteren Einblick vermitteln die steil eingerissenen Klingen des Berglandes. Leider zeigen diese Aufschlüsse fast immer nur kleinere Teile der Schichtfolge. Die besten Aufschlüsse mit zusammenhängenden Profilen, die Hohlwege im Weinbaugelände, sind in den letzten Jahren fast alle den Reblandumlegungen zum Opfer gefallen.

Der **Gipskeuper** kann, wie aus Abb. 8 hervorgeht, nach seiner lithologischen Beschaffenheit in zahlreiche Schichtkomplexe untergliedert werden. In dieser Abbildung sind ebenfalls Mächtigkeiten und die wichtigsten Fossilien verzeichnet.

Die Mächtigkeit nimmt von E nach W zu. Sie beträgt im Bühlergebiet etwa 70 m und steigt bis Heilbronn auf fast 150 m an. Bei der Forschungsbohrung Stromberg wurden 161 m durchteuft (Mitteilung WILD 1970). Demnach macht sich auch zur Gipskeuper-Zeit die seit dem Jungpaläozoikum nachweisbare Absenkung dieses Raumes (S. 1) bemerkbar. Lokale Mächtigkeitsschwankungen sind auf die Auslaugung gipsführender Horizonte zurückzuführen.

Die Grundgipsschichten setzen über dem Grenzdolomit des Lettenkeupers mit einer geschlossenen Gipsfolge ein, in die mehrere Carbonatbänke eingelagert sind. Diese lassen sich z. T. auf weite Erstreckung verfolgen. In Ostwürttemberg führen sie eine marine Fauna, die nach W allmählich verschwindet. Besonders häufig ist *Myophoria goldfussi*. Ostracoden und kleine Gastropoden verleihen dem Gips in einigen Lagen oolithisches Aussehen.

Die Grundgipsschichten können am Fuß der Keuperberge Terrassen und Kuppen bilden. Häufig sind sie in Oberflächennähe ausgelaugt. Die Auflösung setzt vor allem entlang des Kluftsystems an und führt im Anfangsstadium zur Bildung von Karstschlotten („Geologische Orgeln"), die oberflächlich als Dolinen in Erscheinung treten können. Bei fortschreitender Auslaugung entwickelt sich eine typische kuppig-wellige Landschaft mit starken Talweitungen. In Senken und Dolinen entstanden stellenweise flachgründige Moore (S. 49).

Die B o c h i n g e r B a n k Süd- und Mittelwürttembergs ist in Nordostwürttemberg nicht mehr nachweisbar. Trotzdem kann der B o c h i n g e r H o r i z o n t durch seine vorherrschend grauen und grünen Mergel gut ausgeschieden werden.

Unmittelbar unter der Bleiglanzbank befindet sich in den D u n - k e l r o t e n M e r g e l n eine 1—2 m mächtige, auffällige grünliche Reduktionszone. Die B l e i g l a n z b a n k ist in ihrer typischen Entwicklung als harte, dunkelgraue Dolomitbank ausgebildet, die nicht selten 2- oder 3-geteilt ist. Bleiglanz und andere sulfidische Erze kommen untergeordnet auch in anderen Steinmergelbänken des Gipskeupers vor. Ihre Herkunft ist ungeklärt. Sehr bezeichnend ist der Reichtum an Quarzsand. Die Muschelführung der Bank schwankt, ist aber zum Teil so stark, daß sie partienweise ein poröses Aussehen erhält. Hervorzuheben sind *Myophoriopis keuperina, Myacites compressus* und die seltene *Myophoria kefersteini*. Es ist umstritten, ob *M. kefersteini* (syn. *M. raibliana*) mit der gleichnamigen Muschel aus den alpinen Raibler Schichten (Karn) identisch ist und ob damit der mittlere Gipskeuper diesem Horizont mit Sicherheit zeitlich gleichzustellen ist (z. B. FRANK 1929 a, LINCK in WILD 1968).

Die Bank tritt ab und zu mit kleineren Verebnungen landschaftlich in Erscheinung.

Im Gegensatz zu den Grundgipsschichten tritt der Gips des M i t t - l e r e n G i p s h o r i z o n t e s nicht mit einer geschlossenen Folge, sondern in Bänken, Linsen und Knauern auf, denen Mergel zwischengeschaltet sind. Aus diesem Grund wurde er nur in geringem Maße abgebaut. Er tritt besonders im unteren Teil auf, in Verbindung mit überwiegend grauen und grünen Mergeln. Nach oben erfolgt ein Übergang in gipsarme bunte Mergel, zwischen die Steinmergelbänke eingeschaltet sind. Der Mittlere Gipshorizont kann also der Farbe nach grob in eine untere graue und eine obere bunte Serie geteilt werden. Ist der Gips ausgelaugt, so bleiben helle Lagen oder Linsen

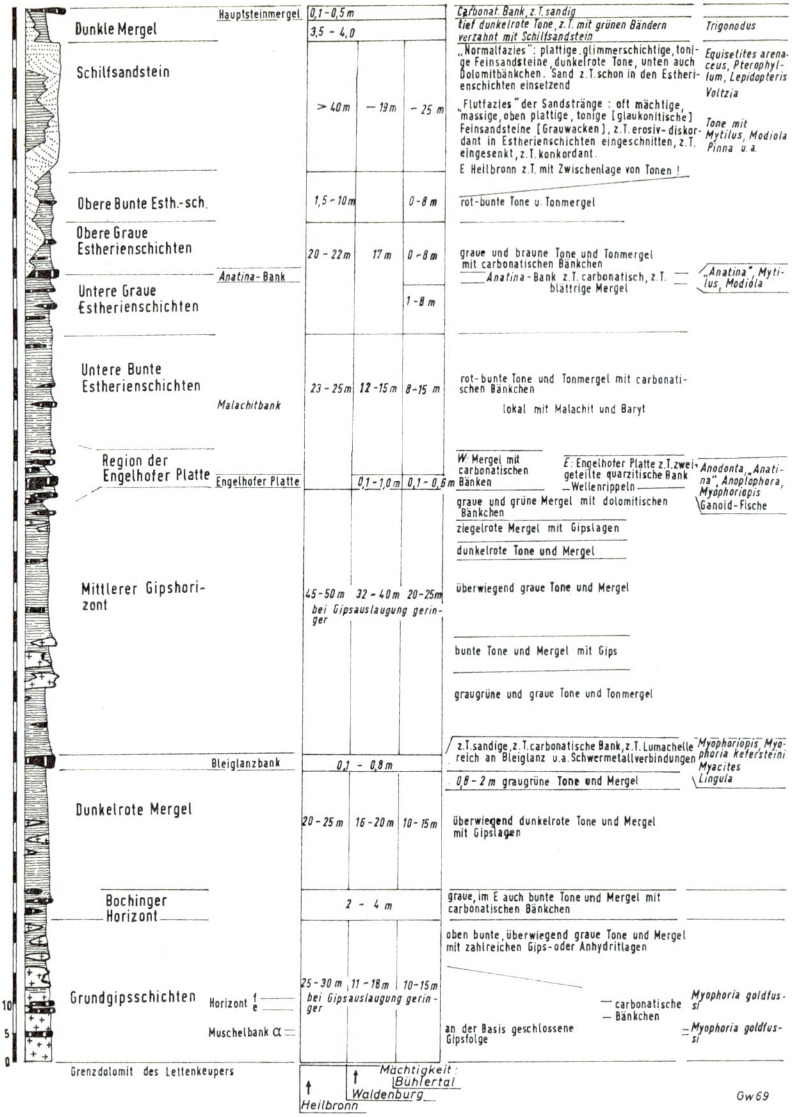

Einheit		Mächtigkeit			Beschreibung	Fossilien
Dunkle Mergel	Hauptsteinmergel	0,1–0,5 m			Carbonat-Bank, z.T. sandig tief dunkelrote Tone, z.T. mit grünen Bändern verzahnt mit Schilfsandstein	Trigonodus
		3,5–4,0				
Schilfsandstein		>40 m	–19 m	–25 m	„Normalfazies": plattige, glimmerschichtige, tonige Feinsandsteine, dunkelrote Tone, unten auch Dolomitbänkchen. Sand z.T. schon in den Estherienschichten einsetzend	Equisetites arenaceus, Pterophyllum, Lepidopteris, Voltzia
					„Flutfazies" der Sandstränge: oft mächtige, massige, oben plattige, tonige [glaukonitische] Feinsandsteine [Grauwacken], z.T. erosiv-diskordant in Estherienschichten eingeschnitten, z.T. eingesenkt, z.T. konkordant. E Heilbronn z.T. mit Zwischenlage von Tonen!	Tone mit Mytilus, Modiola, Pinna u.a.
Obere Bunte Esth.-sch.		1,5–10 m	0–8 m		rot-bunte Tone u. Tonmergel	
Obere Graue Estherienschichten		20–22 m	17 m	0–8 m	graue und braune Tone und Tonmergel mit carbonatischen Bänkchen	„Anatina", Mytilus, Modiola
	Anatina-Bank				Anatina-Bank z.T. carbonatisch, z.T. blättrige Mergel	
Untere Graue Estherienschichten				1–8 m		
Untere Bunte Estherienschichten		23–25 m	12–15 m	8–15 m	rot-bunte Tone und Tonmergel mit carbonatischen Bänkchen	
	Malachitbank				lokal mit Malachit und Baryt	
Region der Engelhofer Platte	Engelhofer Platte	0,1–1,0 m	0,1–0,6 m		W: Mergel mit carbonatischen Bänken / E: Engelhofer Platte z.T. zweigeteilte quarzitische Bank — Wellenrippeln	Anodonta, „Anatina", Anoplophora, Myophoriopis, Ganoid-Fische
					graue und grüne Mergel mit dolomitischen Bänkchen	
					ziegelrote Mergel mit Gipslagen	
					dunkelrote Tone und Mergel	
Mittlerer Gipshorizont		45–50 m bei Gipsauslaugung geringer	32–40 m	20–25 m	überwiegend graue Tone und Mergel	
					bunte Tone und Mergel mit Gips	
					graugrüne und graue Tone und Tonmergel	
	Bleiglanzbank	0,1–0,8 m			z.T. sandige, z.T. carbonatische Bank, z.T. Lumachelle reich an Bleiglanz u.a. Schwermetallverbindungen	Myophoriopis, Myophoria kefersteini, Myacites, Lingula
					0,8–2 m graugrüne Tone und Mergel	
Dunkelrote Mergel		20–25 m	16–20 m	10–15 m	überwiegend dunkelrote Tone und Mergel mit Gipslagen	
Bochinger Horizont		2–4 m			graue, im E auch bunte Tone und Mergel mit carbonatischen Bänkchen	
					oben bunte, überwiegend graue Tone und Mergel mit zahlreichen Gips- oder Anhydritlagen	
Grundgipsschichten	Horizont f / e	25–30 m bei Gipsauslaugung geringer	11–18 m	10–15 m	— carbonatische Bänkchen	Myophoria goldfussi
	Muschelbank α				an der Basis geschlossene Gipsfolge	= Myophoria goldfussi
Grenzdolomit des Lettenkeupers						

Mächtigkeit: Bühlertal / Waldenburg / Heilbronn

Gw 69

Abb. 8. Normalprofil des Gipskeupers und des Schilfsandsteins für das Gebiet zwischen Stromberg und Limpurger Bergen.

von Quarzsand zurück, sog. Gipsresiduen. Die Quarzkristalle sind dort oft idiomorph ausgebildet. Sekundär kann der Sand durch Calcit oder Dolomit verkittet werden. Nachstürzende Mergel führen zur Bildung von Mergelbreccien. Diese Erscheinungen findet man auch in allen anderen gipsführenden Horizonten des Mittleren Keupers.

Der locus typicus der E n g e l h o f e r   P l a t t e ist der Ort Engelhofen, 6 km NE von Gaildorf (QUENSTEDT 1880). Ihr entspricht THÜRACHS (1888/89) *Corbula*-Bank; seine *Acrodus*-Bank ist hier nicht sicher auszumachen.

Bei Engelhofen ist sie als etwa 1 m mächtige, plattig absondernde Sandsteinbank entwickelt. Der grünliche, glimmerhaltige Sandstein ist äußerst feinkörnig und ist dolomitisch oder quarzitisch gebunden. Häufig finden sich Schrägschichtung, Wellenrippeln, Trockenrisse und Lebensspuren in Form von unregelmäßigen Wülsten. 0,5 m tiefer tritt zum Teil eine zweite, bis 30 cm mächtige Sandsteinbank von ähnlicher petrographischer Beschaffenheit auf.

Die Engelhofer Platte kann als Sandsteinhorizont nach W bis Pfedelbach am ganzen Nordrand der Waldenburger Berge und des Mainhardter Waldes verfolgt werden. Noch weiter westlich nimmt sie stark an Mächtigkeit ab und geht in eine 10—20 cm mächtige feinsandige Steinmergelbank über, die von einigen Carbonatbänken begleitet wird. Zwischengelagert sind bunte Mergel. Diese Ausbildung ist am Westrand der Löwensteiner Berge anzutreffen und bis in den Stromberg zu verfolgen. Die Bänke können als „R e g i o n   d e r   E n g e l h o f e r   P l a t t e" zusammengefaßt werden.

Außer Lebensspuren und seltenen Fischresten traten im Bereich der Engelhofer Platte bisher so gut wie keine Fossilien auf.

Trotz relativ geringster Mächtigkeit bildet die Bank weite Verebnungsflächen. Besonders im Kocher- und Bühlergebiet sind sie oft deutlicher als die des Schilfsandsteins und können auf den ersten Blick leicht mit diesen verwechselt werden. Zahllose Aufschlüsse befinden sich an den Kanten der Terrassen, vor allem wo diese von Wegen geschnitten werden. Auch im Westen des Gebiets tritt die „Region der Engelhofer Platte" in Form von Verebnungen und Bergnasen morphologisch noch deutlich in Erscheinung.

Da die Bank in ihrer typischen Ausbildung leicht aufzufinden ist, stellt sie einen wichtigen Leithorizont dar. Bei der Kartierung ist sie verläßlicher als die schwankenden Grenzen der Keupersandsteine.

Die Estherienschichten lassen sich nach der Farbe ihrer Mergel in drei Teile untergliedern. Die Mittleren Grauen Estherienschichten können durch die *Anatina*-Bank nochmals geteilt werden (Abb. 8).

Die Ausbildung der Unteren Bunten Esterienschichten schließt sich eng an die des höheren Mittleren Gipshorizontes an. Wo die Engelhofer Platte nicht aufgefunden wird, kann deshalb die Grenze zweifelhaft werden. In die buntgefärbten Mergel sind zahlreiche, meist fossilleere Steinmergelbänke eingeschaltet. Im Heilbronner Raum ist die malachitführende „Malachitbank" auf größere Entfernung zu verfolgen. Gipslagen und -knollen bzw. deren Auslaugungsrückstände treten hier, wie auch im höheren Teil der Esterienschichten, in wechselnder Zahl auf.

Die Grenze zu den Mittleren Grauen Estherienschichten ist meist scharf. Diese bestehen aus grauen und grünlichen Mergeln, denen zahlreiche Steinmergelbänke zwischengeschaltet sind. Rote Farben fehlen völlig. Charakteristisch sind in manchen Partien calcitische Kluftfüllungen, die das ganze Gestein kreuz und quer durchziehen, sog. Zellenmergel.

Etwa in der Mitte der Grauen Estherienschichten tritt die *Anatina*-Bank auf. Sie kann vom nördlichen Baden-Württemberg bis nach Unterfranken verfolgt werden. Ihre Ausbildung wechselt stark. Meist ist sie als eine graue Dolomit- oder Kalksteinbank von 0,1—0,3 m Mächtigkeit ausgebildet. Sie kann durch dünne Mergeleinschaltungen aufspalten oder auf kurze Entfernung in Tonsteine übergehen (S. 64). Offensichtlich besteht k e i n Zusammenhang zwischen der Ausbildung der Bank und der Fazies des Schilfsandsteins, wie WURSTER (1964 a) angenommen hat (LINCK 1970).

Die *Anatina*-Bank ist der einzige fossilreiche Horizont der Estherienschichten. Alle anderen Partien sind, von kleinen, lokalen Vorkommen abgesehen, praktisch fossilleer. Auch der namengebende Conchostrake *Palaeestheria („Estheria")* ist in unserem Gebiet selten.

Nach vorläufigen Mitteilungen von LINCK (1968 b, 1970, sowie in CARLÉ & LINCK 1949 und in WILD 1968) erscheint im Gipskeuper mit der *Anatina*-Bank eine neue, reiche, marine Muschelfauna, die nur wenig Beziehungen zu Faunen der liegenden Schichten erkennen läßt (S. 17). Insgesamt wurden etwa 50 Arten festgestellt. Am häufigsten sind Vertreter der langgestreckten *„Anatina keuperina"*, die jedoch meist zur Gattung *Permophorus* zu stellen sind. Daneben treten u. a. Gervilleien, Myophorien vom Typ *M. kefersteini*, Mytiliden, Myalinen, Myoconchen und Trigonien auf. Weiter fanden sich Wirbeltierreste. Der Gipskeuper schließt mit mehreren Metern O b e r e n B u n t e n E s t h e r i e n s c h i c h t e n ab. Sie bestehen aus überwiegend rotgetönten Mergeln und meist knolligen Steinmergeln.

Wo der Schilfsandstein mächtig entwickelt ist, fehlen meist die Oberen Bunten Estherienschichten und Teile der Grauen Estherienschichten (S. 29).

Wie schon im letzten Jahrhundert während des Baues des Eisenbahntunnels zwischen Heilbronn und Weinsberg festgestellt wurde (BINDER 1864), werden die Mergel des Gipskeupers beim Vordringen ins Bergesinnere immer trockener, zähfester und dunkler. In der Mitte des Tunnels war das Gebirge trocken und fest, an die Stelle der Gipsbänke traten Anhydritlagen, die Mergelmassen waren großteils nicht mehr bunt, sondern schwärzlich gefärbt. Doch schon nach kurzer Zeit nahm das Gestein eine bröckelige Beschaffenheit und rote und grüne Farben an, der Anhydrit wandelte sich in Gips um. Diese Erscheinungen sind mit einer starken Volumenvergrößerung verbunden, die bei Tunnelbauten besondere Vorkehrungen erfordern.

Unter dem Einfluß der Atmosphärilien findet also eine nach der Tiefe fortschreitende Umwandlung statt. Die zerklüftete, verwitterte Hüllzone ist im Keuperbergland je nach den herrschenden Verhältnissen verschieden tief, in der Regel 25—50 m. Diese Beobachtungen können in ähnlicher Weise auch bei den anderen Keuperschichten gemacht werden.

W e i t e r e L i t e r a t u r : FRANK 1930 a; HELLER 1930; PFEIFFER 1915, 1918; STIER 1951; WEIGELIN 1913.

Nach dem Anstieg der Estherienschichten bildet der **Schilfsandstein** die zweite große Schichtstufe des Mittleren Keupers. Er ist es vor allem, der die Landschaft am Fuß und in der Umgebung der Kiesel- und Stubensandsteinberge entscheidend prägt.

Ist der Schilfsandstein widerstandsfähig entwickelt (siehe unten), so bildet er unterhalb der Bunten Mergel eine breite T e r r a s s e. Ist er weniger widerständig ausgebildet, so tritt er morphologisch nur als Hangknick oder gar nicht in Erscheinung. Wo der höhere Teil der Schichtfolge schon abgetragen ist, sind langgestreckte Höhenzüge mit fast tischebener Oberfläche bezeichnend. Solche Schilfsandsteinberge sind im Raum um Heilbronn (Heuchelberg, Heilbronner Bergland) besonders charakteristisch ausgebildet.

Die Sandsteine des Schilfsandsteins wurden früher in zahllosen Brüchen gewonnen und lieferten einen Bau- und Ornamentstein, der wegen seiner warmen Farbe und seiner leichten Bearbeitbarkeit geschätzt war. Obwohl heute der Abbau fast völlig zum Erliegen gekommen ist, ist er in vielen aufgelassenen Steinbrüchen noch immer gut erschlossen. Dabei ist zu berücksichtigen, daß Steinbrüche nur dort angelegt wurden, wo massige Bänke entwickelt sind; wo, und das ist die Regel, tonige Schichten überwiegen, finden sich im Verhältnis nur sehr wenige Aufschlüsse. Aus diesem Grund sind die Faziesverhältnisse und damit auch die Entstehungsgeschichte schwer durchschaubar und umstritten. Seine Besprechung soll deshalb etwas ausführlicher erfolgen.

Insgesamt betrachtet besteht die Schilfsandstein-Formation aus einer vertikal wie lateral rasch wechselnden Folge von Sandsteinen, Sandschiefern und sandig-schluffigen Tonsteinen; untergeordnet kommen auch dolomitische Steinmergel vor. Der Wechsel ist so stark, daß Profile auf kürzeste Entfernung nicht mehr parallelisiert werden können. Die Mächtigkeit unterliegt im ganzen Verbreitungsgebiet ebenfalls starken örtlichen Schwankungen. Sie reicht von wenigen Metern bis rund 40 m.

Bezeichnend ist die außerordentlich gleichmäßige Feinkörnigkeit der Sandsteine (0,06—0,2 mm) im ganzen Ablagerungsraum. Meist sind sie gelb- bis grüngrau, im oberen Teil auch rotbraun gefärbt. Das Bindemittel ist gewöhnlich tonig, wobei das Auftreten von Glaukoniten als Hinweis auf marines Ablagerungsmilieu besonders bemerkenswert ist. Bestimmungen des Borgehalts weisen ebenfalls darauf hin (HELING 1965, 1967). Im Kornbestand sind neben Feldspäten, Glimmern und Schwermineralien Gesteinsbruchstücke von Grundgebirgsmaterial hervorzuheben, die den Schilfsandstein als G r a u w a c k e ausweisen (WURSTER 1964a: 18).

Schräg- und Rippelschichtung beweisen, daß der Schilfsandstein in s t r ö m e n d e m Wasser abgelagert wurde. WURSTER (1964a) konnte durch Einmessung dieser Marken nachweisen, daß die Strömung an jeder Stelle des germanischen Beckens während der Schilfsandsteinzeit etwa richtungskonstant blieb und daß sie generell von NNE nach SSW verlief. Daraus folgt, daß das Sandmaterial nicht, wie früher angenommen wurde, vom Böhmischen und Vindelizischen Land stammt, sondern vom Fennoskandisch-baltischen Festland im Norden (S. 16).

Die rege Steinbruchtätigkeit früherer Jahre gab Einblick in die Lebewelt des sonst recht fossilarmen Schilfstandsteins. Am häufigsten fanden sich Pflanzenreste, unter denen die Schachtelhalme *(Equisetites, Neocalamites)* überwiegen. Sie wurden früher mit Schilf verwechselt und gaben so der Stufe den Namen. Seltener sind Cyadophyten, die sogenannten „Palmfarne", vor allem mit *Pterophyllum*, Farne *(Dictyophyllum, Lepidopteris)* und Coniferen *(Voltzia, Widdringtonites)*. Die im flachen Wasser wachsenden Schachtelhalme waren teilweise im Schilfsandsteinbecken selbst heimisch, wie selten auftretende Wurzelhorizonte zeigen (S. 88). Da aber in der ganzen Stufe nie ein längerzeitiges Trockenfallen nachgewiesen werden kann, dürften die übrigen, auf wasserfreien Grund angewiesenen Pflanzen eingeschwemmt sein. Allgemein ist eingeschwemmter Pflanzenhäcksel in dünnplattigen Sandsteinen, Sandschiefern und Tonsteineinschaltungen recht häufig. Lokal kann er sogar zu kleinen Kohleflözchen angereichert sein, die aber nie abbauwürdig werden.

Wohlerhaltene Muscheln sind durch LINCK (1968 b, 1970) von Eberstadt (S. 68) und Stuttgart bekannt geworden. Beide Faunen, insgesamt 60 großteils neue Arten in 20 Gattungen, sind eindeutig marin. Wie schon in der *Anatina*-Bank des Gipskeupers, handelt es sich um keine verarmte Muschelkalkfauna mehr, sondern um neue, wahrscheinlich von Norden eingewanderte Formen (LINCK 1970: 84; vgl. S. 17). Die Beziehungen zur Muschelfauna der *Anatina*-Bank (S. 24) sind, wahrscheinlich aufgrund der Faziesverschiedenheit, gering. Keine Beziehungen sind zur Muschelfauna der Dunklen Mergel in der „Gaildorfer Bank" (S. 26, 27, 34) zu erkennen.

Ebenfalls auf marine Ablagerungsbedingungen deuten Lebensspuren hin (u. a. *Cylindricum gregarium, Isopodichnus)*. Die Conchostraken sind mit „*Estheria*" *laxitexta* vertreten. Von den Wirbeltieren haben die amphibischen Panzerlurche (Labyrinthodonten) *Mastodonsaurus, Cyclotosaurus* und *Metoposaurus* Bedeutung.

Nach dem Lagerungsverhältnis zu den Estherienschichten und nach der Mächtigkeit unterschied THÜRACH (1888, 1889) zwei Faziestypen. Der „normal gelagerte Schilfsandstein" („Normalfazies") ruht auf den unverletzten Oberen Bunten Estherienschichten, während die „Fluthbildung des Schilfsandsteins" („Flutfazies") durch Ero-

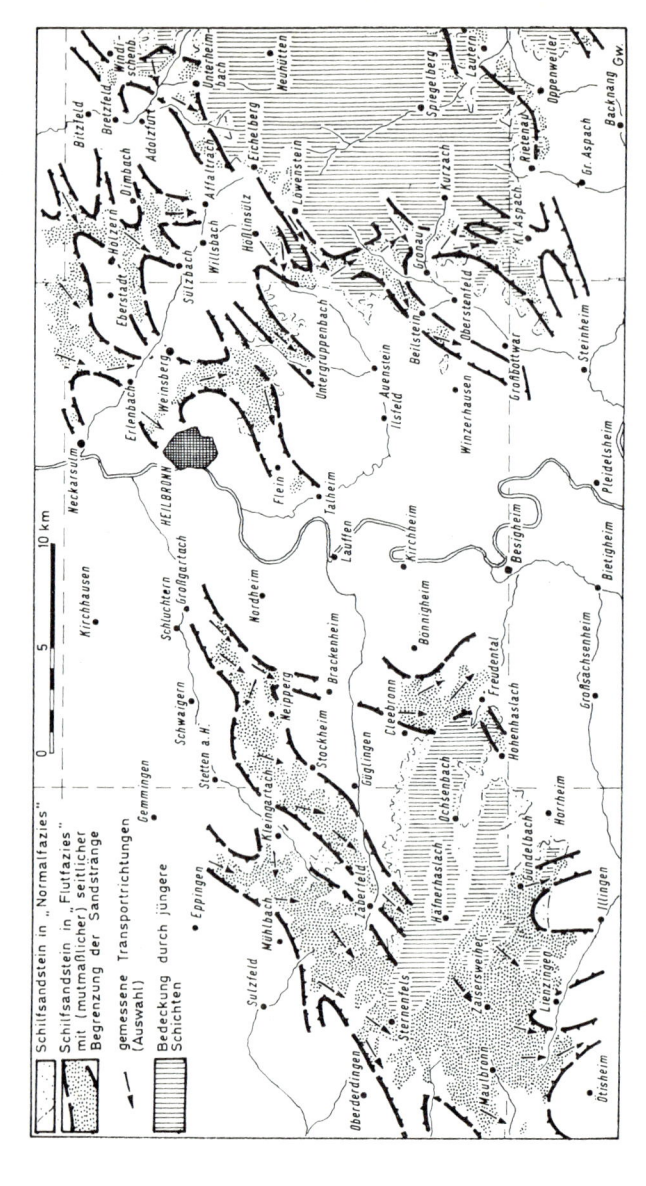

Abb. 9. Anordnung der „Sandstränge" des Schilfsandsteins I (nach WURSTER 1964 a).

Abb. 10. Anordnung der „Sandstränge" des Schilfsandsteins II (nach WURSTER 1964a).

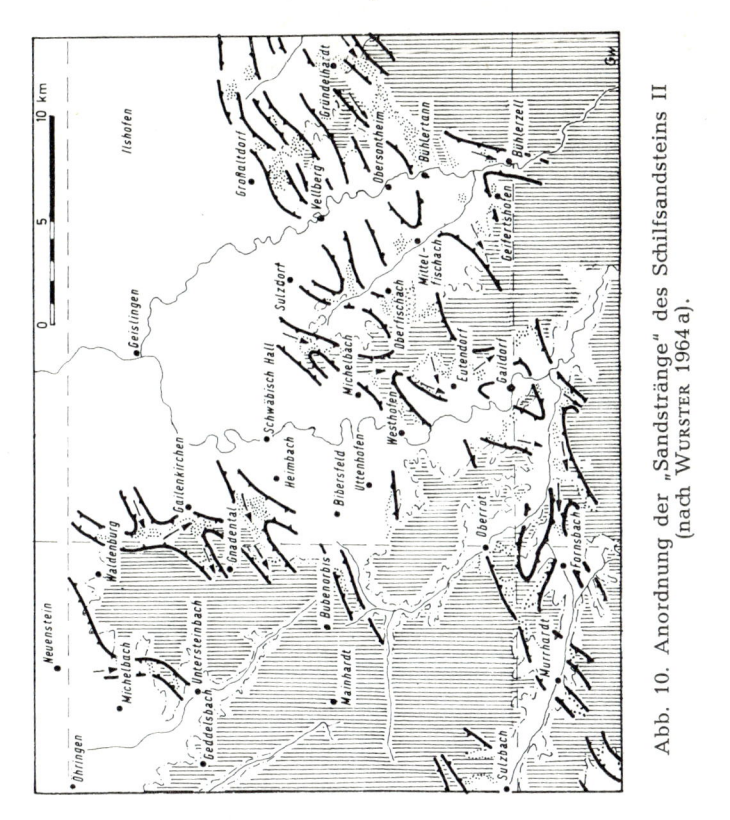

sionsvorgänge diskordant bis in die Grauen Estherienschichten eingetieft ist und gegenüber der normal gelagerten Umgebung größere Mächtigkeit zeigt. Massige Sandsteine (Werksteine) treten vor allem in der „Flutfazies" auf. In der „Normalfazies" überwiegen tonige Sedimente.

Die Mächtigkeit der „Normalfazies" wird oft unterschätzt. Keinesfalls kann man generell sagen, sie betrage 0,5–3 m, wie häufig in der Literatur zu lesen ist.

Wie WILD (1968: 49) hervorhebt, passen die Lagerungsverhältnisse im Heilbronner Raum nicht ganz in das von THÜRACH entworfene Bild, da hier vielfach unter mächtigem Schilfsandstein noch Obere Bunte Estherienschichten vorhanden sind (S. 31, 65). Man kann dies als einen weiteren Hinweis auf die seit dem Jungpaläozoikum nachweisbare Absenkung dieses Gebietes werten (S. 1, 22, 85), die den obersten Gipskeuper teilweise den Erosionen der Schilfsandsteinzeit entzogen hat.

Durch Kartierung der Faziesbereiche und durch Einmessung der oben erwähnten Strömungsmarken verband WURSTER (1964 a) die „Flutfazies"-Bereiche zu „Sandsträngen". Seiner Ansicht nach stellen sie die Arme eines riesigen Flußdeltas dar, die sich als 1—2 km breite, aus kompaktem Sandstein bestehende Bänder von Norden nach Süden allmählich in das meererfüllte germanische Becken vorbauten. Als Vergleich wird das rezente Mississippi-Delta herangezogen. Allerdings nimmt WURSTER an, daß die Eintiefung der Stränge im wesentlichen nicht durch Erosion, sondern durch Einsinken der Sandmassen in die noch weichen Estherienschichten erfolgt sei. Zwischen den „Sandsträngen" kam eine tonreiche, großteils marine „Stillwasserfazies" zur Ablagerung.

Abb. 9 und 10 nach WURSTER (1964 a) zeigen das komplizierte Faziesmuster im Heilbronner Raum mit Verzweigungen, Vereinigungen und Verknotungen der „Stränge". Die Abbildungen zeigen weiter, wie sich das Faziesmuster in der heutigen Landschaft bemerkbar machen soll, indem die tonreiche „Stillwasserfazies" leichter der Abtragung zum Opfer fällt und so die „Sandstränge" herauspräpariert werden. Demnach wären die langgestreckten Schilfsandsteinrücken keine mehr oder weniger zufälligen Erosionsrelikte und Zeugnisse von Reliefumkehr in tektonisch tiefer Lage, sondern „exhumierte" Deltaarme.

WURSTERS Anschauungen sind allerdings nicht unumstritten. Mit der Annahme von km-langen, kompakten „Sandsträngen" stimmt nach LINCK (1970) nicht überein, daß vielerorts in solchen „Strängen" mächtige tonige Einschaltungen beobachtet werden können (z. B. S. 63, 69, 117). Gegen ihren limnischen Charakter sprechen Funde mariner Muscheln in einer solchen Tonserie (S. 68) sowie das Auftreten von Glaukonit und hohen Bor-Gehalten in den Sandsteinen.

Eine wesentliche diagenetische Einsenkung der „Stränge" kann im Gebiet dieses Exkursionsführers nicht bestätigt werden (S. 64, 68). Dagegen lagert der Schilfsandstein entweder auf den Estherienschichten oder ist unterschiedlich tief in sie eingeschnitten. Unmittelbar ist eine Diskordanz allerdings nur selten zu beobachten (S. 64; LINCK

1970: 75), da die Aufschlüsse meist zu klein sind. Bekannt ist auch das Vorkommen von aufgearbeiteten Mergel- und Steinmergelmaterial an der Basis des Schilfsandsteins. Dies zeigt weiter, daß die Unterlage bereits aus verfestigten Tonsteinen bestand (EMMERT 1965: 152, LINCK 1970: 76). Häufig sind auch rinnenartige Lagerungsformen als Zeugnisse von Erosion in der Schilfsandsteinstufe selbst. Wurde dabei schon verfestigtes Sediment aufgearbeitet, so kann es zur Bildung von resedimentären Breccien von Schilfsandstein-Material kommen (z. B. S. 65, 66). Nach GWINNER (1970 d) trat dies am ehesten bei zeitweiligem Trockenfallen auf.

EMMERT (1965) und FRANK (1929 b) weisen auf die Möglichkeit einer Verzahnung von Estherienschichten und Schilfsandstein hin.

EMMERT und LINCK bezweifeln überhaupt grundsätzlich, ob es berechtigt ist, die seit THÜRACH übliche Trennung von „Flutfazies" und „Normalfazies" beizubehalten, da sich nach ihren Beobachtungen tonige und sandige Ablagerungen des Schilfsandsteins meist regellos durchdringen, wobei in einem Gebiet die tonigen Sedimente überwiegen können, im anderen sich Sandsteinbänke zu größeren Komplexen zusammenschließen mögen. Diese Betrachtungsweise wird durch die Ergebnisse engmaschiger Bohrungen im Gebiet von Bruchsal gestützt (E. WIRTH 1951). Demnach existiert nach LINCK (1970) auch kein geregeltes Faziesmuster, wie es auf den Abb. 9 und 10 wiedergegeben ist, sondern ein äußerst wechselhaftes Faziesmosaik.

Die Schilfsandstein-Höhenzüge und -Terrassen sind nach LINCK (1970: 94) keine herausgearbeiteten „Flutrinnen", sondern Teile einer zufälligen Erosionslandschaft, in denen sich Ausschnitte aus dem verworrenen Faziesmosaik der Stufe durch tektonisch tiefe Lage in Umkehr des Reliefs erhalten haben. Die Schilfsandstein-Stufe setzt sich auch auf den Höhenzügen aus einer regellosen Wechselfolge von Sandsteinbänken und Tonsteinlagen zusammen, wobei die Sandsteinbänke wie ein Skelett die Form der Höhenzüge zusammenhalten.

Der Transport der Sedimente erfolgte nach Ansicht von EMMERT (1965) und LINCK (1970) durch von Norden nach Süden verlaufende Meeresströmungen. Diese Strömungen hätten teils flächenhaft gewirkt, indem sie Sand und Ton über die Estherienschichten breiteten, teils wirkten sie linear und schnitten Rinnen und Wannen in die Estherienschichten ein, die mit Sediment gefüllt wurden.
W e i t e r e L i t e r a t u r : EMMERT 1968; LINCK 1943, 1949, 1956; REIFF 1938; STETTNER 1925; WURSTER 1963 a, b, 1964 b, 1965 a, b.

Abfolge und Ausbildung der Keuperschichten über dem Schilfsandstein gehen aus Abb. 11 hervor.

Die **Bunten Mergel** lassen sich durch den Kieselsandstein in einen unteren und oberen Teil aufgliedern.

Die nur wenigen Meter mächtigen D u n k l e n M e r g e l bestehen, wie schon ihr Name zum Ausdruck bringt, im wesentlichen aus düster gefärbten roten und violetten Mergeln. Sie sind z. T. stark glimmer- und sandhaltig und führen stellenweise Sandsteinbänkchen in der Ausbildung des Schilfsandsteins. Obgleich sie genetisch als eine Mergelfazies des obersten Schilfsandsteins zu werten sind (FRANK 1929), werden sie doch zu den Unteren Bunten Mergeln gestellt, da sie bei der Kartierung von diesen nicht abgetrennt werden können. In Aufschlüssen heben sie sich jedoch durch ihre schmutzigen Farben deutlich vom Hangenden ab. Die Obergrenze der Dunklen Mergel wird durch den meist zelligen H a u p t s t e i n m e r g e l gebildet, der sein Hauptverbreitungsgebiet westlich des Rheins hat. Dünne Sandsteinlagen in etwa demselben Niveau werden als Ausläufer des im Osten mächtigeren F r e i h u n g e r S a n d s t e i n s angesehen. Beide Horizonte sind in unserem Gebiet nicht immer deutlich entwickelt.

Von Bedeutung ist das lokale Auftreten einer fossilreichen Steinmergelbank im Eisbachtal bei Gaildorf (SEILACHER 1943, SILBER 1922: 22, ZELLER 1908: 62). Besonders *Trigonodus keuperinus* herrscht in dieser „Gaildorfer Bank" vor.

Die Roten Mergel werden nach einem Stuttgarter Flurnamen auch als „ R o t e W a n d " bezeichnet. Durch ihre leuchtend rote Farbe ist diese Stufe leicht zu erkennen.

Östlich des Neckars erfolgt mit den **Lehrbergschichten** ein auffälliger Farbumschlag. Eingeschlossen in grüne Mergel treten bis zu vier hellgrüne Steinmergelbänke auf, die L e h r b e r g b ä n k e. Ihre Anzahl schwankt von Ort zu Ort. Die Hauptlehrbergbank zeichnet sich gegenüber den anderen durch größere Mächtigkeit aus und führt auch häufiger Fossilien, besonders die kleine Schnecke *Promathilda theodorii*.

Über den grünen Mergeln folgt häufig noch eine Lage roter, dann eine zum Teil sandige Lage violetter und grüner Mergel.

Im Stromberg sind die Lehrbergschichten nicht mehr so deutlich entwickelt. Als Äquivalent treten einige dünne Steinmergelbänke auf, die von grünlichen Mergeln begleitet werden.

Nach WEINLAND (1933) beginnt im Mainhardter Bergland der

Kieselsandstein nicht mit der ersten Sandsteinbank, sondern die Grenze ist an dem erwähnten Farbumschlag von rot nach violett zu ziehen. Die violetten Mergel stellen eine Vertretung der Sandfazies dar, die nach SE immer tiefer greift und in den Limpurger und Ellwanger Bergen die Mergel über den Lehrbergschichten ersetzt. Südlich der Rems werden auch die Lehrbergschichten in zunehmendem Maße sandig.

Der Kieselsandstein besteht aus einer Wechselfolge von kalkig, dolomitisch und kieselig gebundenen Sandsteinen und rotbraunen, violetten und grünlichen Mergeln. Vielerorts überwiegen etwa in seiner Mitte die Mergel, so daß man grob einen unteren und einen oberen Teil abtrennen kann, die sich auch in der Ausbildung der Sandsteine unterscheiden. Unten überwiegen mittel- bis feinkörnige Sandsteine mit meist kalkigen Bindemitteln, oben herrschen sehr feinkörnige, glimmerige, meist kieselig gebundene Sandsteine vor, die oft plattig absondern. Im Stromberg tritt der Kieselsandstein in reduzierter Mächtigkeit auf und keilt gegen den Kraichgau zu vollends aus. Wahrscheinlich handelt es sich um einen Ausläufer des unteren Sandsteinhorizonts der Löwensteiner Berge (LAEMMLEN 1954: 153).

Kreuzschichtung, Trockenrisse und Wellenrippeln sind im Kieselsandstein häufig; auch sog. Steinsalzpseudomorphosen werden immer wieder erwähnt. Dagegen sind Fossilien selten. Erwähnenswert sind die Lebensspuren *Isopodichnus* und *Cylindricum* (LINCK 1942) sowie unregelmäßige Wülste.

Nach Engelhofer Platte und Schilfsandstein bildet der Kieselsandstein mit weiten Verebnungen die dritte große Schichtstufe des Keuperlandes. Besonders an ihrem Rand wurde der Sandstein in vielen Brüchen gewonnen und ist deshalb gut erschlossen; wo im Osten der obere Teil mürbe ausgebildet ist, wird er auch zu Sand verarbeitet. In Bachrissen verursacht der Kieselsandstein oft Wasserfälle. Besonders fällt dabei eine weit verbreitete, kieselig gebundene, harte Bank unmittelbar an der Basis auf, EISENHUTS (1967) „Wasserfallbank". Wo er durch mächtigere Mergeleinschaltungen zweigeteilt ist, können sich getrennte Verebnungen ausbilden (S. 72).

Über scharfer Grenze folgen die **Oberen Bunten Mergel** mit einer Wechselfolge von graugrünen Mergeln und hellgrauen Steinmergelbänken. Gipseinschaltungen, bzw. Residuen, sind häufig. Im Strom-

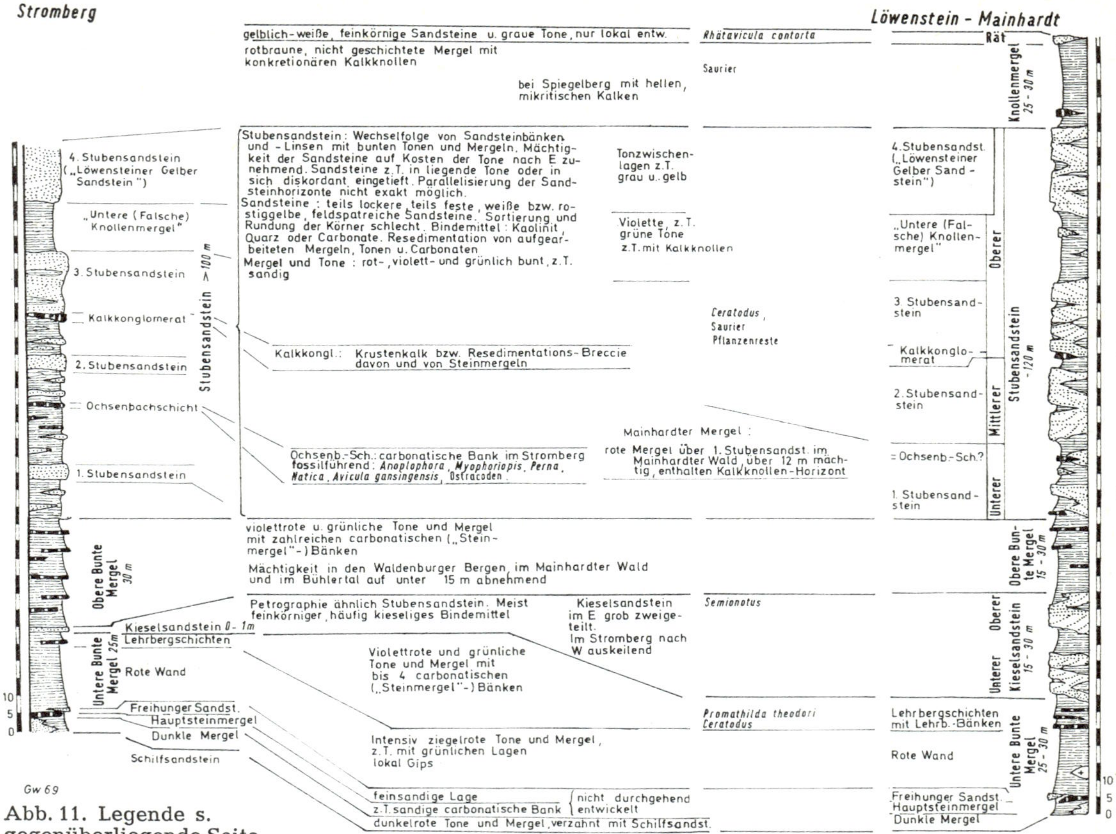

I. Schichtenfolge

Stromberg / **Löwenstein – Mainhardt**

Abb. 11. Legende s. gegenüberliegende Seite.

berg treten bunte Farben hinzu, die nach W mehr und mehr überwiegen. Fossilien sind aus diesem Horizont nicht bekannt geworden.

In der Stufe des **Stubensandsteins** stellt sich eine innige Verzahnung von Sandsteinkörpern und Tonsteinen ein. Dabei dünnen die Sandschüttungen von Osten nach Westen immer mehr aus und die tonigen Sedimente nehmen überhand. Der Schlüssel zum Verständnis des nordwürttembergischen Stubensandsteins liegt in den Löwensteiner Bergen. Hier zeigt er die stärkste fazielle Differenzierung (LAEMMLEN 1954). Eine Gliederung in 4 Sandsteinkomplexe ist im ganzen Gebiet anwendbar. Der durch starken Fazieswechsel verursachte Mangel an weit anhaltenden Leithorizonten macht jedoch eine exakte Parallelisierung unmöglich.

Der Stubensandstein bildet die vierte große Geländestufe des Keuperlandes. Sie ist allerdings in sich gegliedert (vgl. S. 58, 72).

Der 1. S t u b e n s a n d s t e i n h o r i z o n t besteht im Osten des Gebiets hauptsächlich aus mittelkörnigen, meist karbonatisch gebundenen Sandsteinen, dem sog. Fleins. Er sondert bankig und plattig ab. An der Basis finden sich häufig konglomeratische Bänke mit aufgearbeitetem Material der Oberen Buten Mergel. Die Sandsteine werden nach Westen feinkörniger und führen zunehmend Einschaltungen roter, violetter und grünlicher Mergel. Gleichzeitig treten solche Mergel, zusammen mit sandigen Steinmergel- und dünnen Sandsteinbänkchen, zwischen Obere Bunte Mergel und die ersten dickeren Bänke. Diese Ausbildung hat bei Löwenstein zu der Annahme geführt, der 1. Stubensandsteinhorizont keile dort aus (P. VOLLRATH 1928). Dies ist aber nicht der Fall; die Untergrenze ist beim Umschlag von grauen zu überwiegend roten Farbtönen zu ziehen (LAEMMLEN 1954: 156 — vgl. S. 72).

Im Stromberg herrschen unten bunte, zum Teil sandige Mergel mit Steinmergeln und Sandsteinbänkchen vor, erst im oberen Teil tritt ein durchgehender Horizont bankiger Sandsteine auf.

Im 1. Stubensandstein konnten Wellenrippeln, Trockenrisse und sog. Steinsalzpseudomorphosen beobachtet werden. An Fossilien wurde *Semionotus bergeri* bekannt, daneben finden sich Lebensspuren.

Abb. 11. Profile durch den Mittleren Keuper über dem Schilfsandstein für die Keuperberge zwischen Stromberg und Limpurger Bergen (z. T. nach CARLÉ & LINCK 1949, LAEMMLEN 1954).

Wo im Osten der „Fleins" kräftig entwickelt ist, bildet er oft breite Verebnungen. Dort wurden auch zahlreich Steinbrüche angelegt. Eine Zwischenlage von auffallend rotbraunen, i. allg. sandfreien Mergeln mit zahlreichen knolligen, rötlichen Carbonatlagen trennt 1. und 2. Stubensandstein (= „Mainhardter Mergel"). Lokal enthält sie Dolomitstotzen (S. 104). Ihre größte Mächtigkeit beträgt bei Mainhardt 14 m, sonst erreicht sie nur wenige Meter (S. 107).

Ihr entspricht im Stromberg eine bis 30 m mächtige Folge grauer und bunter Mergel mit Sandsteinbänken, Steinmergelbänken und Gipsresiduen, in deren oberem Drittel der wichtigste Leithorizont des Stromberg-Stubensandsteins auftritt, die O c h s e n b a c h s c h i c h t, benannt nach dem Ort im mittleren Stromberg (S. 93). Sie besteht aus zwei 40 cm mächtigen dolomitischen Kalkbänken, die durch 1 m grüne Mergel getrennt werden. Die untere Bank zeichnet sich durch eine nichtmarine Fauna aus. Nach CARLÉ & LINCK (1949) treten zwerghafte Lamellibranchiaten *(Avicula, Anoplophora, Myophoriopis)* und Gastropoden auf. Zahlreiche Ostracoden führen stellenweise zu einem oolithischen Aussehen. Reste von Amphibien, Reptilien und Selachiern fehlen völlig. Nach Osten wird die Ochsenbachschicht fossilleer und kann rechts des Neckars nicht mehr mit Sicherheit nachgewiesen werden. STETTNER (1914) und P. VOLLRATH (1928) parallelisierten sie dort fälschlicherweise mit Steinmergeln der Oberen Bunten Mergel (LAEMMLEN 1954: 156).

Aus dem untersten Teil der bunten Folge wurde der älteste Dinosaurier des Keupers *(Plateosaurus)* bekannt (BERCKHEMER 1938), weiter Reste von Krokodilsauriern, Fischen, Lebensspuren und sog. Steinsalz-Pseudomorphosen (LINCK 1938 b, 1946, 1961, 1968 a).

Im 2. S t u b e n s a n d s t e i n herrschen unten grobkörnige, kalkig gebundene Sandsteine mit ausgeprägter Schrägschichtung vor, in die unvermittelt Breccienlagen mit aufgearbeitetem Mergel- und Steinmergelmaterial einkeilen. Lokal treten Dolomiteinschaltungen auf. Der obere Teil besteht aus einer Wechselfolge von überwiegend rotbraunen Mergeln und mürben, tonigen Sandsteinen. Die harten, kalkigen Sandsteine treten morphologisch durch Verebnungen in Erscheinung. Da die mürbe, tonreiche Ausbildung nach Osten immer tiefer reicht, bilden sich dort die Verebnungen auf immer tieferliegenden Partien. In grobkörnigen Sandsteinlagen finden sich vielfach große Quarzgerölle, im Südosten auch sog. „vindelizische Gerölle"

(S. 119). Im Stromberg kann die Untergrenze 2 m über der Ochsenbachschicht an einer horizontbeständigen Sandsteinlage von 2—3 m Mächtigkeit gezogen werden. Nach einigen Metern bunten Mergeln, Steinmergeln und Sandsteinbänken folgen 4 m mittelkörnige Bänke, dann eine wechselhafte Folge von meist grauen, oben roten Mergeln, Steinmergeln und Sandsteinen. Während im übrigen 2. Stubensandstein des Gebiets nur Kieselhölzer (vor allem *Araucarioxylon*) zahlreich sind, erlangte dieser Horizont im Stromberg wegen seiner Wirbeltierfunde Berühmtheit (vgl. S. 93). Meist eingeschlossen in rote Mergel lagert zwischen 2. und 3. Stubensandsteinhorizont das K a l k k o n g l o m e r a t. Obwohl es in der Mächtigkeit schwankt (dm — 5 m) und nicht überall entwickelt ist, stellt es einen sehr wichtigen Leithorizont dar. Verwechslungen mit einer anderen der zahlreichen Carbonateinschaltungen des Stubensandsteins sind leicht möglich. Es handelt sich meist um ein ungeschichtetes graues, aus Kalk- und Mergelbruchstücken zusammengesetztes Gestein von oft terrazzoähnlichem Aussehen.

Überwiegend tonig gebundene, mürbe, mittel- bis grobkörnige Sandsteine mit Schrägschichtung kennzeichnen den 3. Stubensandsteinhorizont. Häufig sind Eisen- und Manganflecken.

An organischen Resten treten vor allem Kieselhölzer (*Araucarioxylon, Voltzia, Widdringtonites*) auf.

Sehr bezeichnend sind die „Unteren Knollenmergel", von STETTNER (1914) nach ihrer Ähnlichkeit mit den echten Knollenmergeln so benannt. Mit diesen verbindet sie auch ihre Rutschgefährlichkeit. Sie bestehen aus rotbraunen und violetten Mergeln mit Kalkknollen, die zum Teil lagig angeordnet sind. Seltener sind echte Steinmergel und Sandsteineinschaltungen.

P. VOLLRATH (1928) nahm irrtümlicherweise an, sie vereinigten sich südlich der Murr mit den echten Knollenmergeln unter Auskeilen des 4. Stubensandsteins. In Wirklichkeit aber schwinden die „Unteren Knollenmergel" (EISENHUT 1958, LAEMMLEN 1954).

Überwiegend tonig gebundene, mürbe Sandsteine kennzeichnen den 4. S t u b e n s a n d s t e i n h o r i z o n t östlich des Neckars. Im Gegensatz zu den rotbunten Tonen der tieferen Horizonte sind für ihn gelbe und graue Toneinschaltungen typisch. Den Namen „Löwensteiner Gelber Sandstein" (P. VOLLRATH 1928) verdankt er der

Färbung durch die Verwitterung feinverteilten Pyrits (EISENHUT 1958). Im Stromberg ist er durch kieselige Bindemittel stark verfestigt. Feinkörnige Bänke im unteren Teil wurden früher mit Rätsandstein verwechselt („Pseudorät", „Stromberg-Rät"). Messungen der Schrägschichtung zeigen, daß 3. und 4. Stubensandstein von Osten geschüttet wurden (LAEMMLEN 1954).

Der 4. Stubensandstein tritt sowohl links als auch rechts des Neckars als Verebnungsbildner in Erscheinung.

An organischen Resten treten häufig verkohlte und verkieselte Hölzer auf, im Stromberg auch Pflanzenhäcksel mit *Taeniopteris* und schwer bestimmbare Muscheln *(„Anoplophora posteri")*. Gagat-Nester und Kohleflözchen gaben früher Anlaß zu Bergbauversuchen.

In Nordost-Württemberg befindet sich 2—3 m unter der Obergrenze ein weit aushaltender Horizont mit Pyritknollen (EISENHUT 1956). Hoffnung auf edelmetallhaltige Erze führte in den Jahren 1772—78 im Gebiet Wüstenrot — Neulautern — Großerlach zu Abbauversuchen in diesem pyritführenden Horizont. LAUXMANN (1899) berichtet ausführlich über diese „Silberstollen" (S. 102, 105). Bekannt ist, daß der Stubensandstein einen geringen Gehalt an Seifengold besitzt. Der letzte größere Waschversuch, 1818 in Sternenfels/Stromberg, verlief unbefriedigend (LINCK 1969).

Wo die Sandsteine mürbe ausgebildet sind, können sie zu Sand verarbeitet werden. Dies ist im Stromberg besonders im 3., rechts des Neckars im 3. und 4. Stubensandsteinhorizont der Fall. Bis in unser Jahrhundert herein wurde der Sand zum Bestreuen der Fußböden benutzt. Dieser „Stubensand" gab der ganzen Stufe den Namen. Die Gewinnung erfolgte meist in Gruben, seltener auch untertage (S. 73). Eine ausführliche Beschreibung seiner Herstellung und Verwendung im Stromberg gibt LINCK (1969). Bausand liefern heute nur noch Gruben in den Löwensteiner Bergen und im Mainhardter Wald.

Dort blühte besonders vom 16. bis zum 19. Jh. die Glasindustrie, die ihren Quarzsand ebenfalls vom Stubensandstein bezog (GREINER, in SCHÖNLEBER 1931, LAUXMANN 1899). Von diesem Erwerbszweig zeugen noch heute Ortsnamen wie Hütten, Neuhütten, Altfürstenhütten, Neufürstenhütte, Spiegelberg und Glashofen.

Umstritten ist die stratigraphische Zuordnung von lokal auftretenden hellen Kalksteineinschaltungen im Grenzbereich Stubensandstein/Knollenmergel, die zum Teil von Hornsteinbändern durchzogen sind (S. 106, 120). Mancherorts vorkommende Hornsteinblöcke sind als Erosionsrelikte dieser Kalk-Hornsteinbildungen zu deuten (S. 119). Durch schlechte Aufschlußverhältnisse ist es bis heute noch nicht mit

Sicherheit entschieden, ob sie in den obersten Stubensandstein (EISENHUT 1958, 1968; WEINLAND 1933) oder in die Knollenmergel (HEZEL 1947, LAEMMLEN 1954, QUENSTEDT 1880) zu stellen sind.

Von wenigen Kuppen abgesehen, sind die **Knollenmergel** nur dort erhalten geblieben, wo sie noch von Lias geschützt sind. Ihre ganze Folge besteht aus tief rotbraun bis violett gefärbten Mergeln mit zahlreichen unregelmäßig eingestreuten Steinmergelknollen verschiedener Größen. Sie neigen leicht zu Rutschungen, deshalb verraten sie sich auch im unaufgeschlossenen Gelände durch ihre welligen Oberflächenformen.

Weitere Literatur: HELING 1963; LAEMMLEN 1953; LINCK 1936, 1938 b, c, 1962, 1963; MÜLLER 1955; PFEIFFER 1921; STOLL 1927.

I. 43 Oberer Keuper (Rät)

An den wenigen Stellen, wo in unserem Gebiet Rät aufgeschlossen ist, zeigen sich feinkörnige, gelbe Sandsteine, zum Teil mit *Rhätavicula contorta* und/oder schwärzliche, blätterige Tone. Auch ein Bonebed mit Fischschuppen, Fischzähnen, Flossenstacheln von *Hybodus* und Echinodermenresten wird erwähnt. Am bekanntesten ist das Rätvorkommen vom Hördthof S Grab, das heute verfallen ist.

Insgesamt betrachtet ist das Rät in unserem Gebiet höchstens einige Meter mächtig und fehlt an vielen Stellen völlig. Nach LAEMMLEN (1954: 200) handelt es sich dabei um Äquivalente des Oberräts.

I. 5 **Lias (Lias α)**

Der Lias des Mainhardter Waldes und der Löwensteiner Berge ist der nördlichste Ausläufer der Juraformation in Württemberg. Er tritt in einer Anzahl von inselhaften Vorkommen auf, die zum größten Teil kettengleich hintereinandergereiht die höchsten Erhebungen des Berglandes bilden. Wie die Geologische Übersichtskarte 1 : 200 000 eindrucksvoll zeigt, ordnet sich der Hauptzug in von Südosten nach Nordwesten streichender Reihe auf der Wasserscheide zwischen der Lauter und der Rot an (WEINLAND 1933: 97). Westlich davon, zwischen Lauter und Winterlauter, verläuft parallel dazu ein wesentlich kleinerer Zug. Die beiden südlichen Kuppen des „Aschenbergs" tragen entgegen der Darstellung auf der geologischen Karte keinen Lias mehr (vgl. S. 105). Gleichfalls auf einer Wasserscheide liegen die Liasinseln von Jux und Nassach.

Die Lage in größter Flußferne erklärt die A n o r d n u n g der Lias-Inseln; ihre E r h a l t u n g so weit im Norden ist auf die tektonisch tiefe Lage in der Löwensteiner Mulde zurückzuführen (Abb. 15). Da eine Spezialkartierung des Gebietes noch aussteht, ist die tektonische Situation noch nicht in allen Einzelheiten geklärt. Deshalb ist nicht bekannt, ob etwa vorhandene Spezialstrukturen bei der Bildung der genannten Lias-Züge eine Rolle spielen. Man weiß jedoch, daß zwei schmale tektonische Einsenkungszonen die Löwensteiner Mulde in nordöstlich streichender Richtung queren: die Fränkische Furche und die Neckar-Jagst-Furche (Abb. 15). Der Lage in der Fränkischen Furche verdanken wohl die Lias-Inseln von Jux und Großhöchberg ihre Erhaltung. Im Verlauf der Neckar-Jagst-Furche liegen die Vorkommen von Hördthof und Mannenweiler. Die Insel von Steinberg blieb in einem schmalen tektonischen Graben vor der Abtragung bewahrt.

Erhalten hat sich in allen Fällen nur der tiefere Teil des Lias α. Stratigraphie und Ausbildung des Lias α wurden besonders von FRANK (1930 b) und BLOOS (1971) in einem größeren Zusammenhang behandelt. Auf Abb. 12 ist ein Normalprofil für das Gebiet des Exkursionsführers angegeben.

Die Schichtfolge beginnt wie anderwärts transgressiv über Knollenmergeln oder Rät mit der Psiloceratenkalkbank. Darüber lagert eine Abfolge von auf weite Erstreckung aushaltenden Tonstein- und Sandsteinkomplexen und einzelnen carbonatischen Schalentrümmerbänken.

Der erste Sandsteinhorizont wurde früher als „Unterer Sandstein" bezeichnet. Es handelt sich dabei jedoch um zwei getrennte Komplexe. Der M u t l a n g e r S a n d s t e i n setzt erst im Welzheimer Wald ein und erreicht bei Mutlangen (N Schwäb. Gmünd) 4 m Mächtigkeit. In unserem Gebiet ist er ausgekeilt, so daß hier nur noch der E s s l i n g e r S a n d s t e i n vorhanden ist, dessen Verbreitungsgebiet weit nach Süden, mindestens bis in die Uracher Gegend reicht. Ein äußerst wichtiger Leithorizont ist die O o l i t h e n b a n k , die vom südlichen Schwarzwaldrand bis nach Aalen verfolgt werden kann. Der N a s s a c h e r S a n d s t e i n ist bis südlich von Plochingen nachweisbar. Eine weit größere Verbreitung besitzt der H a u p t s a n d s t e i n , der von der Balinger Gegend im Westen bis nach Bayern im Osten reicht.

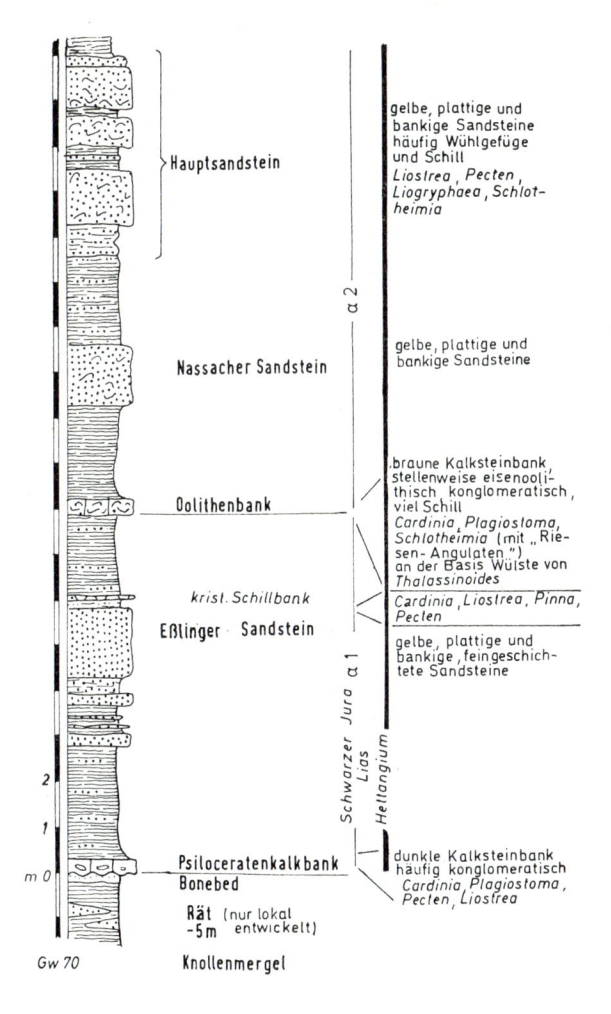

Abb. 12. Normalprofil des Schwarzen Jura (Lias) α im Gebiet der Löwensteiner Berge und des Mainhardter Waldes (nach FRANK 1930 b u. BLOOS 1971).

Da nur wenige Aufschlüsse den Lias α erschließen, ist es oft notwendig, sich nach der Morphologie zu orientieren. Je nach dem Stand der Abtragung bilden die einzelnen Sandstein-Horizonte Hangkanten oder Verebnungen. Im allgemeinen sind in der Mitte der Verebnungen jeweils noch Relikte der hangenden Tonsteinschichten vorhanden, deren wasserstauende Wirkung dort in Vernässungen zum Ausdruck kommen kann. Am besten kann die Morphologie bei Nassach studiert werden (S. 104), doch ist die Ausbildung bei den anderen Lias-Inseln ähnlich, sofern nicht tektonische Ursachen das Bild verwirren:

Die Grenze Keuper/Lias macht sich durch einen Hangknick bemerkbar, da die Lias-Tone wesentlich standfester sind als die rutschanfälligen Knollenmergel (S. 41) und deshalb steilere Böschungen bilden können. Die erste Hangkante wird vom Esslinger Sandstein verursacht, der nicht selten als Felsband hervortritt. Mit dem Nassacher Sandstein verflacht sich das Gelände. Darüber erfolgt der Anstieg zum Hauptsandstein, dessen Untergrenze oft durch Wasseraustritte gekennzeichnet ist.

I. 6 Quartär

Während der Eiszeiten des **Pleistozäns** lag unser Gebiet im p e r i - g l a z i a l e n Faziesbereich, der die Einwirkungen des kalten Klimas in verschiedener Weise zeigt.

Die stufenweise Eintiefung der T ä l e r bis auf ihr heutiges Niveau bildet sich in den Flußterrassen und den auf ihnen erhaltenen Schottern ab. Je nach der Höhenlage unterscheidet man:

Höhenschotter und Höhensande, die sich auf den Hochflächen über den Tälern finden. Meist ·sind sie nicht mehr auf primärer Lagerstätte, sondern durch eiszeitliches Bodenfließen umgelagert und dazuhin von Löß bedeckt (vgl. S. 53 u. 84). Die verschiedene heutige Höhenlage gegenüber dem Neckarspiegel zeigt, daß sich seit ihrer Ablagerung entsprechende tektonische Verstellungen abgespielt haben (Abb. 16).

Da die Höhenschotter lange Zeit der Verwitterung ausgesetzt waren, sind nur resistente Komponenten, vor allem Kieselgesteine erhalten (im Flußbereich des Neckars z. B. Buntsandstein, Hornsteine aus dem Mittleren Muschelkalk, Sandsteine des Keupers, ferner Kieselhölzer).

Die stratigraphische Zuordnung ins Pliozän oder älteste Pleistozän ist nicht endgültig entschieden (vgl. auch WILD 1952, 1968; LINCK 1960).

Hochterrassenschotter finden sich im Verlauf der heutigen Talzüge an den Talflanken, meist der Gleithänge oder in verlassenen Flußschlingen. Sie liegen in sehr verschiedenem Niveau über den heutigen Flußspiegeln. Dies ist teils Folge unterschiedlichen Alters, aber auch verschieden starker örtlicher Flußeintiefung und tektonischer Verstellung. Insgesamt entstammen sie älteren Eiszeiten (Mindel und Riß).

Als Folge der erwähnten tektonischen Bewegungen ist die ursprüngliche Auflagerungsfläche ursprünglich einheitlicher Schotterzüge nicht mehr eben, sondern wurde während und nach der Ablagerung der Schotter verstellt. Die auf S. 51 angeführte Pleidelsheimer Mulde diente während des Pleistozäns als Schotterfang, auch während des Mindel-Riß-Interglazials (Holstein-Zeit). Damals bildeten sich Schotter mit einer warmzeitlichen Wirbeltierfauna, u. a. mit dem Steinheimer Menschen (vgl. S. 99).

Auch im Bereich der Heilbronner Mulde erreichen die Hochterrassenschotter besonders große Mächtigkeiten bis 35 m („F r a n k e n - b a c h e r S a n d e") (Abb. 16). Von dort wurde eine Fauna zuletzt von ADAM (in WILD 1968: 74) aufgezählt und eine Einstufung ins Altpleistozän vorgenommen (Prä-Mindel) (vgl. S. 80). Die Hochterrassenschotter liegen fast überall unter Löß jüngerer Eiszeiten, auch in Frankenbach.

Niederterrassenschotter, die der letzten Eiszeit zuzuordnen sind, kommen zwar im Bereich des Neckars und seiner größeren Zuflüsse vor, sind aber nirgends gut aufgeschlossen. Im Bereich der Heilbronner Mulde sind sie überdies mit älteren Schottern verschachtelt und schwer von diesen zu unterscheiden (vgl. WILD 1958: 63).

Löß und **Lößlehm** sind im Exkursionsgebiet weit verbreitet. Mächtige Decken dieser vom Wind herangebrachten Massen liegen vor allem auf der Muschelkalk-Lettenkeuper-Fläche und bedingen in erster Linie die Fruchtbarkeit dieser Landschaft. Der Löß zieht sich auch mehr oder weniger weit am Fuß der Keuperberge hinauf. Schließlich findet man ihn auch in den Talzügen auf den Flußterrassen und den Gleithängen. Da der Löß hauptsächlich vom Westwind von

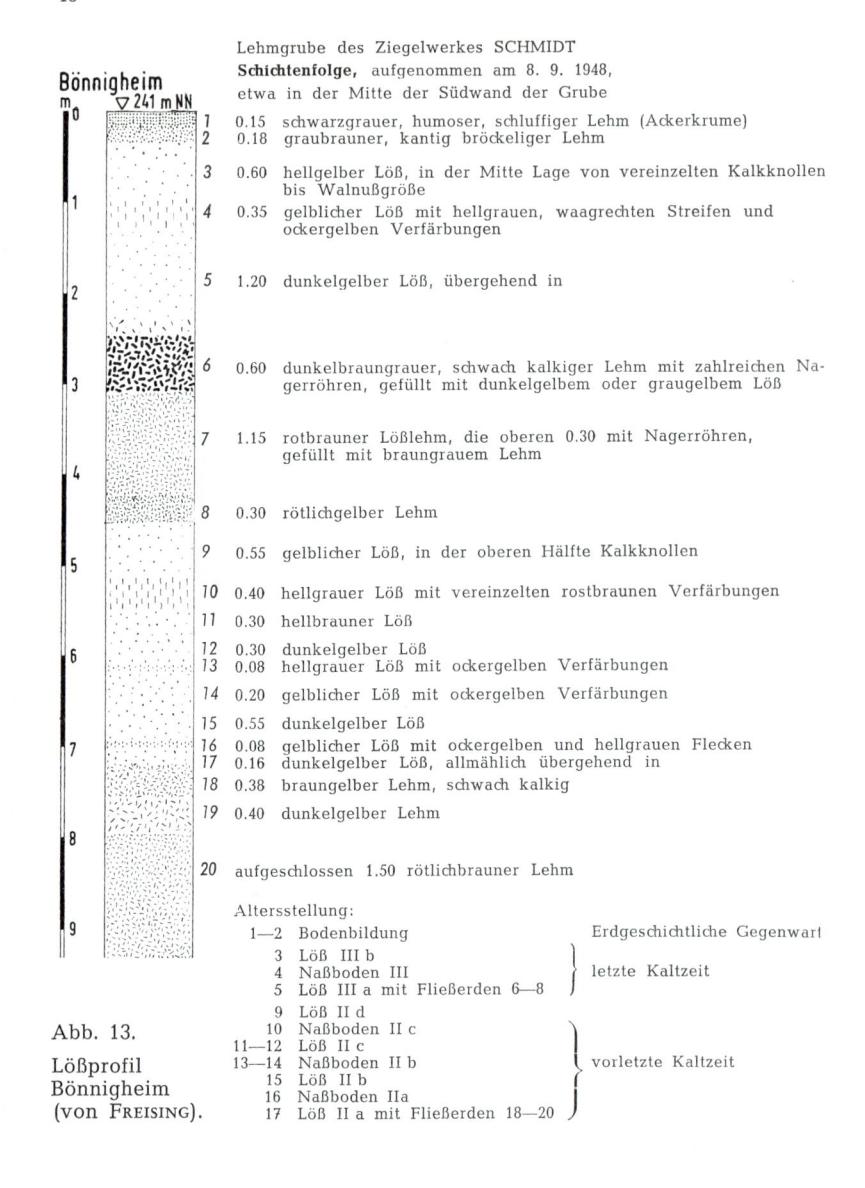

Lehmgrube des Ziegelwerkes SCHMIDT
Schichtenfolge, aufgenommen am 8. 9. 1948,
etwa in der Mitte der Südwand der Grube

1   0.15   schwarzgrauer, humoser, schluffiger Lehm (Ackerkrume)
2   0.18   graubrauner, kantig bröckeliger Lehm
3   0.60   hellgelber Löß, in der Mitte Lage von vereinzelten Kalkknollen bis Walnußgröße
4   0.35   gelblicher Löß mit hellgrauen, waagrechten Streifen und ockergelben Verfärbungen

5   1.20   dunkelgelber Löß, übergehend in

6   0.60   dunkelbraungrauer, schwach kalkiger Lehm mit zahlreichen Nagerröhren, gefüllt mit dunkelgelbem oder graugelbem Löß

7   1.15   rotbrauner Lößlehm, die oberen 0.30 mit Nagerröhren, gefüllt mit braungrauem Lehm

8   0.30   rötlichgelber Lehm
9   0.55   gelblicher Löß, in der oberen Hälfte Kalkknollen
10   0.40   hellgrauer Löß mit vereinzelten rostbraunen Verfärbungen
11   0.30   hellbrauner Löß
12   0.30   dunkelgelber Löß
13   0.08   hellgrauer Löß mit ockergelben Verfärbungen
14   0.20   gelblicher Löß mit ockergelben Verfärbungen
15   0.55   dunkelgelber Löß
16   0.08   gelblicher Löß mit ockergelben und hellgrauen Flecken
17   0.16   dunkelgelber Löß, allmählich übergehend in
18   0.38   braungelber Lehm, schwach kalkig
19   0.40   dunkelgelber Lehm

20   aufgeschlossen 1.50 rötlichbrauner Lehm

Altersstellung:

1—2 Bodenbildung — Erdgeschichtliche Gegenwart
3 Löß III b
4 Naßboden III } letzte Kaltzeit
5 Löß III a mit Fließerden 6—8

9 Löß II d
10 Naßboden II c
11—12 Löß II c
13—14 Naßboden II b } vorletzte Kaltzeit
15 Löß II b
16 Naßboden IIa
17 Löß II a mit Fließerden 18—20

Abb. 13.
Lößprofil
Bönnigheim
(von FREISING).

den Schotterfluren des Oberrheintals durch die Pforte des Kraichgaus hervorverfrachtet wurde, ist er auch in kleineren und größeren Vorkommen im Windschatten an Hängen akkumuliert, die nach Osten schauen.

Der Löß erreicht Mächtigkeiten bis zu 20 m. Sein Profil läßt den klimatischen Ablauf im Pleistozän erkennen. Der echte, kalkhaltige Löß ist eine Bildung der Kaltzeiten. Die im Profil eingeschalteten lehmigen und humosen Bodenhorizonte oder deren Relikte zeugen von Bodenbildungen während der Warmzeiten. Häufig sind im Lößprofil auch Anzeichen von Staunässe (Rost- und Bleichflecken) zu erkennen. Schließlich sind oft Fließerden in die Abfolge eingeschaltet, die zum Teil von heute weit entfernten Keuperhängen bei geringem Gefälle zugeflossen sind.

S c h w e m m l ö ß wurde durch fließendes Wasser umgelagert. Er zeigt dichtere Lagerung und Andeutung von Schichtung. Die Zuordnung einzelner Horizonte zu den Abteilungen des Pleistozäns fällt oft schon deshalb schwer, weil Lößprofile nicht immer vollständig sind und im Aufschluß Diskordanzen erkennen lassen (z. B. in Frankenbach, vgl. S. 80). Zwei wichtige und einigermaßen vollständige Lößprofile sind auf den Abb. 15 und 16 dargestellt.

Eine weitere bedeutsame Erscheinung der Eiszeiten sind schließlich die weithin verbreiteten F l i e ß e r d e n. Sie bedecken vor allem die Keuperhänge und verzahnen sich mit Löß (vgl. oben). Im Verbande solcher Fließerden sind Brocken und Blöcke von Keupersandsteinen oft weit hangab bewegt worden. So findet man Fließerden mit Stubensandstein am Nordhang des Strombergs. Am Nordabfall der Löwensteiner Berge, des Mainhardter Waldes und der Waldenburger Berge findet man Kieselsandsteinblöcke im Niveau des Gipskeupers.

Da das Bodenfließen auf den nach Norden und Osten exponierten Winterhängen besonders intensiv war, und dort überdies auch Löß bevorzugt angesetzt wurde, beobachtet man im Bereich des Gipskeuperausstrichs gelegentlich u n s y m m e t r i s c h e T ä l c h e n. Die nach Süden und Westen blickenden Hänge waren der Sonneneinstrahlung und Austrocknung eher ausgesetzt und witterten deshalb steil ab (vgl. S. 47, 95).

Zu den holozänen Ablagerungen gehören die A l l u v i o n e n in den Talauen (Kiese, Sande und Auelehme). An Quellaustritten wird

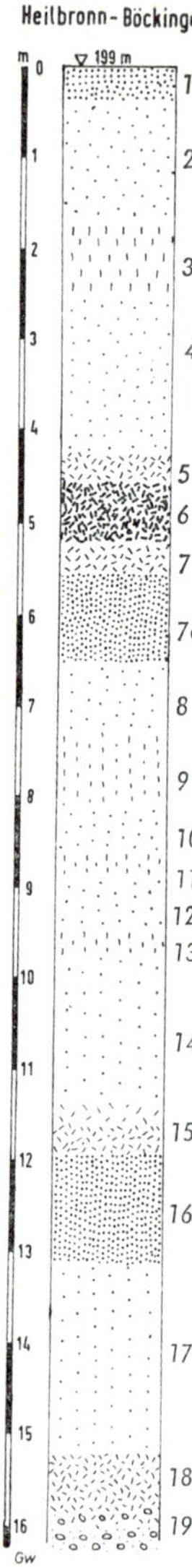

Heilbronn-Böckingen

Layer	Depth (m)	Description
1	0.50	grauer, humoser Lehm
2	1.40	hellgelber, nadelstichporiger Löß
3	1.40	hellgelber Löß mit hellgrauem Flecken und ockergelben Verfärbungen
4	1.90	hellgelber Löß
5	0.40	hellgraubrauner Lehm
6	0.60	dunkelgraubrauner, nadelstichporiger, humoser Lehm
7	0.35	hellbrauner Lehm
7a	0.80	oben rötlichbrauner, unten gelblichbrauner Lößlehm, in säuligen Bodenkörpern absondernd
8	1.25	hellgelber Löß
9	0.55	hellgelber Löß mit hellgrauen Flecken und ockerfarbigen Verfärbungen
10	0.80	hellgelber Löß
11	0.30	wie 9
12	0.90	hellgelber Löß
13	0.18	wie 9
14	1.57	hellgelber Löß
15	0.85	unten rötlichbrauner körniger Lehm mit kleinen Steinchen und örtlich Holzkohlebrocken (durch Bodenfließen zerstörte menschliche Feuerstätte), oben dunkelgelber Löß mit grauen Flecken
16	1.05	rötlichbrauner, unten gelbbrauner Lößlehm, senkrecht absondernd
17	2.05	hellgelber Löß, kalkig, mit zahlreichen Wurzelröhren
18	0.60	rotbrauner, zäher Lehm
19		Neckarkies, in Lehm gepackt (Fortsetzung auf Seite 49)

Abb. 14. Lößprofil Heilbronn-Böckingen (nach FREISING 1949 und 1957).

da und dort K a l k t u f f abgeschieden, häufig im Bereich des Muschelkalks, aber auch im Keuper.

T o r f m o o r e haben sich lokal gebildet, wo Gips des Gipskeupers ausgelaugt wurde und im Gefolge dieser Vorgänge abflußlose Senken entstanden (vgl. Schaaf 1925 u. S. 91, 112).

W e i t e r e L i t e r a t u r : Adam 1952, 1954; Freising 1952; Geyer & Gwinner 1968; Pfeiffer & Heubach 1930.

II. Schichtlagerung

Die abwechslungsreiche Landschaft zwischen Stromberg, Kraichgau, Hohenloher Ebene und den Keuperbergen des nordöstlichen Württemberg ist nicht zuletzt dem tektonischen Bau dieses Gebietes zu verdanken. Eine umfassende Übersicht mit ausführlichen Literaturangaben stammt von Carlé (1955). Darauf gründen sich auch die Ausführungen über die Tektonik in Geyer & Gwinner (1968).

Der Bereich dieses Exkursionsführers liegt im Kerngebiet der S ü d d e u t s c h e n G r o ß s c h o l l e („Südwestdeutsche Großscholle" Carlé 1955). Diese Scholle wird im Westen durch den Oberrheingraben, im Süden von den Alpen und im Nordosten von der Böhmischen Masse und dem Thüringer Wald begrenzt. Diese Groß-

---

(Fortsetzung von Seite 48)

Altersstellung:			
	1	Bodenbildung	Erdgeschichtliche Gegenwart
	2	Löß III b	} letzte Kaltzeit
	3	Naßboden III	
	4	Löß III a	
	5—7	verflossener Ober- und Unterboden der Göttweiger Bodenbildung	
	7a	Göttweiger Bodenbildung, Unterboden	letzte Warmzeit
	8	Löß II d	} vorletzte Kaltzeit
	9	Naßboden II c	
	10	Löß II c	
	11	Naßboden II b	
	12	Löß II b	
	13	Naßboden II a	
	14	Löß II a	
	15	Fließerden	
	16	Unterboden der Kremser Bodenbildung	vorletzte Warmzeit
	17	Löß I	} vorvorletzte Kaltzeit
	18	Fließerde	
	19	Neckarschotter, verlagert	

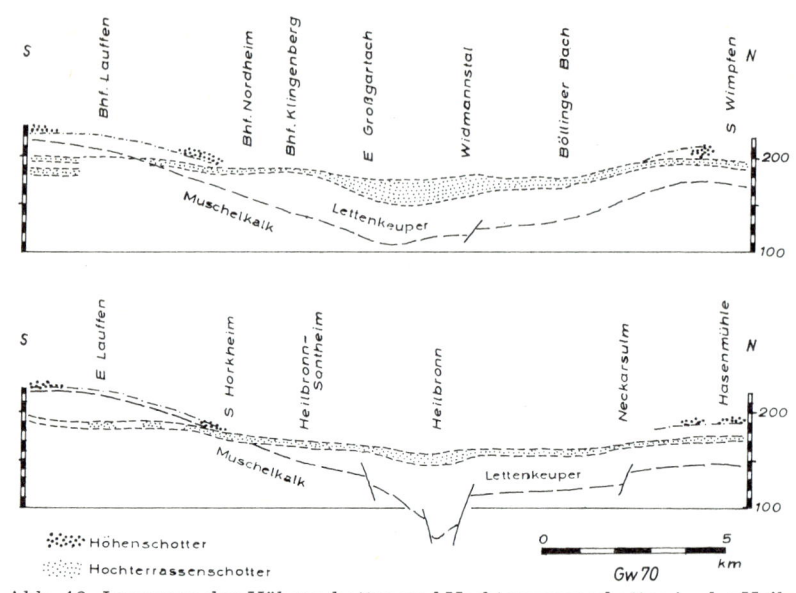

Abb. 16. Lagerung der Höhenschotter und Hochterrassenschotter in der Heilbronner Mulde, links und rechts des Neckars (oben bzw. unten). Nach WILD 1968.

scholle ist in sich durch zahlreiche Verwerfungen und Verwerfungssysteme in Bruchschollen zerlegt, die dazuhin oft eine weitspannige Faltung oder Beulung in flache Mulden und Sättel zeigen. Das beherrschende Element in dem auf der Strukturkarte (Abb. 15, siehe hintere Umschlagseiten!) dargestellten Gebiet ist das Muldensystem der „Fränkischen Mulde", das man von der Stromberg-Mulde über die Heilbronner Mulde zur Löwensteiner Mulde hin verfolgen kann. Die Stromberg-Mulde stellt eine rundliche Einbeulung dar (CARLÉ & LINCK 1949). Die Absenkung um insgesamt etwa 100 m erfolgte häufig entlang von antithetischen Kleinabschiebungen (vgl. S. 91). Nach NE verengt sich diese Struktur zur Heilbronner Mulde, die ihr Tiefstes bei und nordöstlich Heilbronn erreicht, um sich dann wieder nach Osten zur Löwensteiner Mulde zu erweitern. Nähere tektonische Beschreibungen der Heilbronner Mulde finden sich vor allem bei HEUBACH (1925) und WILD (1965, 1968).

Die Löwensteiner Mulde ist noch nicht in allen Einzelheiten bekannt, da die Spezialkartierung dort noch großenteils aussteht. Sie vergittert sich mit der unten beschriebenen Fränkischen Furche. Von der Löwensteiner Mulde steigen die Schichten nach E und NE erheblich an. Dieser Anstieg zum Fränkischen Schild (WAGNER 1929) bzw. dessen Teilstruktur Schrozberger (Teil-) Schild (CARLÉ 1955) erfolgt jedoch nicht ganz gleichmäßig, sondern wird durch eine Schar NW-streichender Verwerfungssysteme verstärkt, die ihre Hochschollen jeweils im NE haben: Ohrnberger Verwerfung, Sindringer Verwerfung und Niedernhaller Verwerfung. Die Verwerfungen von Westheim am Kocher und von Vellberg liegen in der Verlängerung dieser Störungen.

Auf der Hochscholle der Sindringer Verwerfung kommt im Kochertal bei Sindringen der Mittlere Muschelkalk zutage, auf derjenigen der Niedernhaller Verwerfung bei Niedernhall-Ingelfingen der Obere Buntsandstein.

Im strukturellen Gegensatz zu den bisher beschriebenen weitgespannten Muldenstrukturen stehen die als „Furchen" bezeichneten Elemente. Es handelt sich dabei um verhältnismäßig schmale Einsenkungszonen, die jedoch sehr weit im Streichen zu verfolgen sind (vgl. CARLÉ 1955). Wo tektonische Detailbeobachtungen möglich sind, erkennt man, daß diese Furchen keine einfachen Einwölbungen sind, sondern aus einem System von Brüchen bestehen können, zwischen denen kleine Schollen ein recht wechselhaftes Streichen und Fallen zeigen. Von CLOSS (1942) wurde deshalb z. B. die Neckar-Jagst-Furche als „Neckar-Jagst-Graben" bezeichnet.

Die Pleidelsheimer Mulde gehört zu der schon erwähnten Fränkischen Furche. Man kann sie aus dem Raum Großsachsenheim-Bietigheim nach ENE umbiegend verfolgen. Sie quert bei Pleidelsheim den Neckar, ihre Nordrandflexur ist dort an den Felsen gut sichtbar aufgeschlossen (vgl. S. 83). Bei Großbottwar wird die Mulde von einem schmalen Graben am Bönning gequert (vgl. S. 98). Auf der SW-Hochscholle außerhalb des Grabens ist Oberer Muschelkalk und Lettenkeuper aus dem sonst in der Umgebung anstehenden Gipskeuper aufgebogen (vgl. S. 98 sowie GWINNER & HINKELBEIN 1971).

Nach Osten zu verliert sich die Fränkische Furche zunächst in der

Löwensteiner Mulde. Immerhin wird ihr Verlauf durch die Lias-Zeugenberge bei Jux, Großhöchberg und Großerlach angedeutet. Die Struktur individualisiert sich aber wieder deutlich im Kochergebiet bei Gelbingen und weiter ENE (Abb. 28).

Die N e c k a r - J a g s t - F u r c h e (WEINLAND 1933) ist ebenfalls eine schmale Einsenkungszone, die von Querstörungen kompliziert wird, z. B. bei Ellenweiler, wo innerhalb der Furche in einem diagonal durchsetzenden Horst Muschelkalk und Lettenkeuper auftauchen (vgl. S. 52, dort weitere Literatur-Angaben).

Die Neckar-Jagst-Furche läßt sich vom Asperg weit nach ENE verfolgen. Der Zeugenberg des Aspergs (Schilfsandstein über Gipskeuper) verdankt seine Erhaltung dieser Muldenlage. In den südöstlichen Löwensteiner Bergen markieren wiederum einige perlschnurartig aufgereihte Relikte des Lias den Muldenverlauf: Frankenweiler, Mannenweiler (vgl. S. 42). Auch der Stubensandstein der Umgebung von Frankenberg zwischen Rot- und Kochertal liegt in der Neckar-Jagst-Furche (vgl. S. 119). Schließlich beeinflußt die Furche die Talmorphologie im Kochertal (vgl. S. 116). Ihr weiterer Verlauf ist auch auf Abb. 29 dargestellt.

Die Pleidelsheimer Mulde und die Neckar-Jagst-Furche werden in der Gegend zwischen Steinheim und Sulzbach vom L e h r h o f - S a t t e l (CARLÉ 1955: 78) getrennt. Zwischen die Pleidelsheimer Mulde und die Heilbronner Mulde schiebt sich der H e s s i g h e i - m e r S a t t e l („B e s i g h e i m e r S a t t e l") ein. In seinem Bereich kommt im Neckartal der Mittlere Muschelkalk über die Talsohle (vgl. S. 82). Sein Ostabfall ist nicht gut bekannt, da im Gebiet zwischen Neckar und Bottwar mächtige Lößdecken den Einblick in den Untergrund erschweren (vgl. GWINNER 1971 b).

Der S c h w ä b i s c h - F r ä n k i s c h e S a t t e l , die Großstruktur, welche die eingangs erwähnte Fränkische Mulde im Süden begleitet, tritt auf Abb. 15 nur am Südrand in Erscheinung.

Zu erwähnen bleiben noch einige Bruchstörungen:

Bei Bad Wimpfen verläuft eine N—S-streichende Verwerfung bzw. Verwerfungsschar, die den Muschelkalk auf der Westseite des Neckartals auch morphologisch deutlich heraushebt. Störungen im Untergrund von Heilbronn wurden hauptsächlich im Zuge der dort lebhafteren Bohrtätigkeit bekannt (WILD 1965: 606).

Der Schilfsandstein-Zeugenberg des H a i g e r n S Flein liegt in einer schmalen Grabenzone, die das Schozachtal quert. Am „Jungholz" südlich der Staatsdomäne Hohrain ist im Graben sogar Stubensandstein nachgewiesen (P. VOLLRATH 1929: 44). Eine zu diesem Grabensystem gehörende Flexur ist noch im Steinbruch am Rauhen Stich zu sehen (vgl. S. 84).

Eine weitere, ungefähr W—E-verlaufende Störung versetzt den Muschelkalk südlich Neckarwestheim. Schließlich quert eine Verwerfung mit geringer Sprunghöhe und gehobener N-Scholle den Neckar bei Walheim, wo sie z. Zt. in Steinbrüchen beiderseits des Flusses sichtbar wird (vgl. S. 81 u. 82.)

Das geologische Alter der tektonischen Bewegungen festzulegen, trifft in vielen Fällen auf Schwierigkeiten, weil die Schichtfolge, abgesehen von Löß schon mit triassischen Schichten endet. Ausnahmen machen Heilbronner und Pleidelsheimer Mulde. Beide Strukturen, wie auch der sie trennende Hessigheimer Sattel, werden vom Neckar gequert. Im Bereich der Mulden hat der Neckar, im Falle der Pleidelsheimer Mulde auch die Murr, mächtige pleistozäne Schotter abgeladen. Wie aus Abb. 16 hervorgeht, haben die altpleistozänen, vielleicht z. T. pliozänen Höhenschotter eine stärkere Veränderung ihrer Höhenlage durch tektonische Bewegungen erfahren als die mittelpleistozänen Hochterrassenschotter. Daraus geht hervor, daß die Einsenkung der Heilbronner Mulde nach der Ablagerung der Höhenschotter stattfand, und zwar zur Zeit der Ablagerung der Hochterrassenschotter. Auch nach Bildung der letztgenannten ging die Einsenkung weiter, denn auch die Auflagerungsfläche dieser Schotter ist verbogen.

Für das Alter der übrigen Störungen liegen keine solch günstigen Anhaltspunkte vor. Man ist deshalb auf Analogieschlüsse angewiesen, die eine Einstufung in die Tertiär-Zeit und ins ältere Quartär nahelegen.

Weitere Literatur: FRANK 1931 a; LANDER 1930; LINCK 1952; PFEIFFER 1925; WILD 1952.

III. Fluß- und Landschaftsgeschichte

Nur wenige Reste von Jura-Gesteinen (Lias α) finden sich heute noch auf den Löwensteiner Bergen. Die Schichtfolge wurde jedoch ursprünglich sehr wahrscheinlich bis in den Oberen („Weißen") Jura abgelagert, ehe sich das Meer nach Süden gegen den Bereich des heutigen Molassebeckens zurückzog und seither nie wieder zurückkehrte.

Während der Kontinentalzeit von Kreide, Tertiär und Quartär wurde dann der einstmals vorhandene Schichtenstoß durch Abtragung teilweise entfernt; zunächst durch Abtragungsvorgänge, deren Antrieb das Gefälle nach Süden und Südosten war. Mit dem Einbruch des Oberrheingrabens, der sich seit der frühen Tertiärzeit stark auswirkte, trat dann eine dorthin gerichtete Erosion in Kraft und in Wettstreit mit der ersterwähnten „danubischen".

Da im Bereich dieses Exkursionsführers Sedimentgesteine des jüngeren Jura, der Kreide und fast des gesamten Tertiärs fehlen, läßt sich die geologische Geschichte dieser Zeitabschnitte nur mittelbar rekonstruieren.

Im Oberrheingraben, wo die mesozoischen Schichten tief abgesenkt wurden, blieben sie vor der Abtragung seit der Tertiärzeit verschont. Aus den Ergebnissen zahlreicher Tiefbohrungen weiß man, daß der Mittlere Jura dort untertage noch bis auf die Höhe von Karlsruhe nach Norden verbreitet ist. Soweit waren also z. B. diese Schichten nach Norden zur Zeit des transgredierenden Eozäns vorhanden.

Auch die vulkanischen Förderröhren der weiteren Umgebung geben Aufschluß über die Verbreitung der Schichten während der Tertiärzeit. Der im Alttertiär — wenn nicht gar während der Oberkreide — tätige Vulkan des Katzenbuckels enthält in seinem Förderkanal Gesteine des Mittleren Jura (Braunjura α); am Steinsberg bei Sinsheim, dessen Alter einstweilen noch nicht genau bekannt ist, fand man Lias γ.

Erst während des Pleistozäns entstanden wieder Sedimente in nennenswerter Menge, welche die geologischen Vorgänge dokumentieren und auch zeitlich datieren.

Die mesozoische Schichttafel der Süddeutschen Großscholle (vgl. S. 49) zeigt in Schwaben und Franken ein generelles Einfallen nach Süden und Südosten (vgl. CARLÉ 1950), das freilich auch im beschriebenen Gebiet durch tektonische Strukturen verschiedener Größenordnung gestört wird (Abb. 15). Die Einkippung nach S und SE begann wohl schon im Oberen Jura und bedingte die schon erwähnte Regression des Meeres. Sie hielt bis in die jüngste Vergangenheit an, wie die junge Aufwölbung des Schwarzwaldes noch im Pleistozän erweist. Diese Einkippung nach Süden wies auch dem Gewässernetz, das sich auf dem Festland entwickelte, seinen Weg: Die in südlich und südöstlicher („danubischer") Richtung fließenden Flüsse und Bäche folgten dem natürlichen, geringen Gefälle. (Die Donau als solche entstand allerdings erst gegen Ende des Tertiärs im Pliozän, vorher bildete das Molassebecken die Vorflut.)

Mit dem Einbruch des Oberrheingrabens, der sich seit dem Alttertiär in kräftigem Maße vollzog, entstand dorthin ebenfalls ein Gefälle, das wegen des relativ kurzen Wegs stärker war als dasjenige zum Molassebecken bzw. später zur Donau. Es entwickelte sich nun ein zweites, dem Oberrheingraben (seit dem Pliozän dem Rhein selbst) tributäres Gewässersystem, zu dem in unserem Gebiet der N e c k a r mit seinen Nebenflüssen gehört. Diese Flüsse schnitten sich zunehmend in die Schichtentafel ein und eroberten sich immer größere Einzugsgebiete. So liegt heute das ganze Gebiet nördlich der Schwäbischen Alb im Flußgebiet des Neckars.

Aber noch im Altpleistozän gehörten wesentliche Teile des heutigen Kocher- und Jagstgebiets zum Flußsystem der Brenz, deren Quellbäche vielleicht bis in den Bereich der Löwensteiner Berge oder darüber hinaus reichten. Flußsande dieses Systems finden sich auf den Hochflächen nördlich Schwäbisch Gmünd bei Mutlangen (auf Lias β) und in Gestalt der Goldshöfer Sande bei Aalen.

Während die größeren Flüsse wie Neckar, Kocher und Jagst sich zurückschnitten, benützten sie wohl weitgehend ursprüngliche Talzüge der älteren, danubisch fließenden Gewässer und kehrten deren Gefälle um. Das Tieferschneiden der genannten größeren Flüsse erfolgte hauptsächlich während des Pleistozäns. Noch im Pliozän und älteren Pleistozän flossen sie ja auf Höhe der heutigen Talschultern und hinterließen die auf S. 44 erwähnten Höhenschotter.

Viele Nebenbäche von Murr, Kocher, Bühler und Jagst im Bereich der Löwensteiner, Waldenburger und Limpurger Berge wie im Mainhardter Wald zeigen noch die alte, durch das generelle Schichtfallen bedingte konsequente Fließrichtung nach SE (z. B. Lauter, Roth [Rot], Bibers, Fischach u. a.). Auch hier kann man annehmen, daß es sich um tiefergelegte Talläufe ehemaliger Donau- (d. h. Brenz-) Zubringer handelt, deren Vorflut durch die jungen Neckar-Nebenflüsse erheblich erniedrigt wurde. Auch in ihren Oberläufen liegen die genannten

Bäche nicht mehr hoch genug, als daß es sich dort noch um ursprüngliche Talböden des danubischen Systems handeln könnte. Diese oberen Talenden bestehen zum Teil aus weiten, flachen Senken, zum Teil aber auch aus Talstücken, die von Norden her durch steile Schluchten geköpft werden (vgl. S. 110).

Das Zurückschneiden des Neckars und seiner Zubringer folgte teilweise tektonischen Strukturen. So sind z. B. Brettach und Sulm mit ihren Quellbächen besonders weit nach Süden in die Löwensteiner Berge eingegraben, weil hier in tektonischer Muldenlage (Abb. 15) relativ großer Wasserzudrang herrscht und viele Quellen entspringen. Sonst kommen am Nordrande der Keuperschichtstufe weniger Quellen zutage, sofern die Quellhorizonte („Aquifers") im Süden, z. B. im Tal der Murr oder der Rot, geöffnet sind und das Grundwasser, dem natürlichen Gefälle folgend, dort austreten kann.

In die Muldenstruktur des Stromberg- und Heuchelberg-Gebiets (Abb. 15) haben sich Kraichbach, Lein, Zaber, Kirrbach und Metter ebenfalls weit zurückgeschnitten.

Man kann jedoch auch andere Fälle anführen: So sägt sich der Neckar zwischen Mundelsheim und Lauffen gerade durch das Zentrum des Hessigheimer Sattels hindurch (Abb. 15). Der Kocher fließt dagegen zwischen Schwäbisch Hall und Niedernhall an der Aufwölbung des Fränkischen Schildes („Schrozberger Teilschild" auf Abb. 15) subsequent entlang.

Talformen und Talverlauf werden weitgehend durch das anstehende Gestein (dessen Durchlässigkeit, Klüftung, Härte usw.) beeinflußt. So sind die Täler im Oberen Muschelkalk meist steil eingetieft und zeigen viele Mäander mit schön ausgebildeten Prall- und Gleithängen, verlassenen Flußschlingen und Umlaufbergen. Verschiedene Höhenlage verlassener Flußschlingen geben zusammen mit den Terrassen-Schottern (vgl. S. 79) Hinweise auf das Alter der entsprechenden Flußläufe. Besonders lehrreich sind die Verhältnisse im Neckartal zwischen Kirchheim und Lauffen (vgl. Abb. 17 und WILD 1955). Auch aus den Abb. 22, 23 und 28 sind die Flußschlingen des Neckars und des Kochers zu ersehen und bei den entsprechenden Exkursionen teilweise beschrieben.

Typisch sind die Talweitungen, die sich dort bildeten, wo ein Gewässersystem in Gipskeuper eingreift. Da die Gipslager und -Linsen,

Fluß- und Landschaftsgeschichte 57

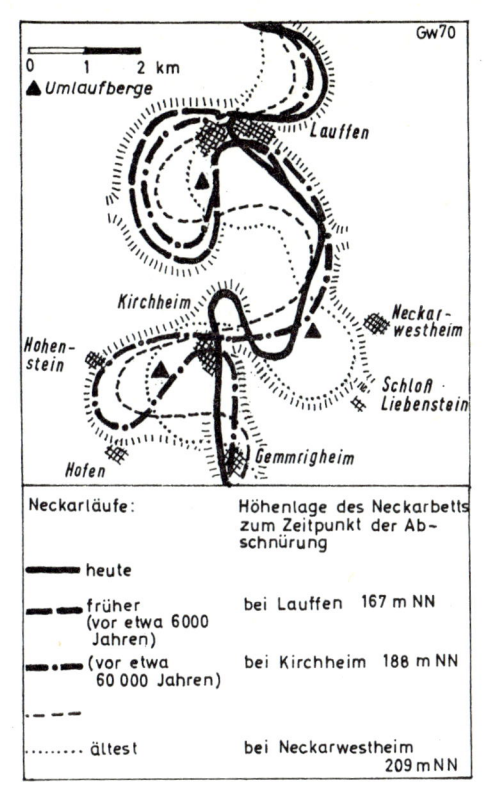

Abb. 17. Alte Neckarschlingen im Gebiet zwischen Gemmrigheim, Hohenstein, Schloß Liebenstein und Lauffen (nach WAGNER 1919, ergänzt nach WILD 1955).

vor allem die Grundgipsschichten, der unterirdischen Ablaugung (Subrosion) unterliegen, wobei das hangende Gebirge nachsackt, entwickelt sich eine weitgespannte, unregelmäßig-flachwellige Landschaft, die überdies oft von Löß und Lößlehm bedeckt ist. Als gute Beispiele können die Talbuchten der Sulm um Willsbach, Affaltrach usw., die weiten Talschultern über dem Kochertal in der Haller Bucht und bei Ottendorf-Eutendorf-Gaildorf genannt werden. Darüber hinaus ist diese Subrosions-Landschaft weithin am Fuß der Keuperhöhen anzutreffen.

Die Landschaft im Gebiet dieses Exkursionsführers ist ein besonders interessanter Ausschnitt aus dem schwäbisch-fränkischen S c h i c h t s t u f e n l a n d. Die gegen Abtragung widerständigen Gesteine bilden Felsterrassen und tragen Verebnungsflächen, die sehr häufig der tektonischen Lagerung der Gesteine auffallend parallel verlaufen, also keine „Schnittflächen" darstellen.

Die Muschelkalk-Lettenkeuper-Fläche nimmt weite Teile des Kraichgaus und der Hohenloher Ebene ein (vgl. S. 18). Die Talmorphologie im Muschelkalk ist schon oben und auf S. 10 beschrieben worden.

Im Keuper spielen besonders die Sandsteine eine wichtige morphologische Rolle. Da der Schilfsandstein nicht flächenhaft in gleicher Mächtigkeit und Fazies und damit morphologischer Resistenz verbreitet ist, treten besonders seine widerständigen Partien („Flutfazies", „Sandstränge") in der Landschaft in Erscheinung und bilden langgestreckte Höhenzüge, die nach WURSTER (1964 a) der ursprünglichen paläogeographischen Anordnung des Netzes der Sandstränge entsprechen (vgl. aber S. 32). Sicher ist z. B. auch, daß der vom Schilfsandstein getragene Heuchelberg seine Erhaltung der tektonischen Muldenlage mit verdankt (vgl. Abb. 15).

Im Gegensatz zum Schilfsandstein bildet der Kieselsandstein zusammenhängende Verebnungen, besonders in den Limpurger und Waldenburger Bergen, aber auch am Nord- und Westrand der Löwensteiner Berge. Ob die Kieselsandstein-Zeugenberge Wunnenstein und Forstberg (vgl. S. 96 u. 97) entstanden sind, weil hier in Rinnen zu größerer Mächtigkeit anschwellender Kieselsandstein mit einer einheitlichen Schüttungsrichtung vorliegt (WURSTER 1965 b), ist wohl kaum eindeutig zu beweisen. Auch eine tektonische Ursache ist einstweilen nicht anzunehmen.

Da der Stubensandstein keine einheitliche Abfolge zeigt, wird seine Hochfläche auch meist von verschiedenen, einzelnen Sandsteinpaketen entsprechenden Verebnungen gebildet, sofern nicht in den Mergelhorizonten eine wellige Landschaft vorliegt, wie z. B. östlich und nordöstlich Mainhardt (vgl. S. 38, 107, 108).

Da die Schichtstufen bis an ihren Fuß und zum Teil auch auf der Hochfläche mit Löß bedeckt sein können, der dazuhin oft mehreren

Kaltzeiten angehört (S. 45—47), muß man daraus schließen, daß der Rand der Schichtstufen schon damals ähnlich verlief wie heute. Andererseits zeigen uns die auch im Löß eingeschalteten Fließerden, daß sich gerade während des Pleistozäns beträchtliche Gesteinsmassen in Bewegung setzten. Bekannt ist z. B. auch eine Kappe von Schilfsandsteinschutt auf dem Stiftsberg nördlich Heilbronn (vgl. S. 61).

Weitere Literatur: CARLÉ 1968 d; PFEIFFER 1928; PFEIFFER & HEUBACH 1930; WAGNER 1919, 1922, 1929; WURSTER 1963 a, b.

IV. Exkursionen

Vorbemerkungen: Einige wichtige Hinweise über die Art, die Auswahl, die Dauer usw. der Exkursionen sind dem Vorwort zu entnehmen. Bei jeder Exkursion ist der sachliche Inhalt mit kurzen Stichworten unter der Überschrift umrissen. Ferner werden die benötigten Blätter der Topographischen Karte 1:50 000 (z. B. „L 6922" o. ä.) genannt. Im übrigen wird hier noch einmal auf die Kartenübersicht auf Abb. 1 verwiesen. Flurnamen und Bergnamen, die auf der Karte 1:50 000 erscheinen, werden in Anführungszeichen gesetzt. Eine Übersicht über die Exkursionsrouten gibt die Karte auf der Innenseite des Umschlags. Für einige Exkursionen wurden spezielle Kärtchen oder Skizzen beigegeben. Auch deren Bereiche sind aus dieser Karte zu ersehen.

Abkürzungen: Einige besonders häufig vorkommende Worte werden wie folgt abgekürzt:

B	=	Bundesstraße (z. B. B 19 = Bundesstraße 19)
ehem.	=	ehemalige(r)
verl.	=	verlassene(r)
Mgr., Mgrn.	=	Mergelgrube, Mergelgruben
Sgr., Sgrn.	=	Sandgrube, Sandgruben
Stbr., Stbre.	=	Steinbruch, Steinbrüche
Wbh.	=	Wasserbehälter

1. Heilbronn; „Wartberg", „Jägerhaus"

(Aussicht, Morphologie; Estherienschichten — Schilfsandstein; L 6920, Geologische Karte 6821 Heilbronn)

Vom Turm des „Wartbergs" überblickt man am besten die Landschaft um Heilbronn.

Im Süden dehnt sich in einer breiten Talweitung die Stadt, halbkreisförmig umgeben von den bewaldeten Ausläufern der Löwensteiner Berge, deren westlichster Teil hier auch den Namen Heilbronner Bergland trägt.

1. Heilbronn; „Wartberg", „Jägerhaus"

Den „Wartberg" bedeckt mächtiger Schilfsandstein (vgl. unten). Seine ausgeprägte Verebnung kann rings um die Stadt verfolgt werden. Die Berge im Norden und Osten, jenseits der Sulm, tragen ebenfalls Schilfsandstein. Besonders auffällig ist der sargdeckelförmige „Scheuerberg" bei Neckarsulm und die kegelförmige „Weibertreu" bei Weinsberg. Die Sargdeckelform ist für Schilfsandsteinberge typisch. Wie der „Schimmelsberg" bei Weinsberg sehr schön zeigt, ist ihr Querschnitt gewöhnlich asymmetrisch: die südexponierten Hänge sind steiler als die waldbestandenen Nordhänge (vgl. S. 47, 95), die oft mächtige Schutt- und Lößdecken tragen. So liegt z. B. auf dem „Stiftsberg", 1 km nördlich des „Wartbergs", Schilfsandstein 70 m tiefer als hier. Er ist jedoch nicht autochthon, sondern stellt den Überrest einer vom „Wartberg" ehemals ESE verlaufenden mit grobem Schilfsandstein-Schutt gefüllten Erosionsrinne dar (WILD 1968: 72).

Im Südosten steigt mit dem „Schweinsberg" (Fernmeldeturm) die Schichtfolge bis zum Kieselsandstein an, der ebenfalls Verebnungen bildet. Weitere Kieselsandsteinberge, z. B. der „Reisberg" und der „Sandberg", folgen im Osten. Dort streckt sich am Horizont das Waldland der eigentlichen Löwensteiner Berge und des Mainhardter Waldes, in dem die Schichtfolge bis zum Stubensandstein erhalten ist. Auf oberstem Stubensandstein steht der weithin sichtbare Wasserturm des Sanatoriums Löwenstein. Die höchsten Erhebungen bilden Lias-Kuppen. Auf einer solchen Kuppe steht der Fernmeldemast vom „Stocksberg".

Löwensteiner Berge und Mainhardter Wald liegen in einer weitgespannten tektonischen Mulde, der Löwensteiner Mulde (Abb. 15). Der zur weiteren Umgebung relativ eingesenkten Lage verdankt hier der höhere Keuper seine Erhaltung. Dasselbe gilt für Stromberg und Heuchelberg im Südwesten, jenseits des Neckars. Sie liegen in der Strombergmulde (Abb. 15). Der Heuchelberg, leicht kenntlich am Aussichtsturm „Heuchelberger Warte", ist ein langgestreckter Schilfsandsteinrücken. Im Stromberg reicht die Schichtfolge bis zum obersten Stubensandstein.

Westlich des Beschauers dehnt sich die weite, fruchtbare Ebene des Kraichgaus, die sich bis an die Stadt heranzieht. Sie wird im wesentlichen von lößbedecktem Muschelkalk und Lettenkeuper gebildet. Markant erhebt sich darin der „Steinsberg" bei Sinsheim, ein tertiärer Vulkanschlot. Diese Gäuebene findet ihre östliche Fortsetzung in der Hohenloher Ebene im Norden des Berglandes von Löwenstein und Mainhardt.

Den nördlichen Horizont begrenzen die Buntsandsteinberge des Odenwaldes. Kegelförmig hebt sich der alttertiäre Vulkanschlot des „Katzenbuckels" über sie hinaus.

Man erkennt, daß die Schichten nach Norden ansteigen und immer ältere Schichten übertage anstehen. In diese ansteigenden Schichten (Odenwald-

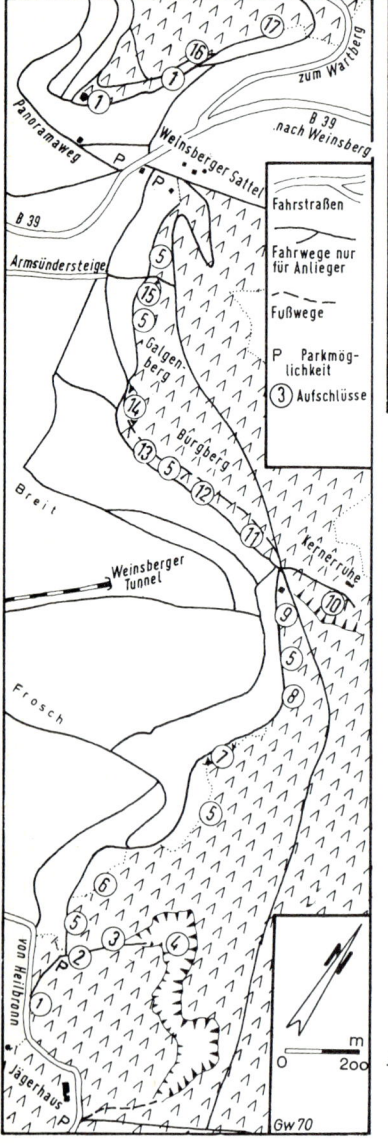

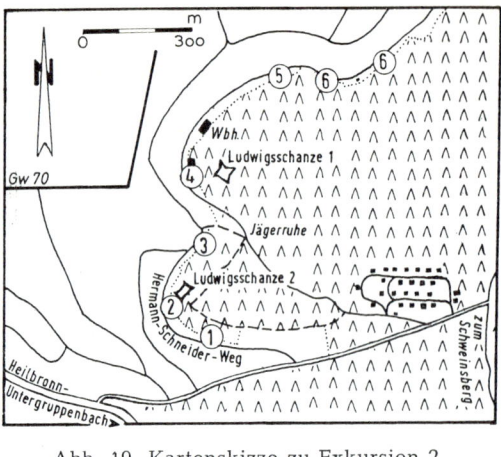

Abb. 19. Kartenskizze zu Exkursion 2.

Abb. 18. Kartenskizze zu Exkursion 1
(Nord-Pfeil beachten!).

1. Heilbronn; "Wartberg", "Jägerhaus"

Schild) schneidet sich der Neckar zwischen Jagstfeld und Heidelberg mit einem nach Norden zunehmend tiefen Tal ein.

Im Westen blickt man bei guter Sicht sogar über den Oberrheingraben hinweg bis zur pfälzischen Haardt (Buntsandstein). Auch im Süden steigen die Schichten an, und Muschelkalk und Lettenkeuper bilden dort Ebenen, in die sich der Neckar mit Mäandern tief einschneidet. In einer schmalen Spezialmulde, der Neckar-Jagst-Furche (Abb. 15, vgl. S. 52), blieb der mit Schilfsandstein bedeckte „Asperg" bei Ludwigsburg erhalten. Den südlichen Horizont umrahmen die Lias-Höhen des Schönbuchs und der tektonische Lias-Graben der Filder mit dem Fernsehturm Stuttgart.

Am Südhang des „Wartbergs", nahe der Gaststätte, war 1969 anläßlich einer Reblandumlegung über Grauen Estherienschichten der Schilfsandstein in einer Mächtigkeit von 28 m aufgeschlossen (Mitt. WILD 1970; vgl. LINCK 1970: 79). Im Liegenden und im Hangenden von je 6 m kompakten Sandsteinen begrenzt, enthielt er eine 16 m mächtige Einschaltung von grauen, schluffigen Tonsteinen mit reichlich Pflanzenresten. Sandsteine waren darin nur in Form von kleinen Linsen entwickelt. Dies ist besonders bemerkenswert, weil in dem unten beschriebenen, 3 km entfernten Stbr. beim „Jägerhaus" der Schilfsandstein in einer Mächtigkeit von 25 m durchgehend in massigen Sandsteinbänkchen entwickelt ist. Auch die zwischen „Jägerhaus" und „Wartberg" gelegenen Aufschlüsse zeigen keine derartigen Einschaltungen.

Wie Abb. 9 zeigt, können nach WURSTER (1964) der „Wartberg" und die übrigen lang hingestreckten Schilfsandsteinhöhen rings um den Heilbronner Talkessel als typisches Beispiel für einen durch die Abtragung herauspräparierten, kompakten „Sandstrang" des „Schilfsandstein-Deltas" angesehen werden, dessen ehemalige Form nach Ausräumung tonreicher „Stillwasserfazies" („Normalfazies") im Bereich der Stadt im heutigen Landschaftsbild ihren Niederschlag findet.

Nach Ansicht von LINCK (1970) sind solche tonigen Einschaltungen nicht in Übereinstimmung mit dem Konzept WURSTERS (vgl. S. 32). Der Heilbronner Talkessel sei nicht paläogeographisch bedingt, sondern stelle eine reine Erosionsform dar. Gegen das Auftreten von „Stillwasserfazies" im Gebiet der Stadt sprechen nach WILD (Mitt. 1970) massige Werksteinbänke, die auf dem „Sandberg" im W Heilbronns vorübergehend aufgeschlossen waren. Der im „Altstadtgraben" tektonisch tiefliegende „Sandberg" ist vom „Wartberg" aus als pappelbestandene Höhe hinter dem Städt. Krankenhaus zu erkennen.

Die E und SE von Heilbronn über den Weinbergen gelegenen Aufschlüsse in der Grenzregion Estherienschichten (Gipskeuper) — Schilfsandstein zählen zusammen zu den besten des ganzen Landes. Sie geben Einblick in den Schichtaufbau und zeigen, wie der Schilfsandstein unterschiedlich tief ins

Liegende eingreift. Der Schilfsandstein selbst ist hier bis etwa 30 m mächtig.
Profile der Estherienschichten finden sich bei STETTNER (1914: 9) und WILD
(1968: 42).

Der **Exkursionsweg** durch die Weinberge ist auf Abb. 18 eingetragen.

1.1 Graue Estherienschichten / Schilfsandstein.

1.2 Die Untergrenze des Schilfsandsteins schneidet sich wegab allmählich tiefer in die Grauen Estherienschichten ein. Das diskordante Einfallen hält W des Aufschlusses an (Mitt. WILD 1970, vgl. S. 32). Von der Sandstein-Untergrenze greifen einige dm-breite und -tiefe Sandsteinkörper rinnenartig ins Liegende hinein (vgl. 1.9).

1.3 An dem sehr bekannten und umstrittenen Aufschluß am Zugang zum Städt. Steinbruch (1.4) steigt die Grenze Obere Bunte Estherienschichten / Schilfsandstein zweimal um mehrere Meter auf und ab. Es liegt eine Diskordanz vor (STETTNER 1925: XCVII, LINCK & WILD 1960: X). Dies wird dadurch unterstrichen, daß bei 1.2 der Schilfsandstein auf Grauen Estherienschichten lagert. Die Verbandsverhältnisse wurden auch schon als primär konkordant und durch plastische Verformung durch Auflast des Sandsteins zu deuten versucht (WURSTER 1964 a: 50). Eine grenzparallele Schichtung wird jedoch durch grenzparallele Fe-Reduktion nur vorgetäuscht. Eine gewisse, schwache Schichtverbiegung kann nicht ausgeschlossen werden.
Der Eingang zum Städt. Steinbruch ist als Naturdenkmal eingetragen.

1.4 Der jetzt verl. Städt. Stbr. am „Jägerhaus" mit 25 m massigem, vorwiegend bräunlich-gelbem Sandstein ist der markanteste Schilfsandstein-Aufschluß des Heilbronner Raumes. Wie die im alten, abgebauten Bruchgelände bei der Gaststätte stehende „Jägerhauseiche" beweist, wurden hier schon seit mindestens 800 Jahren Steine gebrochen. Der „Heilbronner Werkstein", dem „an Wärme und Milde der Farbe kein anderer Stein des Landes gleichkommt" (FRAAS 1882: 57), war besonders früher als Baustein und für Bildhauerarbeiten sehr beliebt. Er fand nicht nur in Heilbronn Verwendung, sondern wurde für Großbauten bis nach Holland verschickt.

1.5 Graue Estherienschichten.

1.6 Graue Estherienschichten / Obere Bunte Estherienschichten. Beim Blick auf das Weinberggelände sieht man deutlich Bergnasen bei 230—240 m NN, die von der Engelhofer Platte gebildet werden („Frosch", „Breit", obere Armsünderteige).

1.7 Große Mgr. in Unteren Bunten und Mittleren Estherienschichten. Im obersten Teil des Aufschlusses tritt die *Anatina*-Bank in Form eines 30 cm mächtigen, harten, muschelführenden Steinmergels aus.

1.8 Graue Estherienschichten. 1 m unter einem auffälligen, hellen, aufblätternden Steinmergel von 10 cm Mächtigkeit streicht die 25 cm mächtige *Anatina*-Bank aus, die auf kurze Entfernung (wegab) von einer dolomitischen Steinmergelbank in festen Tonstein übergeht. An ihrer Basis führt sie Muscheln. Profil: WILD (1968: 42).

1.9 Graue Estherienschichten / 1,5 m Obere Bunte Estherienschichten / Schilfsandstein. Der Sandstein ist kreuzgeschichtet und liegt diskordant auf den Estherienschichten. Die Sandstein-Untergrenze wird von einer grünlichen Reduktionszone begleitet. Einige dm-breite und -tiefe Sandsteinkörper greifen rinnenartig ins Liegende hinein. GWINNER (1970 d) deutet diese Einlagerungen als Erosionsrinnen, die beim Trockenfallen des Sediments entstanden.

1.10 Verl. großer Stbr. in massigem Schilfsandstein.

1.11 Graue Estherienschichten, Schilfsandstein mit einer bis zu 2 m mächtigen resedimentären Breccie von Schilfsandstein-Material an der Basis. Solche Breccien entstehen nach GWINNER (1970 d) aus zeitweilig trockengefallenem Schilfsandstein-Sediment.

1.12 Graue und Obere Bunte Estherienschichten. Die Sandstein-Untergrenze steigt von 1.11 nach 1.12 an.

1.13 Grenze Graue Estherienschichten / Schilfsandstein.

1.14 Große Mgr. in Grauen Estherienschichten. Die *Anatina*-Bank liegt in Form 25 cm festen Tonsteins 1 m unter einer auffallenden Steinmergelbank im unteren Drittel der Wand und führt an ihrer Basis Muscheln.

1.15 Verl. Kleiner Stbr. im Schilfsandstein. Resedimentierte graue Tonsteingerölle.

1.16 Schilfsandstein-Hangschutt.

1.17 Unruhige Grenze Graue Estherienschichten / Schilfsandstein. Ockerige Lagen täuschen z. T. einen völlig parallelen Verlauf der Schichtung des Liegenden zur Sandsteinbasis vor. Eine gewisse Angleichung ist jedoch festzustellen.

Von der „Lemppruhe" hat man einen schönen Blick über das „Weinsberger Tal" bis zu den Löwensteiner Bergen.

2. Heilbronn; „Ludwigsschanzen"

(Estherienschichten — Schilfsandstein; L 6920; Geologische Karte 6821 Heilbronn)

Der Exkursionsweg geht aus Abb. 19 hervor.

2.1 Graue Estherienschichten / Obere Bunte Estherienschichten / Schilfsandstein.

2.2 Graue Estherienschichten / Obere Bunte Estherienschichten.

2.3 Große Mgr. in Grauen Estherienschichten. Eine 30 cm mächtige Dolomitbank im unteren Teil ist die *Anatina*-Bank. Sie führt an ihrer Basis Muscheln. 1 m höher streicht ein aufblätternder Steinmergel aus; vgl. 1.8 und 1.14.

66   IV. Exkursionen

2.4 Obere Bunte Estherienschichten / Schilfsandstein. Die Schilfsandstein-Untergrenze ist mehrmals um kleine Beträge versetzt, möglicherweise infolge von Gipsauslaugung im Untergrund.
2.5 Obere Bunte Estherienschichten.
2.6 Graue Estherienschichten.

3. Umgebung von Erlenbach, Weinsberg und Eberstadt
(Gipskeuper – Schilfsandstein; L 6920; Geologische Karte 6821 Heilbronn)

Das Gebiet dieser Exkursion liegt in der NE-Ecke der Geologischen Karte 6821 Heilbronn. Da in ihr fast alle erwähnten Aufschlüsse verzeichnet sind, ist sie zur Orientierung bestens geeignet. Die topographische Unterlage ist jedoch zum Teil veraltet. Die Lage der Aufschlüsse geht aus Abb. 20 hervor. Die meist mit Wald bedeckten Hochflächen der Berge in der Umgegend werden vom Schilfsandstein gebildet. Die Haupttäler sind bis in den unteren Gipskeuper eingetieft. Infolge der Auslaugung der Grundgipsschichten ist die Aue der Sulm sehr breit ausgebildet. An den Hängen der Höhenzüge treten bei 230–240 m NN vielfach Nasen auf; ihnen vorgelagerte Hügel besitzen die gleiche Höhe. In diesem Niveau befindet sich die Region der Engelhofer Platte.
3.1 Mgr. am NW-Ausläufer des „Schimmelsbergs" in den Dunkelroten Mergeln.
3.2 Große Mgr. in den Unteren Bunten Estherienschichten.
3.3 S von 3.2, oberhalb der Weinberge und auf dem Berg bei Pkt. 317, verl., zum Teil verwachsener Stbr. im Schilfsandstein. Am Weg ist die Grenze Graue Estherienschichten/Schilfsandstein aufgeschlossen. Sie steigt in südlicher Richtung an. Der Schilfsandstein enthält hier eine resedimentierte Breccie, die leichter als der normale Sandstein verwittert. Oben bei Pkt. 317 ist der Sandstein massig entwickelt. Schöne Aussicht nach Westen. Blick auf von der Engelhofer Platte gebildeten Bergnasen und Hügel.
3.4 Mgr. mit der Bleiglanzbank. Im Hangenden 2 m Fließerde.
3.5 Mgr. mit der Bleiglanzbank.
3.6 Große Mgr. mit 7 m Dunkelroten Mergeln und der Bleiglanzbank. Die charakteristische Reduktionszone unterhalb der Bank ist gut ausgebildet. Im Hangenden 3 m mächtige Fließerde mit Mergel-, Steinmergel- und Lößmaterial.
3.7 Mgr. mit der Bleiglanzbank.
3.8 Große Mgr. in Grauen Estherienschichten.
3.9 Mgr. in Unteren Bunten Estherienschichten mit zahlreichen Lagen von Gipsresiduen.
3.10 Mgr. in Dunkelroten Mergeln mit Gipsbänken, Gipsknollen und Fasergips. Zufahrt: Vom W Ortsende von Binswangen (Fabrik).

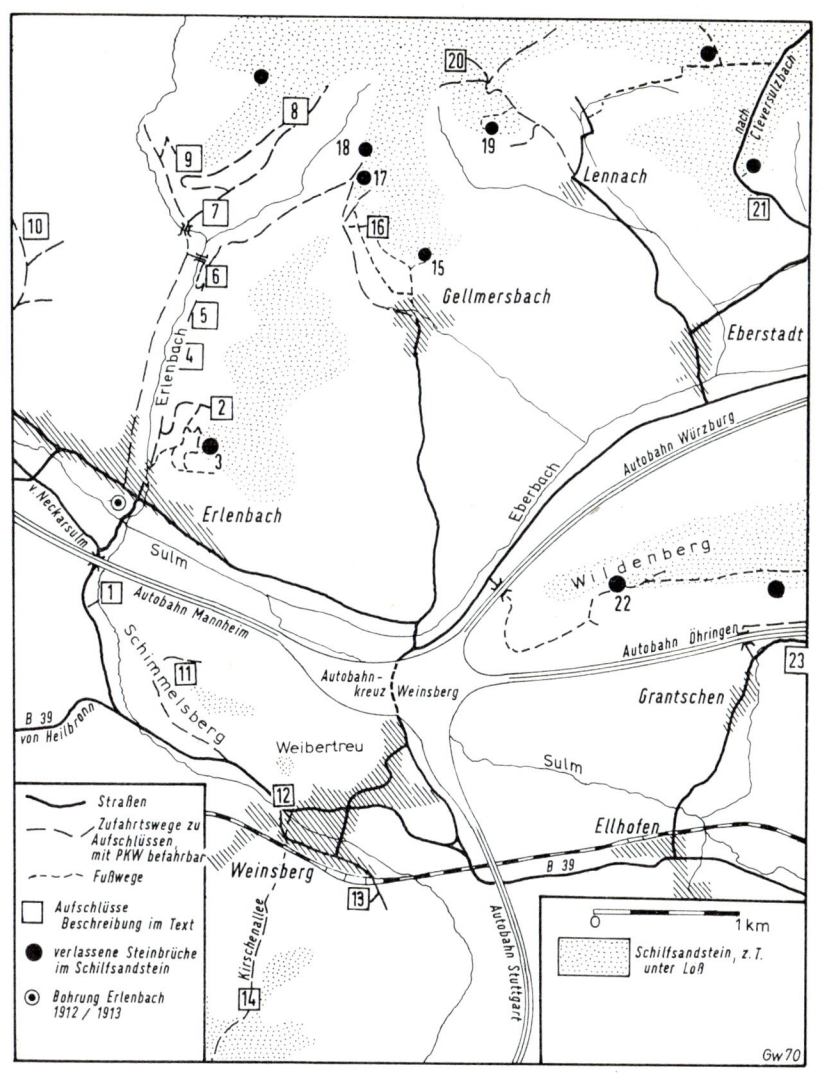

3. Umgebung von Erlenbach, Weinsberg und Eberstadt   67

Abb. 20. Kartenskizze zu Exkursion 3.

3.11 2 Mgrn. in Unteren Bunten Estherienschichten mit Lagen von Gipsresiduen. Die Schichten sind mehrfach verworfen und fallen in S-Richtung ein.

3.12 Verl. Gipsbruch in **Weinsberg** hinter der BP-Tankstelle an der B 39. Mittlerer Gipshorizont mit Gipsbänken, -knollen und Fasergips. Ein Profil gibt PFEIFFER (1915: 54), der ihn jedoch mit den Grundgipsschichten verwechselt.

3.13 Weinsberg, Ziegeleigrube KOCH & SÖHNE. Ausgelaugter Mittlerer Gipshorizont mit gestörter Schichtung, oben bunte, unten graue Serie; bedeckt von geringmächtigem Löß.

3.14 Kirschenallee, verl. Mgr. in Grauen Estherienschichten und Grenze zum Schilfsandstein. Ein 15 cm mächtiger heller, auffälliger Steinmergel nahe der Sohle ist nach PFEIFFER (1915: 63), der ein Profil angibt, die *Anatina*-Bank.

3.15 Verl. Stbr. im Schilfsandstein. In der Grube am Zugangsweg oberhalb der Weinberge eine resedimentäre Breccie von Schilfsandstein-Material mit zwischengelagerten Sandstein-Bänken. Im oberen Drittel des Bruches selbst eine tonreiche Einschaltung resedimentierten Materials in massigem Schilfsandstein.

Im obersten, westlichen Bruchteil am Weg oberhalb der Weinberge ist eine kleine Rinne in massigen Sandstein eingeschnitten, die an ihrer Basis resedimentiertes Material führt.

3.16 Zum Teil verwachsene Mgr. in Unteren Bunten Estherienschichten und Grauen Estherienschichten. Grenze zum Schilfsandstein. An der Böschung des Wegs oberhalb der Weinberge zu 3.17 steht Schilfsandstein an.

3.17 Verl. Stbr. in massigem Schilfsandstein.

3.18 Verl. Stbr. in massigem Schilfsandstein. Einschaltungen von tonigeren Lagen mit resedimentären Breccien in unterschiedlicher Höhenlage und Mächtigkeit, zum Teil rinnenartig eingetieft.

3.19 Verl. Stbr. in dickbankigem Schilfsandstein mit Einschaltungen vom Sandschiefern.

3.20 „Pfitzhofwald", Mgr. in einer in Schilfsandstein-Flutfazies eingeschalteten Mergelserie; auf der geologischen Karte 1:25 000 als „geologisch wichtige Stelle" gekennzeichnet. Die Mergelserie ist nach Bohrungen insgesamt 11 m mächtig, beginnt 10 m unter der Schilfsandstein-Obergrenze und wird noch von 20 m Sandstein unterlagert (WILD 1968: 50). Die Untergrenze des Schilfsandsteins verläuft etwa horizontal gegen den südlichen Rand des Höhenzuges (Mitt. WILD 1970); vgl. S. 32.

Eine Grabung im tieferen Teil der Grube erbrachte eine reiche marine Muschelfauna (LINCK 1968 b). Damit konnte erstmals der marine Charakter des Schilfsandsteins paläontologisch bewiesen werden. Es wurden 46, größtenteils neue Arten festgestellt, die sich auf 17 Gattungen verteilen. Besonders häufig sind: *Trigonodus, Myoconcha, Mytilus, Modiolus* und *Lithophaga.* Hinzu

treten Conchostraken („Estherien") und eingeschwemmte Pflanzenreste mit auffallend vielen Coniferen *(Voltzia, Pagiophyllum, Widdringtonites).*
3.21 Große Mgr. in Grauen und Bunten Estherienschichten; Grenze zum Schilfsandstein.
3.22 Verl. Stbr. in tonreichem, sandplattigem und -schiefrigem Schilfsandstein. Auf Schichtflächen reichlich kleiner Pflanzenhäcksel.
3.23 Große Mgr. im Mittleren Gipshorizont. Zahlreiche Lagen von Gipsresiduen. Ein 30 cm mächtiger schluffiger Steinmergel im obersten Teil gehört vermutlich in die Region der Engelhofer Platte.

4. Willsbach–Löwenstein
(Mittlerer Keuper, Morphologie; L 6922; Abb. 21)

Das östliche Ende des „Weinsberger Tals" mit dem Flüßchen Sulm wird von den Löwensteiner Bergen und ihren Ausläufern amphitheatralisch umgeben. Die kuppige Talweitung ist im Gipskeuper angelegt. Im N wird sie von Schilfsandsteinbergen begrenzt; im E und S reicht die Schichtfolge bis zum Kieselsandstein, im SE bis zum Oberen Stubensandstein und zum Lias α.
Von Weinsberg kommend, verläuft die B 39 bis Willsbach im Tal der Sulm, das durch die unterirdische Auslaugung des Grundgipses besonders breit ist. Bei der Weiterfahrt fallen Verebnungsflächen in der Region der Engelhofer Platte auf, die Höhen um 250 m NN bildet, z. B. die Erhebungen mit dem Breitenauer Hof und dem Beckershof. Zwischen Willsbach und Hößlinsülz läßt sich die asymmetrische Gestalt der Tälchen, wie sie hier häufig anzutreffen ist, gut beobachten. Stets ist der nach S oder W exponierte Hang steil entwickelt. Der nach N oder E weisende Hang ist flach und trägt zudem meist eine mächtige Lößdecke (vgl. S. 47). Nach der Seemühle beginnt der windungsreiche Anstieg der Bundesstraße. Bei der Löwensteiner Kelter ist der Schilfsandstein erreicht; Löwenstein selbst liegt auf einer Kieselsandsteinterrasse; kurz nach dem Ortsausgang beginnt die Folge der Stubensandsteine. Die Lage der einzelnen Aufschlüsse ist auf Abb. 21 verzeichnet.
Von den Höhen rings um das „Weinsberger Tal" vermitteln zahlreiche Aussichtsmöglichkeiten einen hervorragenden Blick auf die Schichtstufen. Auch bei der Fahrt auf der B 39 erhält man einen guten Überblick über die Landschaft (vgl. 4.12).
Die Calcium-Sulfat-Wässer des Teusserbades bei Löwenstein entspringen im Schilfsandstein.
Entgegen der Darstellung bei PFEIFFER & HEUBACH (1930: Abb. 53) ist der „Eisenberg", 1,5 km NW von Löwenstein, tektonisch ungestört.
4.1 NW **Willsbach**, verl., zum Teil verwachsener Stbr. am „Zeilberg". Plattig-bankiger Schilfsandstein mit Pflanzenresten. Oberhalb der Weinberge, am Waldrand, ist rings um den Stbr. an der Böschung des Randwegs die

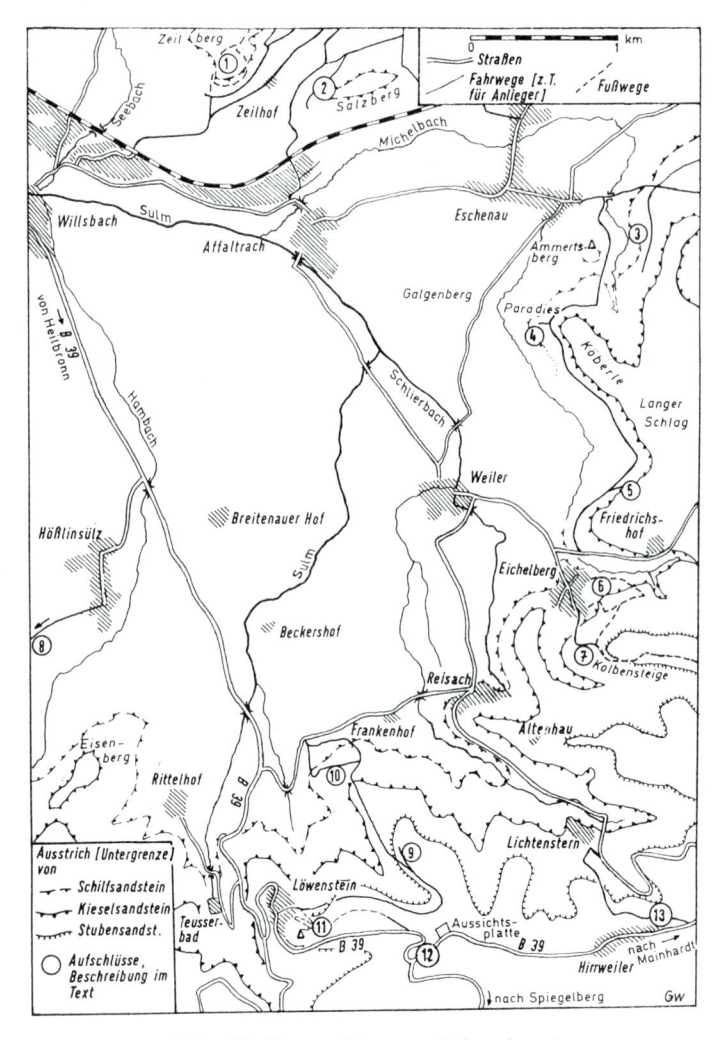

Abb. 21. Kartenskizze zu Exkursion 4.

4. Willsbach—Löwenstein

Grenze Graue Estherienschichten/Schilfsandstein aufgeschlossen. Am SW „Zeilberg" setzt der Schilfsandstein plattig–schiefrig ein und führt Pflanzenreste; an seinem E-Hang tritt er an der Böschung überwiegend in Form siltig–glimmeriger Schiefertone aus.

Eine verl. Mgr. bei der in Abb. 21 eingezeichneten Wegkehre zeigt eine hervorwitternde, stark vergipste Lage in den Grauen Estherienschichten.

N Willsbach findet man in zwei Mgrn. auf 250 m NN an den Wegen südlich von „H" und nördlich vom ersten „r" von „Hirschberg" die Engelhofer Platte in Form eines 20 cm mächtigen schluffigen Steinmergels mit Trockenrissen und Wülsten.

4.2 N **Affaltrach,** Mgr. am W-Hang des „Salzbergs". Untere Bunte Estherienschichten, durch Gipsauslaugung im Untergrund verstürzt.

4.3 W **Eschenau,** verl. Stbr. bei der „Jagdhütte". Im linken (N) Bruchteil ist in bankig-plattigem Schilfsandstein eine mächtige sandschieferige Lage mit resedimentiertem Material eingeschaltet. Sie enthält unbeständige Sandsteinbänke. Im rechten (S) Bruchteil ist der oberste Teil des Schilfsandsteins als rote Sandschiefer und rötliche, fleckige Sandsteinbänkchen mit Rippelgefügen zugänglich.

Wo der Weg von Eschenau zum Stbr. in den Wald eintritt, ist die Grenze Estherienschichten/Schilfsandstein aufgeschlossen.

4.4 Vom E Ortsausgang von **Eschenau** folgt man einem Fahrweg, der am E Hang des „Ammertsberges" entlangführt. Die Schilfsandstein-Decke des „Ammertsberges" ist bis auf einen geringen Rest erodiert. Durch einen Wegeinschnitt gelangt man auf die wenig ausgeprägte Schilfsandsteinverebnung. Der Weg verläuft weiter auf ihr, entlang am Fuß des Anstiegs der Unteren Bunten Mergeln.

Wo die Weinberge beginnen, ist unterhalb des Wegs am Waldrand ein kleiner Aufschluß in Schilfsandstein. Es treten Sandsteinbänkchen mit Rippelschichtung aus, denen schluffige Tonlagen mit Pflanzenresten zwischengelagert sind.

100 m weiter bildet der Schilfsandstein am „Paradies" eine deutliche Bergnase. In einer kleinen, verlassenen Grube unterhalb des Wegs ist sein oberster Teil, rote Sandschiefer und rötliche, fleckige Sandsteinbänkchen, erschlossen. Auf den Schichtflächen finden sich unregelmäßige Wülste.

Am übrigen Teil des Wegs tritt bis Eichelberg der Sandstein morphologisch nicht mehr in Erscheinung. Erst dort zeigt sich wieder eine schwache Verebnung, auf der der Ort liegt (vgl. Abb. 9).

Sehr ausgeprägt ist die Verebnung des Kieselsandsteins zwischen Eschenau und Eichelberg („Köberle", „Langer Schlag", Friedrichshof). Wie schon die topographische Karte 1:50 000 erkennen läßt, befinden sich weitere Verebnungsflächen dieses Horizonts am ganzen Nordrand des Berglandes. Nur ausnahmsweise, wie beim Friedrichshof, sind sie beackert, gewöhnlich tragen sie Wald oder Wiese.

4.5 N **Friedrichshof,** Mgr. in Roter Wand.

4.6 Mgr. am E Ortsrand von **Eichelberg** in Roter Wand.

4.7 Der bekannte Hohlweg „**Kolbensteige**" am E Ortsende von **Eichelberg** verwächst immer mehr. Er behält jedoch seine Bedeutung, da er noch als einziger Aufschluß den in der Gegend um Löwenstein überwiegend tonig entwickelten 1. Stubensandsteinhorizont zeigt (vgl. S. 37). Bei den Bearbeitern der nordwürttembergischen Stubensandsteinfolge nimmt die „Kolbensteige" eine wichtige Stellung ein. Profile geben LAEMMLEN (1954: 63), SILBER (1922: 57), STETTNER (1914) und P. VOLLRATH (1928: 214).

Der Ort liegt auf einer schwach ausgeprägten Verebnung des Schilfsandsteins. Gleich hinter dem letzten Haus beginnt der Hohlweg in Roter Wand. Die Lehrbergschichten sind nicht aufgeschlossen. Der insgesamt 35 m mächtige Kieselsandstein läßt sich hier, wie häufig in Nordwürttemberg, in zwei Horizonte teilen, die durch eine 9 m mächtige hauptsächlich aus Mergeln bestehende Zwischenlage getrennt werden. Diese beiden Komplexe können getrennte Verebnungsflächen bilden, zum Beispiel liegt S von Eichelberg der Weiler Altenhau auf dem oberen, das ehemalige Kloster Lichtenstern 10 m tiefer auf dem unteren Horizont.

Besser als in der „Kolbensteige" ist der Kieselsandstein in einem zweiten Hohlweg erschlossen, den man erreicht, indem man bei den letzten Häusern l i n k s abzweigt.

Oberhalb von Eichelberg bildet der Sandstein eine kleine Verebnung. Großenteils verwachsen, folgen 33 m Obere Bunte Mergel von graugrüner Farbe (rötlich verwitternd) mit zahlreichen Steinmergeln. Dann beginnt der 1. Stubensandsteinhorizont in Form von 11 m überwiegend rotbraunen Mergeln mit grünlichen Lagen und dünnen sandigen Einschaltungen. Die insgesamt 8 m mächtigen Mainhardter Mergel zwischen 1. und 2. Stubensandstein sind verwachsen. Links (N) des Wegs befindet sich ein verl. Stbr. im 2. Stubensandstein. Dieser Horizont bildet hier, wie auch in der Umgegend, eine Verebnung aus.

4.8 Mgr. am Waldrand 750 m SW **Hößlinsülz.** Graue Estherienschichten, ganz oben Grenze zum Schilfsandstein. Die *Anatina*-Bank konnte nicht aufgefunden werden.

4.9 E **Löwenstein,** verl. Stbr. auf dem „Wolfertsberg" in 10 m massigem 2. Stubensandstein.

4.10 SW des **Frankenhofs,** Mgr. in Roter Wand.

4.11 Burg **Löwenstein** steht auf einem Sporn des 2. Stubensandsteins, der in der Umgebung der Ruine als Felsen hervortritt. Im überwiegend tonigen 1. Horizont finden sich keine Aufschlüsse. E der Burg erfolgt der Anstieg zum 3. Stubensandstein, der auf der Kuppe 500 m ENE der Ruine in einem Stbr. erschlossen ist.

4.12 Von **Löwenstein** kommend stehen links vor der ersten Kurve an der Böschung der B 39 dickbankige, zum Teil konglomeratische, kalkig gebundene Sandsteine des 2. Horizonts an. Innerhalb der Haarnadelkurve und danach an der rechten Böschung massiger 3. Stubensandstein. Darüber treten an der Straße rotbraune Mergel mit Sandsteineinschalungen und karbonatischen Bänkchen aus, die „Unteren Knollenmergel". Die „Aussichtsplatte" an der Bundesstraße liegt in ihrem Niveau. Sie bietet einen sehr schönen Blick vom Stufenrand des Stubensandsteins. Unmittelbar vor sich (W) hat man den „Burgberg" (2. und 3. Stubensandstein) und den „Wolfertsberg" (2. Stubensandstein). Rechter Hand (N) die vorspringenden Verebnungen des Kieselsandsteins (Altenhau, Friedrichshof, „Buchhorner Ebene"), dahinter breitet sich die Hohenlohesche Tiefebene aus. Bei klarem Wetter reicht der Blick bis zum „Katzenbuckel" im Odenwald, einem alttertiären Vulkanschlot (vgl. S. 61). Im Mittelgrund dehnt sich vor dem Anstieg des Berglandes das „Weinsberger Tal", umrandet von bewaldeten Schilfsandsteinhöhen.

Nach der „Aussichtsplatte" verläuft die B 39 bis Hirrweiler am Fuß des 1. Stubensandsteins entlang. Wo sie unmittelbar nach dem Aussichtspunkt in den Wald eintritt, befindet sich unterhalb von ihr der Eingang zu einem jetzt unzugänglichen Stollen im 3. Stubensandstein (Gewann „Lumpenloch"), der zur Gewinnung von „Stubensand" (S. 40) diente (Mitt. DÄHN 1970).

4.13 Nach dem E Ortsende von **Hirrweiler** zweigt von der Bundesstraße nach links (N) ein Weg ab. 50 m nach dessen Eintritt in den Wald steht an der linken Böschung das Kalkkonglomerat des Stubensandsteins an.

5. Bad Friedrichshall—Mosbach

(Neckartal N Heilbronn)

(Oberster Buntsandstein, Muschelkalk, Talmorphologie; L 6720; Abb. 22)

Die Exkursionsroute folgt dem Neckartal nach N und führt entgegen dem Schichtfallen aus der Heilbronner Mulde auf die Aufwölbung des Odenwalds zu. Entsprechend kommt man auf der Fahrt in zunehmend ältere Schichten: Bei Bad Friedrichshall—Kochendorf liegt die Grenze Lettenkeuper/Muschelkalk nur wenig über der Talsohle, wenig S Neckarzimmern tritt schon der Mittlere Muschelkalk und gleich nördlich dieses Orts auch der Untere Muschelkalk zutage. Schließlich kommt N Diedesheim im Neckartal und zwischen Mosbach und Neckarburken im Elztal der Obere Buntsandstein zum Vorschein.

Während so das Neckartal zunehmend tiefer in die Schichtenfolge einschneidet, steigt die Muschelkalk-Lettenkeuper-Hochfläche entsprechend der Schichtlagerung (vgl. Abb. 15) von Bad Friedrichshall bis in die Gegend S

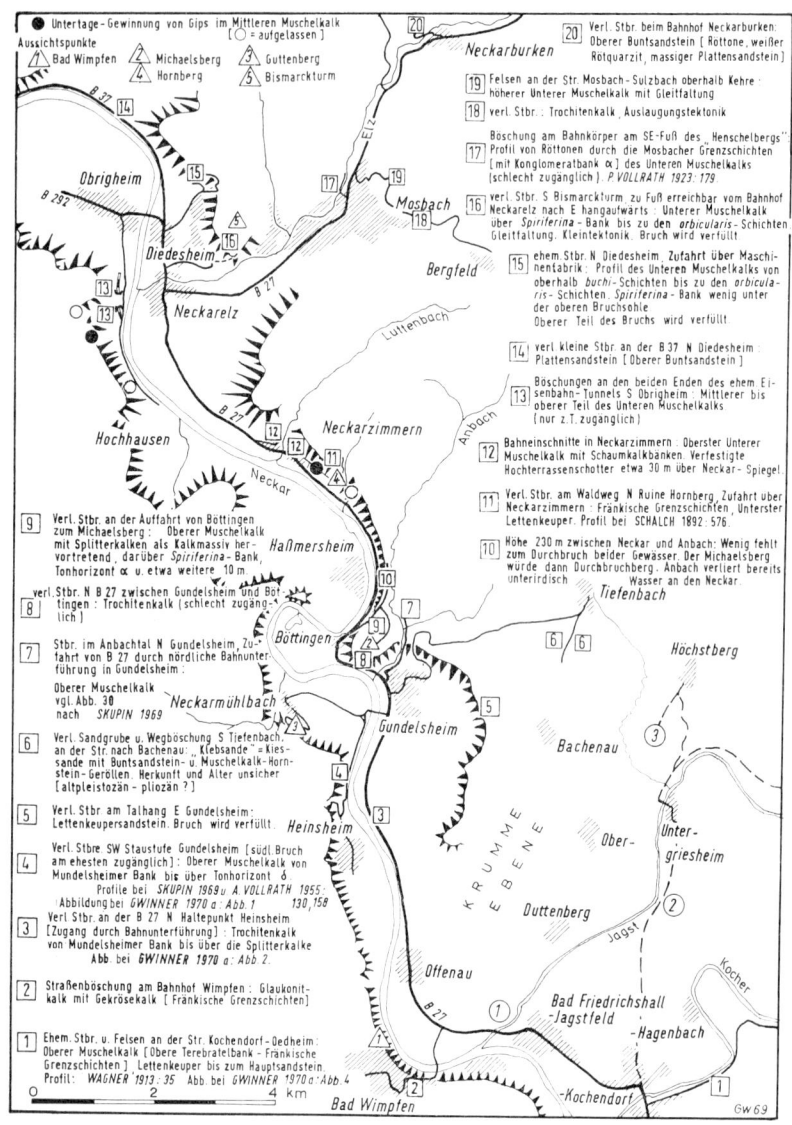

Abb. 22. Kartenskizze und Aufschlußbeschreibung zu Exkursion 5 (Bad Friedrichshall–Mosbach). Einige Aufschlüsse der Exkursion 6 sind ebenfalls eingetragen (Zahlen im Kreis).

Mosbach stetig an. Diese geneigte Hochfläche wird zwischen Jagst und Tiefenbach als „Krumme Ebene" bezeichnet.
Mit Eintritt in den Hauptmuschelkalk verengt sich das Neckartal. An seinem Westufer tritt schon S Bad Wimpfen eine steile Talkante in Erscheinung. Hier liegt der Muschelkalk tektonisch höher als im Osten (vgl. S. 52 und Abb. 15).
Die Aufschlüsse dieser Exkursion sind auf Abb. 22 eingetragen und beschrieben. Diese Abbildung zeigt auch die Flußschlingen und Umlaufberge des Neckars, ferner einige gute Aussichtspunkte. Die Entwicklung des Neckartals wird von WAGNER (1922: 72) ausführlich behandelt. Aufschlußbilder aus dem Muschelkalk finden sich auf Abb. 38, ferner bei SKUPIN (1969: Abb. 5) und GWINNER (1970 a).
Zum Studium der Grenzregion Mittlerer/Oberer Muschelkalk eignet sich ein Stbr. 0,5 km W Neckarbischofsheim/Krs. Sinsheim (Kalkwerk). Er erschließt die Dolomite des obersten Mittleren Muschelkalkes, die Hornsteinbank, die Zwergfaunaschichten und den Haßmersheimer Horizont. Profil bei W. WIRTH (1958: 63). Man erreicht Neckarbischofsheim von Bad Wimpfen über Rappenau und Obergimpern oder von Haßmersheim über Hüffenhardt. An der Typuslokalität der „Haßmersheimer Mergel" (ALDINGER 1928) im bekannten Stbr. am „Hühnerberg" bei Haßmersheim/Neckar, war früher diese Region ebenfalls zu sehen. Der Aufschluß ist heute jedoch verwachsen. Über die Salzgewinnung in der Umgebung von Bad Friedrichshall, Bad Wimpfen und Offenau vgl. S. 9.
Der auf der geologischen Übersichtskarte 1:200 000 bei Neckarelz eingezeichnete „Basalt"-Gang (es handelt sich um Nephelinit) ist derzeit nicht aufgeschlossen. Temporäre Profile werden bei CARLÉ (1970 b) erwähnt.

6. Bad Friedrichshall—Berlichingen (Jagsttal)
(Oberer Muschelkalk; L 6720, L 6722)

Die Jagst fließt im Bereich ihres Laufs zwischen Krautheim und der Einmündung in den Neckar bei Jagstfeld vom tektonisch hochgelegenen Fränkischen Schild (CARLÉ 1955: 69) gegen die Heilbronner Mulde. Entsprechend sind im NE bei Krautheim die ältesten Schichten im Tal angeschnitten (Oberer Buntsandstein). Unterer und Mittlerer Muschelkalk tauchen bei Westerhausen abrupt unter, weil dort die NW-Verlängerung der Ingelfinger Verwerfung das Tal quert (Abb. 15). Im Bereich der beschriebenen Exkursionsroute steht nur Hauptmuschelkalk übertage an, bei Berlichingen im NE ab dem Trochitenkalk, bei Jagstfeld nur die obersten Abschnitte des Profils. Das Jagsttal mäandriert bei seinem Verlauf durch den widerständigen Hauptmuschelkalk vielfach.
Die besten Aufschlüsse finden sich in einer Reihe von Steinbrüchen. Da-

neben sind da und dort auch kleine Profilausschnitte an Straßenböschungen sichtbar, die hier nur ausnahmsweise beschrieben werden.

Ein generelles Profil durch den Hauptmuschelkalk in diesem Gebiet gibt Abb. 5. Detaillierte Profile aus dem Trochitenkalk wurden von SKUPIN (1969) aufgenommen und faziell verglichen. In der erwähnten Arbeit SKUPIN (1969) sind einige Steinbrüche photographisch abgebildet, ein Teil dieser Bilder wurde im vorliegenden Führer übernommen. Die Aufschlüsse 6.1, 6.2 und 6.3 sind auf Abb. 22 eingetragen.

6.1 Die Aufschlüsse bei **Jagstfeld** sind schlecht zugänglich und werden nur der Vollständigkeit halber erwähnt. Im Bahneinschnitt N vom Bahnhof ist die Schichtfolge von den Gelben Mergeln β bis zum Glaukonitkalk sichtbar (WAGNER 1913: 34). Die Schichten fallen nach S gegen die Heilbronner Mulde ein.

Der größtenteils unzugängliche Stbr. bei der „Ziegelhütte" N Jagstfeld zeigt den Bereich der Hauptterebratelbank (G. WAGNER 1913: 34). Die Grenze Muschelkalk/Lettenkeuper liegt hier bei etwa 160 m NN, am Bahnhof Wimpfen hingegen bei 190 m, bedingt durch die Wimpfener Verwerfung (Abb. 15, vgl. ALDINGER & SCHACHL 1952: 9).

6.2 Verl. Stbr. (Schrottplatz) an der Straße **Heuchlingen–Untergriesheim.** Oberer Hauptmuschelkalk von Dolomitischen Mergel β bis zur Obergrenze. Unterster Lettenkeuper, Lößlehm mit Fließerden, Profil bei WAGNER (1913: 35), Abb. 3 bei GWINNER (1970 a). Die Hauptterebratelbank und die darüber folgende Bank schwellen mehrfach in Riffen von *Placunopsis ostracina* an.

6.3 Höchstberger Kirche, etwa 1 km SSW Höchstberg (Abzweigung vom Jagsttal zwischen Untergriesheim und Herbolzheim). Auf den Feldern Lesesteine: Gerölle aus „Höhenschottern" (kieselige Restschotter mit Buntsandstein), altpleistozän-pliozän? (vgl. S. 44).

6.4 Stbr. **Neudenau** am westlichen Ortseingang aus Richtung Herbolzheim (Abb. 31). Profil des Hauptmuschelkalks von Trochitenbank 4 (Sohle) bis über die Region der Oolithbänke (SKUPIN 1969: 101; A. VOLLRATH 1957: 126). Die *cycloides*-Bank γ mit unzähligen rötlich gefärbten Exemplaren von *Coenothyris vulgaris* var. *cycloides* ist hier besonders auffällig ausgebildet. Blöcke liegen z. Zt. am rechten Rand des Steinbruchs bei der oberen Abraumsohle.

6.5 Verl. Stbr. an der Straße **Neudenau–Siglingen** (Abb. 32) Profil durch den Trochitenkalk vom Blaukalk 2 bis über die *Spiriferina*-Bank (SKUPIN 1969).

6.6 Züttlingen, Böschung an der Str. von Siglingen, zwischen Jagstbrücke und Straßen-Überführung. Trochitenkalk. Bei der Straßenbrücke Splitterkalke 2 und 1, darunter Trochitenbank 8. Unteres Ende des Aufschlusses bei der Jagstbrücke am Wegrand im Wald mit Trochitenbank 5. (Profil bei SKUPIN 1969: 106.)

6.7 Verl. Stbr. 500 m N **Möckmühl** rechts (E) an der Straße nach Roigheim (bei der Papierfabrik). Trochitenkalk von der Zone der Wellenkalke bis zur

Spiriferina-Bank (Abb. 42). Markant die Splitterkalke. Profil bei Skupin (1969: 108).
6.8 Stbr. etwa 1,2 km S **Berlichingen,** zu erreichen über Berlichingen am linken Ufer der Jagst. Profil im Hauptmuschelkalk von Haßmersheimer Mergel (mit Trochitenbank 3) über Haupttrochitenbank (4) (= Hauptsohle des Bruches) bis zum Tonhorizont (ζ). Das Gesamtprofil ist auf Abb. 34 dargestellt.
Die bei Roigheim im Seckachtal zutagetretenden oder erbohrten Schwefelwasserstoffwässer, die aus dem Mittleren Muschelkalk herzuleiten sind, werden ausführlich bei Carlé (1957) beschrieben.

7. Heilbronn—Frankenbach—Lauffen—Besigheim—Pleidelsheim
(Neckartal S Heilbronn)
(Hauptmuschelkalk, Löß, Flußgeschichte des Neckars; L 6920, L 7120)

Zwischen Pleidelsheim und Heilbronn ist das Tal des Neckars mit zahlreichen Schlingen in die harte Platte des Hauptmuschelkalks eingeschnitten (Abb. 23). Über den Talschultern dehnt sich eine Hochfläche von Hauptmuschelkalk und Lettenkeuper, die allerdings weithin unter einer oft mächtigen Lößdecke verborgen sind. Erst in einiger Entfernung vom Neckartal steigen dann die Keuperberge mit ihren Rebhängen und bewaldeten Höhen auf, zunächst im ausgelaugten und pleistozän verflossenen tieferen Gipskeuper flach, dann steiler.
Auf seinem Lauf schneidet der Neckar im Exkursionsgebiet quer durch verschiedene tektonische Strukturen (Abb. 15). Im Bereich des Hessigheimer (= Besigheimer) Sattels, einer langovalen Aufbeulung der Schichten, kommt zwischen Mundelsheim und Gemmrigheim auch der Mittlere Muschelkalk über der Talsohle des Neckars zum Vorschein, wenngleich er dort vom Hangschutt der überlagernden Schichten überdeckt ist (Wagner 1929: 219).
Die Flußgeschichte des Neckartals läßt sich in verschiedener Weise datieren. Alte fluviatile Schotterbildungen („Höhenschotter", jungpliozän bis altpleistozän) findet man auf der Muschelkalk-Lettenkeuper-Hochfläche unter der Lößdecke, wohl meist nicht mehr auf primärem Lager, sondern durch eiszeitliche Vorgänge verlagert. Ein Aufschluß am Leuchtmannshof (NE Neckarwestheim, an der Straße von Landturm nach Ilsfeld), der ausführlich von Linck (1960: 97) beschrieben wurde, wird bei Exkursion 8.9 aufgeführt. Wie Abb. 16 zeigt, kommen solche Höhenschotter in verschiedener Höhe über dem jetzigen Neckarspiegel vor.
Die Heilbronner Mulde (Abb. 15) sank besonders während des Pleistozäns ein, bzw. blieb relativ zwischen den aufsteigenden Sattelstrukturen der Umgebung zurück. Zur Zeit der Ablagerung der Hochterrassenschotter pendelte der Neckarlauf in der tektonisch tiefbleibenden Heilbronner Mulde in die

78   IV. Exkursionen

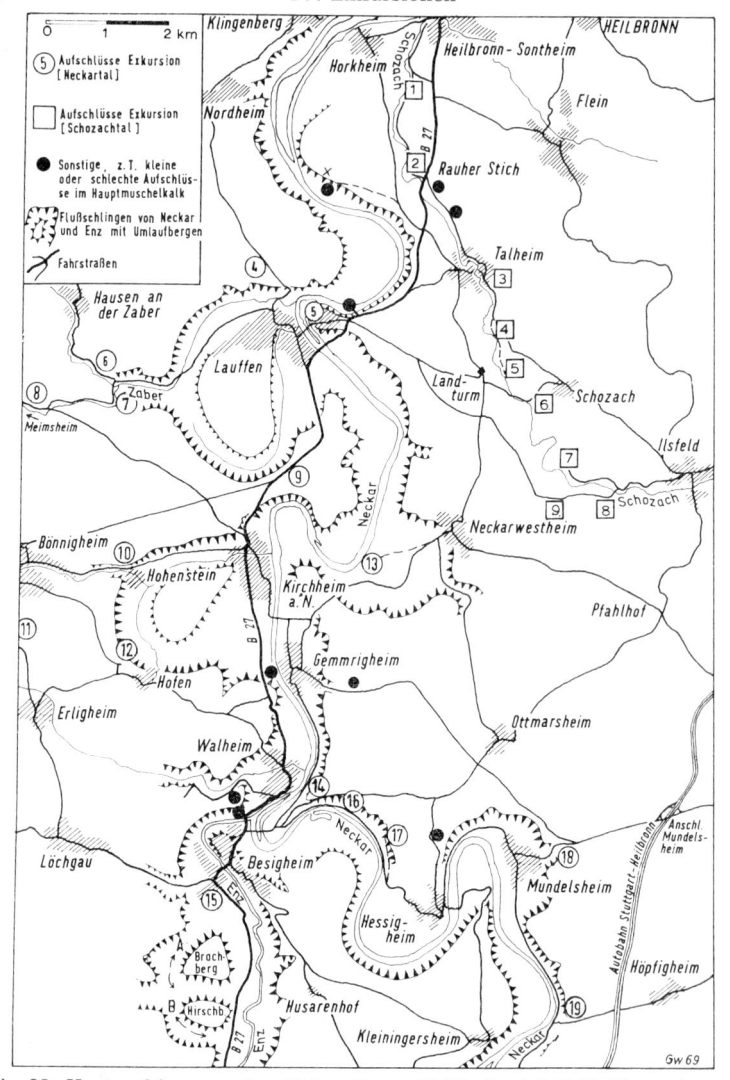

Abb. 23. Kartenskizze zu den Exkursionen 7 (Neckartal S Heilbronn) und 8 (Schozachtal).

7. Heilbronn–Frankenbach–Lauffen–Besigheim–Pleidelsheim

Breite. Dies war auch deshalb möglich, weil das Tal hier nicht im harten Muschelkalk, sondern in Lettenkeuper und ausgelaugtem Gipskeuper verlief. Im Bereich zwischen Großgartach–Frankenbach und Heilbronn wurden bis 35 m mächtige Schotter abgesetzt („Frankenbacher Sande"). An den Rändern und außerhalb der Heilbronner Mulde sind die Hochterrassenschotter nur wenige Meter mächtig. Daraus wird ihre syntektonische Sedimentation sichtbar (vgl. WILD 1952, 1968 und Abb. 16). Mit der relativen Einsenkung der Heilbronner Mulde wurden die oben erwähnten älteren Höhenschotter in die tektonischen Bewegungen einbezogen und verstellt. Die Bewegungen gingen aber auch nach der Ablagerung der Hochterrassenschotter im jüngeren Pleistozän weiter; Abb. 16 zeigt, daß auch diese Schotter noch tektonisch verstellt worden sind. Das altpleistozäne Alter der Hochterrassenschotter geht neben der unten erwähnten Fauna auch daraus hervor, daß sie von 3 Lößbildungen überdeckt werden (vgl. S. 45).

Auch die Geschichte der Flußschlingen von Lauffen und Kirchheim (vgl. Abb. 17) ist gut bekannt (WAGNER 1919, 1929; P. VOLLRATH 1929). Die Lauffener Schlinge, die jetzt nur noch von der Zaber durchflossen wird, wurde nach WILD (1955: 367) erst vor etwa 6000 Jahren verlassen, als sich der Neckar bei Lauffen einen direkten Durchbruch verschaffte. Das dadurch unausgeglichene Gefälle führte bei Lauffen zu einer Stromschnelle, die dem Ort seinen Namen eintrug. Im angestauten Flußbett wird sie freilich heute kaum sichtbar. Das Felsbett des Neckars liegt im Bereich der Schlinge um 0,7 m höher als im jetzigen Neckarlauf. Um diesen Betrag hat sich der Fluß also seit der Abschnürung eingetieft.

Schon viel länger ist dagegen die Kirchheimer Schlinge verlassen. Bohrungen haben gezeigt, daß über der Felssohle und Neckarschottern etwa 6 m jungpleistozäner Löß lagert. Das Felsbett liegt etwa 6,5 m über dem jetzigen Neckarbett. WILD nimmt an, daß die Bildung des Umlaufberges infolge Durchbruch des jetzigen Neckartals etwa 60 000 Jahre zurückliegt (etwa Ende des Riß-/Würm-Interglazials).

Alte Flußschlingen der Enz mit Umlaufbergen finden sich S Besigheim: Der „Hirschberg" im S ist nach WAGNER (1929: 209) ein alter Umlaufberg der Enz. Der „Brachberg" im N dagegen kein solches Gebilde, sondern entstand, als das nach NE führende Seitentälchen (A auf Abb. 23) von der den „Hirschberg" umfließenden Enz bei B angeschnitten wurde. In der Schlinge bei A finden sich nämlich keine Enzschotter.

Das Neckartal bei Pleidelsheim (südlich des auf Abb. 23 dargestellten Gebietes) birgt wiederum mächtige Schotter, teils in Form von Hochterrassenschottern, die zu Konglomeraten verfestigt im Gebiet Pleidelsheim–Großingersheim–Geisingen bis zu 16 m mächtig auftreten, teils als jüngere Schotter, die unter dem Neckarspiegel liegen und in Kiesgruben ausgebeutet werden. Diese Schotterakkumulation liegt im Bereich der Pleidelsheimer

Mulde (Abb. 15). Sie ist wohl durch den Stau bedingt, den der Neckar vor Eintritt in sein enges Talstück an der „Mundelsheimer Pforte" (WAGNER 1929: 217) erlitt. Die Schotteranhäufung kann auch als Hinweis auf eine junge pleistozäne Einsenkung der Pleidelsheimer Mulde gewertet werden, zumal im Bereich des Hessigheimer Sattels die altpleistozänen Höhenschotter am Husarenhof bei Besigheim besonders hoch über der jetzigen Enz liegen (100—120 m, CARLÉ 1955: 73, 77). Die Exkursionsziele der Exkursion 7 sind für das Gebiet S Heilbronn auf Abb. 23 eingetragen. Eine Wegebeschreibung erübrigt sich, da die Aufschlüsse sämtliche nahe den eingezeichneten Straßen gelegen sind. Einige weitere Aufschlüsse außerhalb der Exkursionsroute sind auf der Kartenskizze ebenfalls eingetragen und unten kurz beschrieben.

7.1 SW Frankenbach, Kiesgruben S Straße nach Großgartach. Die größte Grube (Fa. INGELFINGER) liegt am weitesten SW. Hochterrassenschotter („Frankenbacher Sande"), vgl. oben, die hier ihre größte Mächtigkeit innerhalb der Heilbronner Mulde besitzen. Geröllkomponenten aus dem Einzugsgebiet von Neckar und Enz (Buntsandstein bis Jura). Eine Fossilliste von ADAM (in WILD 1968: 74) nennt u. a. folgende Säugerfunde: Waldelefant, Wildpferd, Edelhirsch, Reh, Steppenbison. ADAM stellt die Fauna der von Mauer bei Heidelberg nahe, aus welcher der vormindeleiszeitliche *Homo heidelbergensis* stammt. Über den Schottern liegen bis zu 3 Lösse. Zwischen Löß und Schotter findet sich stellenweise eine Lehmlage (Auelehm). Eine weitere Schottergrube findet sich NW Frankenbach im Rotbachtal.

7.2 Heilbronn-Böckingen, Grube der Ziegelwerke Heilbronn-Böckingen AG. Zufahrt von N kommend auf der Ludwigsburger Straße, von dort rechts in die Heuchelbergstraße abbiegen, die direkt zur Ziegelei führt. Anmeldung an der Pforte. Lößprofil, 16 m mächtig mit fossilen zwischeneiszeitlichen Bodenhorizonten (z. T. in Form von Fließerden) und Naßbodenhorizonten. Gliederung nach FREISING (1957) siehe Abb. 14, vgl. auch WILD (1968: 68). Nach FREISING wurden im Liegenden von Löß II altsteinzeitliche Steinwerkzeuge und im Göttweiger Horizont Brandreste gefunden.

7.3 Heilbronn—Klingenberg, Felsen oberhalb der Hauptstraße nahe am Bahnhof (Naturdenkmal). Hier treten die Hochterrassenschotter als konglomeratische Felsen an der Talschulter heraus. Sie sind hier im Vergleich zu Frankenbach sehr geringmächtig und liegen höher. Sie beweisen damit die oben geschilderte syn- und postsedimentäre Einsenkung der Heilbronner Mulde im Pleistozän (vgl. Abb. 16).

7.4 Lauffen, Zgl.-Grube an der Straße von Nordheim. Lößprofil. Auf der Fahrt von Lauffen in Richtung Meimsheim fährt man ein Stück Weges durch die oben beschriebene Lauffener Flußschlinge, die jetzt von der Zaber durchflossen wird. Dann tritt man in das enge alte Zabertal ein.

7.5 Lauffen, Zementwerk. Im Württembergischen Portland-Cementwerk wur-

7. Heilbronn–Frankenbach–Lauffen–Besigheim–Pleidelsheim

de von O. LINCK (Güglingen) ein geologisches Werksmuseum eingerichtet, in dem Funde aus den werkseigenen Brüchen und Gruben ausgestellt sind. Besonders zu nennen sind die vollständigen Seelilien *Encrinus liliiformis* von Neckarwestheim (Aufschluß 7.13) und eine fast vollständige Ceratiten-Abfolge (siehe auch LINCK 1965 a). Besichtigung nur nach Anmeldung.

7.6 Straße Lauffen − **Hausen** a. d. Zaber, verl. Stbr. N Abzweigung der Straße nach Meimsheim Oberster Hauptmuschelkalk mit nur noch sehr geringmächtigen Bairdien-Tonen bis unterhalb Hauptterebratelbank. Profil ähnlich WAGNER (1913: 57) (Meimsheim O). Abb. bei GWINNER 1971 a.

7.7 Straße **Lauffen–Meimsheim**, verl. Stbr. S Zaber, S Straßenabzweigung nach Hausen, Hauptmuschelkalk ab Tonhorizont ζ. Profil bei WAGNER (1913: 57) und A. VOLLRATH (1938: 199). Darüber Lettenkeuper mit massigem Hauptsandstein.

7.8 Meimsheim, verl. Stbre. an der Straße nach Lauffen. Im Stbr. N der oberen Schellenmühle Lettenkeupersandstein, ALBERTI-Bank und Folge bis *Anoplophora*-Dolomite. Am Ortseingang Sandstein, mächtige karbonatische ALBERTI-Bank, sandige Pflanzenschiefer mit auffallendem Kohleflözchen, Anthrakonit-Bank, Graue Mergel und *Anoplophora*-Dolomit. Vgl. auch PFEIFFER & HEUBACH (1930: 43).

7.9 Höhe zwischen Lauffen und Kirchheim: Ausblick auf die oben beschriebenen Talschlingen von Lauffen und Kirchheim (vgl. Abb. 17 und S. 57). Parkmöglichkeit, vor allem für Autobusse, schwierig.

Für die Weiterfahrt nach S bis Besigheim bieten sich 2 Varianten an:

7.10 Wenn man die Flußschlinge von Kirchheim ausfahren will, passiert man in **Hohenstein** einen verl. Stbr. (hinter den Häusern nördlich der Hauptstraße). Das Profil im Hauptmuschelkalk reicht hier vom Tonhorizont ζ bis zur Obergrenze (WAGNER 1913: 58). Der Lettenkeuper ist schwer zugänglich.

7.11 Bönnigheim, Zgl.-Grube am S-Ortsausgang in Richtung Erligheim. Lößprofil, beschrieben bei Exkursion 20.3 (Profil auf Abb. 13).

7.12 NW **Hofen**, verl. Stbr., zu erreichen von der Straße aus Richtung Bönnigheim (abbiegen nach links in Fahrweg Richtung Hohenstein, nur für Anliegerverkehr). Hauptmuschelkalk, Sohle etwa im Niveau des Tonhorizonts δ (Wasserstand im Bruch schwankend). Region der Schalentrümmerbänke markant entwickelt. Obere Bruchsohle im Tonhorizont ζ. Lettenkeuper unzugänglich. Profil ähnlich WAGNER (1913: 58).

Weitere Profile im Hauptmuschelkalk finden sich bei Walheim (Böschung der Bahnlinie gegenüber Gemmrigheim: Trochitenkalk ab Hauptoolithbank, Oberer Hauptmuschelkalk bis über Zone mit *Pecten subtilis*; A. VOLLRATH (1955 a: 128, 154). Ein Stbr. befand sich ferner bei Höhe 249 m SW Walheim (Zufahrt über Bahnhof Walheim nach W aufwärts zum Sportplatz). Hier ist nur noch das Profil des Hauptmuschelkalks ab Tonhorizont ζ sichtbar. Die Schichten sind durch eine Verwerfung versetzt.

Schließlich ist der Trochitenkalk zwischen den Wellenkalken und der Hauptoolithbank an der Bahnlinie N Besigheim bei der Enzbrücke der B 27 aufgeschlossen (Profil bei A. VOLLRATH 1955 a: 153).

Als zweite Variante zwischen Kirchheim und Besigheim bietet sich die Route auf dem rechten Ufer des Neckars an:

7.13 etwa 1,3 km SE **Neckarwestheim,** Stbr. der Württ. Portland-Cement-Werke Lauffen am „Neckarberg", zugänglich auf Fahrweg von der Str. Neckarwestheim–Gemmrigheim. Anmeldung im Zementwerk Lauffen. Hauptmuschelkalk von der Mundelsheimer Bank bis zur *cycloides*-Bank γ. Profile bei A. VOLLRATH (1955 a: 128, 156). Auf der Trochitenbank 6 der Gliederung von W. WIRTH (= „Seelilienbank") wurden vollständige Exemplare von *Encrinus liliiformis* gefunden (bis 1,6 m hoch, angeheftet auf Muscheln oder Intraklasten). Ausführliche Beschreibung bei LINCK (1954: 225, 1956: 161 und 1965 b: 123) und LINCK & WILD (1960: VII). Über dem Muschelkalk folgen 2 Lösse; im Westteil des Bruches ein Schwemmfächer mit Schwemmlöß und Schottern (hier wurden im Werksmuseum Lauffen ausgestellte Mammutstoßzähne gefunden).

7.14 Verl. Stbr. an der Straße Besigheim–Gemmrigheim gegenüber Walheim. Trochitenkalk von der Trochitenbank 2 bis zur *Spiriferina*-Bank, im nördlichen Bruchteil um ca. 6 m verworfen. Profil bei A. VOLLRATH (1955 a: 152). In Besigheim vereinigen sich die beiden Varianten der Exkursion wieder.

7.15 Besigheim, Zgl.-Grube der Ziegelei N der Straße nach Löchgau (kurz nach der Bahnüberführung abzweigen). Lößprofil, oben mit auffälligen humosen Horizonten, unten mächtige Fließerden.

7.16 E Besigheim, verl. Stbr. an der Straße nach Hessigheim in einem kleinen Seitentälchen. Der Stbr. ist von der Straße nicht sichtbar. Trochitenkalk ab Mittlere Haßmersheimer Mergel bis zum Tonhorizont α im oberen Hauptmuschelkalk. Die oberen Teile des Profils sind schwer zugänglich. Profil bei A. VOLLRATH (1955 a: 151). In der Haupttrochitenbank riffartige Anschwellungen (GWINNER 1968).

7.17 „Felsengärten" bei **Hessigheim** („Besigheimer Felsengärten"). N Hessigheim wird der Prallhang des Neckartals von Felsen gekrönt, die sich entlang von Klüften aus dem Verband lösen und sich talwärts neigen. Ursache ist die Ablaugung des Salzes im Mittleren Muschelkalk, die das Nachsacken der Hangendschichten, besonders in Talnähe, bewirkt. WAGNER (1929: 219) erwähnt einen letzten größeren Felssturz aus dem Jahre 1924, der bis auf die Straße im Tal niederging. Die oberen Felsen selbst werden vom Hauptmuschelkalk gebildet und zwar hauptsächlich von massigen Kalkquadern zwischen den Dolomitischen Mergeln α und γ (Abb. 35). Profil bei WAGNER (1913: 60). Die Schichten sind bis unterhalb vom Tonhorizont ζ aufgeschlossen. Ein Fahrweg führt zu den Felsen von W Hessigheim durch die Weinberge heran. Der Zugang erfolgt auf verschiedenen bezeichneten Wanderwegen.

7.18 E Mundelsheim, vgl. Stbr. an der Straße nach Großbottwar (bei der „Ziegelhütte"). Oberer Hauptmuschelkalk von der Region der Oolithbänke aufwärts. Hauptterebratelbank sowie unter- und überlagernde Schichten dolomitisch. Die Fränkischen Grenzschichten sind nur noch 60 cm mächtig. Die östlichen Teile des Bruchs sind weitgehend verfüllt. Der Untere Lettenkeuper ist bis zum Hauptsandstein aufgeschlossen. Profile bei WAGNER (1913: 60) und A. VOLLRATH (1938: 198). Abb. bei GWINNER 1971 a.

7.19 S Mundelsheim, Stbr. an der Straße nach Pleidelsheim bei der Beutenmühle. Wenig N des Stbr. biegen die Schichten — an den Felsen deutlich sichtbar — in einer kräftigen **Flexur** zur Pleidelsheimer Mulde nach S ab. Hier tritt der Neckar aus dem weiten Tal im Bereich der Pleidelsheimer Mulde in das Engtal im Hessigheimer Sattel ein („Mundelsheimer Pforte"). Der Stbr. liegt S der Flexur, Oberer Hauptmuschelkalk liegt daher nur wenig über der Talsohle. Das Profil reicht z. Zt. von unterhalb Tonhorizont δ bis in den Lettenkeuper. Teilprofil bei A. VOLLRATH (1938: 193).

Weitere Aufschlüsse im obersten Hauptmuschelkalk bestehen in verl. kleinem Stbr. E Gemmrigheim (Straße nach Ottmarsheim) und N Hessigheim (Straße nach Ottmarsheim). Im letzteren sind Sedimentstrukturen im Bereich unter der Hauptterebratelbank sehr schön herausgewittert. Der Aufschluß zeigt die Schichten von den Dolomitischen Mergeln α bis über die Kiesbank. Ein größerer Aufschluß am Prallhang des Neckars N Lauffen ist auf Abb. 23 mit „X" bezeichnet. Er beginnt mit Tonhorizont ε und der Region der Schalentrümmerbänke und reicht bis zu den Fränkischen Grenzschichten.

8. Heilbronn—Talheim—Ilsfeld (Schozachtal)
(Oberer Muschelkalk, Höhenschotter; L 6920)

Im Schozachtal besteht zwischen Ilsfeld und Heilbronn-Sontheim eine größere Anzahl von Aufschlüssen im Oberen Muschelkalk, überwiegend in dessen jüngeren Partien. Die Schichten fallen hier nach N allmählich gegen die Heilbronner Mulde zu ein (Abb. 15, 16).

Die Aufschlüsse dieser Exkursion sind auf Abb. 23 eingetragen. Neben den beschriebenen bestehen besonders in und bei Talheim mehrere weitere Aufschlüsse im Oberen Hauptmuschelkalk. Da sich das Profil des Hauptmuschelkalks hier nur allmählich von N nach S ändert, indem vor allem die tonigen Horizonte ausklingen bzw. die Schichten im Bereich der Hauptterebratelbank dolomitisch werden, genügt es, die größeren und am besten zugänglichen Aufschlüsse anzuführen.

8.1 Verl. Stbr. im Schozachtal S **Heilbronn-Sontheim,** zugänglich auf einem für Anlieger freien Fahrweg von der B 27 her. Oberster Hauptmuschelkalk:

IV. Exkursionen

Schichten unterhalb der Oberen Terebratelbank und Fränkische Grenzschichten (Abb. 36, Profil bei WAGNER 1913: 61).

8.2 Stbr. der Fa. BOPP am „**Rauhen Stich**" (W der Abzweigung der Straße nach Talheim von der B 27). Oberer Hauptmuschelkalk, 1969 von der *Spiriferina*-Bank bis zur Obergrenze aufgeschlossen (Abb. 37), Profil nach A. VOLLRATH bei WILD (1968: 17). Der Aufschluß wird vertieft. Im nördlichen Teil der Ostwand versetzt eine Flexur die Schichten um 1 m (Wasseraustritt); vgl. S. 53.

Am „Rauhen Stich" finden sich auch östlich der B 27 Aufschlüsse im Hauptmuschelkalk, der hier von Hochterrassenschotter überlagert wird. Diese werden hinter einer Häusergruppe an der Hangoberkante sichtbar. In einem Muschelkalk-Steinbruch, der jetzt zugeschüttet wird, ist eine N–S-streichende Verwerfung mit einer Sprunghöhe von 5 m angeschnitten (LINCK 1963 a: 44; KÄSS 1965: 611). Dieser Bruch befindet sich nördlich der Straße nach Talheim und ist auf einem Feldweg zu erreichen, der bei der oben erwähnten Häusergruppe abzweigt.

8.3 Verl. Stbr. in **Talheim** an der Straße nach Schozach, hinter Häusern. Oberer Hauptmuschelkalk ab Tonhorizont ζ. Abb. bei GWINNER 1971 a.

8.4 Verl. Stbr. S **Talheim,** zu erreichen auf einem Fahrweg, der von der Str. nach Schozach abzweigt, wo diese aus dem Schozachtal nach SE bergauf führt. Man hält sich im Tal. Im Stbr., der mit Wasser wechselnden Standes gefüllt ist, sind die Schichten von der Region der Oolithbänke bis zur Oberkante des Hauptmuschelkalks aufgeschlossen. Abb. 38, Profil bei WAGNER (1913: 63).

8.5 Verl. Stbr. im Schozachtal E **Landturm,** zu erreichen vom vorigen Bruch auf Fußweg im Tal. Oberer Hauptmuschelkalk ab Tonhorizont ζ bis zur Obergrenze (schlecht zugänglich, kein wesentlicher Unterschied zum Profil 8.4). Abb. bei GWINNER 1971 a.

8.6 Verl. Stbr. W **Schozach** an der Straße zum Landturm, nahe am ehem. Bahnhof Schozach. Oberer Hauptmuschelkalk ab Tonhorizont ζ bis zur Obergrenze. Stark verwachsen.

8.7 Stbr. der Fa. BOPP im Schozachtal W **Ilsfeld** (Zufahrt von der Straße Ilsfeld–Landturm). Oberer Hauptmuschelkalk, 1969 aufgeschlossen von oberhalb des Tonhorizonts γ bis zur Obergrenze. Abb. 39, Profil bei WAGNER (1913: 63). An der Zufahrtstraße zum Bruch bestehen zahlreiche alte Brüche, in denen das Profil vom Tonhorizont ζ aufwärts beobachtet werden kann.

8.8 Verl. Stbr. S Straße Ilsfeld–Landturm. Lettenkeuper-Sandstein, nur noch sehr schlecht aufgeschlossen.

8.9 Tongrube SE **Leuchtmannshof,** an der Straße Ilsfeld–Landturm. In der Grube steht Lößlehm über Fließerden und Verwitterungstonen des Lettenkeupers an. In den Fließerden finden sich große Gerölle aus Buntsandstein, Muschelkalk (Hornsteine des Mittleren Muschelkalks), Stubensandstein, Rätsandstein, Jura (Sandsteine und Kieselknollen), aber nicht von Kalken. Die Gerölle liegen nicht auf primärer Lagerstätte, sondern sind in den Fließerden umlagert. Das Vorkommen liegt 95 m über dem Neckarspiegel. Diese „Höhenschotter" werden dem Altpleistozän zugerechnet. Eine ausführliche Beschreibung findet sich bei LINCK (1960: 97).

Die Exkursion 8 kann mit Exkursion 7 kombiniert werden, an die sie bei Lauffen oder Neckarwestheim Anschluß findet (Abb. 23). Ein größerer Aufschluß im Hauptmuschelkalk besteht ferner am Prallhang des Neckars nördlich von Lauffen. Er ist auf Abb. 23 mit „X" bezeichnet und reicht vom Tonhorizont ε und der Region der Schalentrümmerbänke bis zu den Fränkischen Grenzschichten.

9. Heuchelberg und Hardwald

(Schwaigern–Kleingartach–Eppingen)

(Schilfsandstein, Gipskeuper; L 6918, L 6920)

Die Hochfläche des Heuchelbergs erstreckt sich von der „Heuchelberger Warte" bis nach Zaberfeld (Abb. 24). Sie umrahmt die tafelig-flachwellige Senke des Zabergäus im Norden. Der Heuchelberg wird vom Schilfsandstein gebildet, der hier fast überall in „Flutfazies" entwickelt ist. Nur stellenweise ruht eine geringmächtige Lößdecke auf der Hochfläche.

Die heutige Erstreckung des Heuchelbergs und der ehemalige Verlauf eines Schilfsandstein-Stranges sind nach WURSTER (1963 a, 1964 a) ungefähr identisch (Abb. 9). Die Erhaltung des Heuchelbergs ist aber gewiß auch ganz wesentlich seiner tektonisch tiefen Lage in der sog. Heuchelberg-Mulde zu verdanken, die sich von der Stromberg-Mulde nach NE fortsetzt (Abb. 15). Entsprechend dem tektonischen Gefälle senkt nämlich sich auch die Hochfläche des Heuchelbergs sanft nach SW ab. Sie liegt z. B. am „Eichenbühl" N Neipperg auf etwa 335 m NN, NE Zaberfeld aber auf etwa 295 m NN. Vom eigentlichen Heuchelberg losgelöste Zeugenberge von Schilfsandstein finden sich westlich und östlich von Neipperg sowie NE Zaberfeld.

Westlich des Leintals, das den Heuchelberg im NW begleitet, erhebt sich der nach N vorspringende Sporn des Schilfsandsteins im Hardwald mit dem „Ottilienberg" (Abb. 24). Nach Abb. 9 zieht dort von N her ein weiterer Schilfsandsteinstrang gegen den Stromberg heran. Auch dieser Bereich liegt tektonisch tief.

Die jeweilige Übereinstimmung von tektonischer Tieflage und Verbreitung der Flutfazies des Schilfsandsteins sowie der damit heute vom Schilfsandstein gebildeten Bergzüge haben WURSTER (1963 a) zur Annahme veranlaßt, diese „Flutrinnen" seien schon ursprünglich in tektonischen Senkungszonen angelegt gewesen. Zweifellos gibt sich das Gebiet des Kraichgaus als tektonische Senkungszone zu erkennen, die z. B. im Jungpaläozoikum den süd-

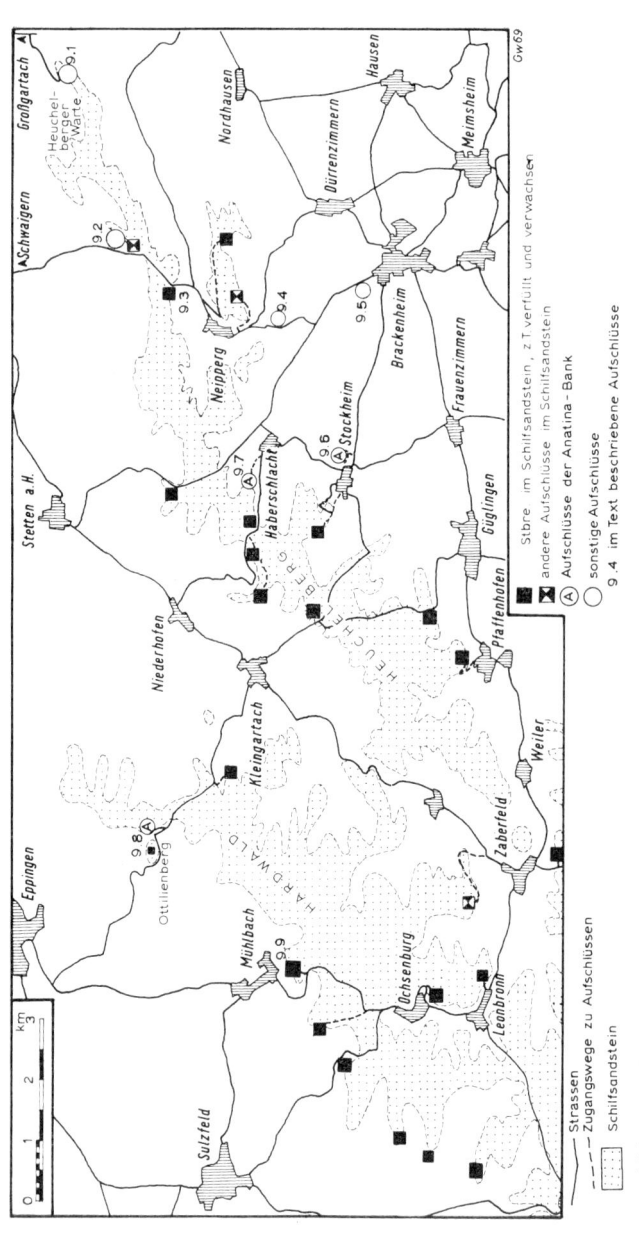

Abb. 24. Kartenskizze zu Exkursion 9. Der Zustand der Aufschlüsse im Schilfsandstein kann sich durch Verfüllung rasch verändern, da nur in wenigen Steinbrüchen noch abgebaut wird!

9. Heuchelberg und Hardwald

deutschen Zechstein aufnahm und später auch in der Trias durch relativ hohe Sedimentmächtigkeiten gekennzeichnet ist. Ob aber der Verlauf einzelner Schilfsandsteinstränge tektonisch bedingt ist, dürfte sich in diesem Gebiet nicht nachweisen lassen.

Die sich nach E trichterförmig weitende Talbucht des Zabergäus südlich vom Heuchelberg liegt im Bereich des hier besonders mächtigen Gipskeupers, der weithin von Löß bedeckt ist. Die Landschaft wird gegliedert durch Terrassen und Hangvorsprünge, die von den Steinmergelbänken des Gipskeupers gebildet werden.

So sind Verebnungen der *Anatina*-Bank besonders schön zwischen Neipperg und Brackenheim auf Höhe 260 m sowie nordöstlich von Stockheim und NE Haberschlacht entwickelt (vgl. unten).

Eine nächst tiefere Verebnungsstufe in der Region der Engelhofer Platte (vgl. S. 25) ist ebenfalls weithin im Gelände zu übersehen, z. B. in den Flächen unmittelbar N Güglingen, E und SE Dürrenzimmern. Auch bei Kleingartach ist am Nordhang des Heuchelbergs die Stufe der Engelhofer Platte deutlich ausgeprägt (sie war dort anläßlich von Straßenbauarbeiten 1969 aufgeschlossen). Sonst fällt der Nachweis dieser Schicht schwer, weil die Gesteine des Gipskeupers im Zabergäu, wie erwähnt, weithin von mächtigem Löß und Lößlehm und Fließerden bedeckt sind. Zudem ist die Engelhofer Platte hier wie in der Umgebung von Heilbronn selbst nicht immer eindeutig anzusprechen.

Die meisten Aufschlüsse im Gebiet von Heuchelberg und Hardwald bestehen aus verlassenen Schilfsandsteinbrüchen. Viele Brüche werden jetzt verfüllt oder sind verwachsen. Auf Abb. 24 sind diese Aufschlüsse auf einer Kartenskizze zusammengestellt. Ein Besuch besonders lohnender Aufschlüsse ist unten zusätzlich beschrieben.

9.1 „Heuchelberger Warte" S Großgartach.

Bei gutem Wetter lohnt sich der Besuch der „Heuchelberger Warte" (mit Aussichtsturm) der Aussicht wegen. Von der Ortsdurchfahrt Großgartach zweigt man wenig westlich der Kirche ab und kommt nach S zum Sportplatz. Dort folgt man einem Fahrweg nach links (W) und erreicht einen Parkplatz (ehemals Gipsgrube im Mittleren Gipshorizont) am Fuß des Berges. Von dort weiterer Aufstieg zu Fuß.

Von der „Heuchelberger Warte" blickt man nach Osten auf den Schichtstufenrand des Keupers um Heilbronn mit Hochfläche des Schilfsandsteins, auf der östlich Heilbronn Zeugenberge des Kieselsandsteins aufgesetzt sind. Am Horizont die Stubensandsteinberge der Löwensteiner Berge mit aufgesetzten Lias-Inseln. Der „Stocksberg" ist am Sendemast zu erkennen. Im SW erkennt man die Höhe des „Haigern" bei Flein. Sie wird von Schilfsandstein gebildet, der in Grabenlage (vgl. Abb. 15 u. S. 52) deutlich tiefer liegt als die umgehenden Schilfsandsteinberge. Nach S blickt man auf die

IV. Exkursionen

Gipskeuper- und Lößlandschaft des Zabergäus und den sich darüber erhebenden Nordhang des Stromberges, der weithin bewaldet ist und östlich Cleebronn keine Gliederung zeigt, weil dort Schilfsandstein nur in „Normalfazies" entwickelt ist (Abb. 10, S. 58).

Im N reicht der Blick an klaren Tagen über den Kraichgau hinweg bis zum „Katzenbuckel", einem Vulkanschlot alttertiären Alters, der sich über den südlichen Odenwald (Buntsandstein) erhebt.

9.2 Verl. Mgr. im Wald an der Straße Schwaigern–Neipperg; bunte Mergel mit Steinmergelbank, Region der Engelhofer Platte.

9.3 2,5 km NE **Neipperg** an der Straße Schweigern–Neipperg. Verl. Stbr. im Schilfsandstein. „Flutfazies", Schrägschichtung gut erkennbar.

9.4 Böschung beim höchsten Punkt der Straße Neipperg–Brackenheim. Graue Estherienschichten. Die Hochfläche liegt im Bereich der *Anatina*-Bank.

9.5 Zgl. **Brackenheim** an der Straße Brackenheim–Neipperg. Etwa 12 m mächtiges Lößprofil mit humosen und Naßboden-Horizonten. An der Nordecke Gipskeuper-Mergel und Fließerden.

9.6 „Schöllkopf" NE **Stockheim**; zu erreichen, indem man vom E Ortsausgang zunächst nach N und dann zum höchsten Punkt mit Kreuz nach W aufsteigt. Hochfläche der *Anatina*-Bank, die in Lesesteinen fossilführend nachweisbar ist. Der bei Carlé & Linck (1949) abgebildete Aufschluß besteht nicht mehr. Gute Aussicht auf Zabergäu und Stromberg.

9.7 Hohlweg NW **Haberschlacht**, von der Straße nach Niederhofen am Ortsausgang rechts (NW) abzweigend. Im Weg gelegentlich Aufschlüsse in Mergeln des Gipskeupers. Etwa bei Höhe 290 m Mgr.: Graue Estherienschichten mit etwa 20 cm mächtiger *Anatina*-Bank und weiteren dünnen Carbonatbänkchen. Eine Verebnung in diesem Niveau erkennt man am gegenüberliegenden Talhang NE Haberschlacht.

9.8 W **„Ottilienberg"**. Vom Parkplatz an der Zufahrtstraße führt ein Weg nach NW. An seinem Anfang streicht im Niveau des Parkplatzes die 30 cm mächtige, muschelführende *Anatina*-Bank aus. Es ist bis jetzt die am fossilreichsten bekannte Stelle; die Fossilerhaltung ist ausgezeichnet (Mitt. Linck 1969). Für Funde ist Grabung nötig.

9.9 Stbr. S **Mühlbach** im „Steinbruchwald". Schilfsandstein in „Flutfazies". Im oberen Drittel der aufgeschlossenen Sandsteinfolge verläuft eine etwa 30 cm mächtige Bank, die sich von der hier sonst ziemlich plattigen Ausbildung des Schilfsandsteins abhebt. Diese Bank ist entweder gelblich ausgebleicht oder rötlich geflammt. Sie enthält in ihrer ganzen Ausdehnung, die auch an beiden Enden des ausgedehnten Steinbruchgeländes keine Andeutung baldigen Auskeilens aufweist, einen Wurzelboden. Das Wurzelsystem zeigt monopodiale Verzweigung und wird Equisetiten zugeschrieben. Eine Beschreibung findet sich bei Linck (1943: 226).

10. Cleebronn–Freudental
(Ostrand des Strombergs)
(Mittlerer Keuper; L 6920)

Cleebronn liegt am Fuß einer Schilfsandstein-Schichtstufe, welche hier am östlichen Ende des Strombergs markant ausgeprägt ist. Sie kann von Neumagenheim und Schloß Magenheim bei Cleebronn über Katharinenplaisir und Treffentrill bis Freudental verfolgt werden. Sie wird nach WURSTER (1964 a) von einem Schilfsandstein-Strang gebildet, der vom nordöstlichen Heuchelberg her gegen den östlichen Stromberg weist (vgl. Abb. 9). Westlich Cleebronn und Freudental dagegen ist der Schilfsandstein zunächst in „Normalfazies" entwickelt und bildet dort am Nord- und Südhang des Strombergs keine nennenswerte Schichtstufe.

Die nur lokale Entwicklung der Schilfsandstein-Schichtstufe bei Cleebronn wird besonders gut sichtbar, wenn man sich Cleebronn von N her auf den Straßen von Frauenzimmern oder Botenheim nähert.

Von Cleebronn führt eine Straße bergan in Richtung Bönnigheim zum

10.1 verl. Stbr. SW **Cleebronn,** wenig S Schloß Magenheim. Der hier in „Flutfazies" entwickelte Schilfsandstein enthält mehrere resedimentäre Lagen. Sie bestehen aus plattigen Schilfsandsteinbrocken, die in eine normale Sandsteingrundmasse eingebettet sind. Sortierung und Regelung sind schlecht, es handelt sich demnach um lokale Aufarbeitung, vermutlich im Gefolge von Trockenfallen des Sediments (vgl. GWINNER 1970 d: 140).

Auf der Hochfläche des Schilfsandsteins ist als Zeugenberg der „Michaelsberg" aufgesetzt. Der Gipfel wird gerade noch von der untersten Sandsteinlage des Stubensandsteins gebildet. Am Fußweg, der von ENE geradewegs zum Gipfel führt, treten auch die Lehrbergschichten und der geringmächtige Kieselsandstein zutage. Von der Höhe schöne Aussicht auf Zabergäu und Heuchelberg.

Vom Michaelsberg nach W auf dem Fahrsträßchen absteigend, oder mit PKW von Katharinenplaisir über Treffentrill fahrend, erreicht man

10.2 Mgr. etwa 600 m E **Treffentrill,** am Sattel zwischen „Michaelsberg" und „Pfefferwald". Obere Bunte Mergel.

Die früher in einem Hohlweg zwischen dem Katharinenplaisir und Bönnigheim aufgeschlossene und reichlich Muschel führende *Anatina*-Bank ist jetzt zugeschüttet.

Wendet man sich weiter nach Bönnigheim, kann man dort ein Lößprofil besuchen.

10.3 Zgl.-Grube S **Bönnigheim,** an der Straße nach Erligheim. Profil auf Abb. 15.

Fährt man jedoch vom Katharinenplaisir in Richtung Freudental, um in Hohenhaslach Anschluß an Exkursion 11 zu finden, erreicht man

10.4 Stbr. etwa 500 m NE **Freudental.** Schilfsandstein in „Flutfazies". Je nach Abbauzustand sind schöne Rippelgefüge sichtbar.

11. Umgebung von Hohenhaslach (Stromberg)
(Mittlerer Keuper; L 6920)

Hohenhaslach liegt am Südhang des östlichen Strombergs auf einem schmalen vorspringenden Sporn von Schilfsandstein. In der Umgebung wurde früher Gips aus dem Mittleren Gipshorizont des Gipskeupers abgebaut. Die Gruben existieren heute nicht mehr. Dafür besteht die Möglichkeit, ein Profil abzugehen, das besonders die Schichtfolge vom Schilfsandstein bis zum Stubensandstein, aber auch Teile des letzteren, sehr gut erschließt:

11.1 Hohlwege, Mgr. und Stbr. zwischen der Kelter am NE Ende von Hohenhaslach und der „Friedenslinde". Die Route mit entsprechenden Aufschlüssen ist auf Abb. 25 dargestellt. Profile finden sich bei LANG (1909: 127) und STOLL (1927: 34). Von der Friedenslinde an aufwärts sind die Aufschlüsse im Stubensandstein nicht mehr besonders gut, Sandsteinbänke und Mergellagen treten im Weg oder in fast völlig verwachsenen und verschütteten ehem. Stbrn. aus.

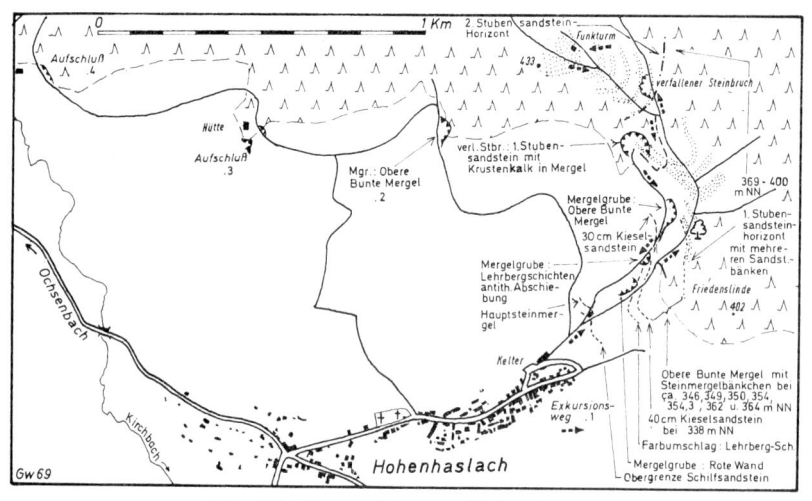

Abb. 25. Kartenskizze zu Exkursion 11.

Auf dem Rückweg steigt man quer durch den Wald zum verl. Stbr. ab. Von dort folgt man dem Weg am Waldrand entlang weiter abwärts und erreicht die beiden Mergelgruben in Oberen Bunten Mergeln bzw. Lehrbergschichten. In letzterer ist eine antithetische Abschiebung (etwa 1 m Sprunghöhe) sichtbar, die in den leuchtend bunten Schichten besonders eindrucksvoll erscheint. Sie gehört zu den zahlreichen dehnungsbedingten Kleinabschiebungen im Bereich der Strombergmulde (vgl. CARLÉ & LINCK 1949).

Weitere Aufschlüsse in der Umgebung von Hohenhaslach zeigen nur Teile der hier beobachteten Schichtfolge:

11.2 Große Mgr. etwa 1 km N Kirche Hohenhaslach, am Waldrand, zu erreichen auf Weinbergweg von der Kelter Hohenhaslach (frei für Anliegerverkehr). Die Mgr. liegt über „1" von Hohenhaslach. Obere Bunte Mergel. Die kleine Verebnung bei Höhe 320 m NN wenig S der Mgr. wird vermutlich von dem hier nur sehr geringmächtigen Kieselsandstein gebildet.

11.3 Mgr. und Wegböschung bei der Hütte etwa 1 km NW Hohenhaslach (über dem 1. kleinen „h" von Hohenhaslach). Der Aufschluß ist zu erreichen, indem man in Hohenhaslach wenig E vom Friedhof die Dorfstraße nach NW verläßt, das Tälchen N Hohenhaslach quert und auf Feld- und Weinbergwegen (frei für Anliegerverkehr) nach N aufsteigt. Hinter der Hütte Mgr. in abgesackter und zyklisch verdrehter Scholle. Diese besteht aus dunkelroten Mergeln mit grünen Lagen und Karbonatbänkchen, darüber 4 m Sandstein wechselnder Körnigkeit (unterster Stubensandstein). Oberhalb der gerutschten Scholle Mgr. in ungestörten roten Mergeln mit graugrünen Lagen im Niveau der Unteren Bunten Mergel.

11.4 Wegböschung am Weinbergsträßchen vom Aufschluß 5.3 zur „ehem. Schippenmühle" am Waldrand. Rote Wand.

S von Hohenhaslach befinden sich auf Gipskeuper moorige Flächen, verursacht durch Übertiefung infolge der Auslaugung der Grundgipsschichten. Zu nennen ist das Kirrbachtal unmittelbar S von Hohenhaslach, der „Untere See" im Mettertal zwischen Horrheim und Sersheim und bei Pkt. 230 zwischen Sersheim und Hohenhaslach der sog. „Schwingrasen von Sersheim".

12. Ochsenbach–Eibensbach (Stromberg)
(Stubensandstein; L 6918)

Im Gebiet zwischen Ochsenbach und Eibensbach bestehen heute noch mit die besten Aufschlüsse im Stubensandstein des Strombergs. In der Zeit von 1900 und bis längstens 1933 waren hier zahlreiche Steinbrüche im Stubensandstein in Betrieb, in denen meist Werkstein gewonnen wurde. Seit dessen Gewinnung zum Erliegen gekommen ist, wurden einige Steinbrüche ganz oder zum Teil verschüttet oder sind zugewachsen. Die Geschichte der Steinbrüche wird

92 IV. Exkursionen

ausführlich bei LINCK (1968, 1969) beschrieben. Derselbe Autor hat überdies Geologie und Fossilinhalt des Stromberg-Stubensandsteins in zahlreichen Arbeiten behandelt (1936, 1938 a, b, c, 1961, 1962, 1963 b, 1968 a, 1969; weiterhin CARLÉ & LINCK 1949).
Ochsenbach selbst liegt auf einem vorspringenden Sporn des hier nur noch geringmächtigen Kieselsandsteins. In der Umgebung des Orts finden sich verschiedene Aufschlüsse:

12.1 Verl. Stbr. auf der Hochfläche des Strombergs etwa 1 km NE **Ochsenbach**. Bunte Mergel und Sandsteinbänke des Stubensandsteins. Im Bruch streicht die Ochsenbachschicht aus. Die Sandsteinbänke zeigen zum Teil wulstige Ausbauchungen nach oben. Man erreicht den Aufschluß, wenn man von der Straße Ochsenbach–Spielberg wenig östlich vom Friedhof Ochsenbach einem Fahrweg (frei für Anlieger) steil nach N folgt. Der Weg biegt zum Waldrand hin nach Osten ab. Im Wald folgt man bei der Verzweigung dem rechten Fahrweg, der die Bachklinge überquert. Am Weg finden sich gelegentlich Aufschlüsse von Sandsteinbänken des Unteren Stubensandsteins.

12.2 Verl. Stbr. im „Mutzig-Wald" etwa 1200 m NW **Ochsenbach**. Zufahrt über ein Sträßchen („Steinbruchstraße"), das von der Straße Ochsenbach–Häfnerhaslach halbwegs zwischen Ochsenbach und Kirbachhof nach rechts (N) abzweigt (nur für Anliegerverkehr) und in einer Kehre bergauf zur Hochfläche führt. Am Sträßchen sind Obere Bunte Mergel und älterer Stubensandstein gelegentlich aufgeschlossen.
Der erwähnte Steinbruch ist weitgehend verwachsen. Hier wurde eine etwa 3 m mächtige Bank an der Untergrenze des 2. Stubensandsteinhorizontes, 2 m über der Ochsenbachschicht, abgebaut. Der Sandstein wurde in einem Betrieb in Bietigheim gebrannt und zu Schleif- und Poliermittel verarbeitet („Künstlicher Bimsstein") (LINCK 1936, 1968 a). In diesem Bruch fanden sich zahlreiche Zähne sowie Kieferknochen, Rippen, Schädelteile, Schuppen und Flossenreste von *Ceratodus rectangulus* und zwei weitere Arten (LINCK 1936, 1938 a, 1962, 1963 b).
An der Südostspitze des „Mutzig-Waldes", an der Böschung des Randweges zwischen Weinbergen und Wald, etwa 400 m vom genannten Stbr. entfernt, steht die Ochsenbachschicht fossilführend an. Zugangsmöglichkeit besteht zu Fuß von der Straße Ochsenbach–Häfnerhaslach über Weinbergwege.
Von Ochsenbach folgt man der Straße nach Eibensbach. Gleich nach Eintritt in den Wald zweigt rechts (E) ein Waldweg ab, an dessen Böschung die Oberen Bunten Mergel anstehen. Dann folgt unmittelbar

12.3 Verl. Stbr. etwa 600 m N **Ochsenbach** (zum Teil als Schrottplatz verwendet, zum Teil verfallen). Im südlichen Teil der Brüche ist noch der oberste Teil einer etwa 3–5 m mächtigen Sandsteinbank aus dem höchsten 1. Stubensandsteinhorizont zu sehen, die früher abgebaut wurde. Darüber sind verschiedene Mergel der Mainhardter Mergel zwischen 1. und 2. Stuben-

12. Ochsenbach—Eibensbach

sandstein aufgeschlossen, in denen auch eine Steinmergelbank verläuft, aus der senkrecht verlaufende „Wurmröhren" erwähnt werden.

In den Mergeln und einer in ihnen verlaufenden Sandsteinbank der südlichen Brüche, die sich bis in das Weinberggelände ausdehnten, fanden sich Reste von Fischen, *Mystriosuchus* und der älteste bekannte *Plateosaurus* (vgl. LINCK 1968 a).

Die Typuslokalität der Ochsenbachschicht befindet sich N dieser Stbre. im Gewann „Eichwäldle". Sie ist dort etwa 50 m vor dem Waldende an der rechten Böschung des Weges erschlossen, der unmittelbar N der Brücke von der Straße Ochsenbach—Eibensbach bergan führt.

Die Straße Ochsenbach—Eibensbach führt auf die Hochfläche des Strombergs, die weithin vom 3. Stubensandsteinhorizont gebildet wird. Die sog. „Unteren Knollenmergel" (= Mergel zwischen 3. und 4. Horizont) sowie der 4. Horizont des Stubensandsteins (= „Löwensteiner Gelber Sandstein", früher fälschlicherweise auch als „Rheinisches Rät" u. ä. bezeichnet) sind nur auf den höchsten isolierten Erhebungen des Stromberges erhalten und nicht gut aufgeschlossen: am „Schlierkopf" NE Häfnerhaslach (Pkt. 449), am „Scheiterhäule" S Eibensbach (Pkt. 472) sowie am „Baiselsberg" S Ochsenbach (Pkt. 477).

Auf der Hochfläche biegt man bei Pkt. 394 links (W) in ein Waldsträßchen (frei für Forstbetriebe) ab. Nach etwa 1 km biegt man rechts (N) zum „Weißen Steinbruch" (Hinweisschildchen) ab:

12.4 „Weißer Steinbruch" der Gemeinde **Pfaffenhofen** etwa 1 km SW Rodbachhof. In dem heute verl. Bruch wurde von 1902 bis 1914 und nocheinmal 1933 Werkstein aus dem 2. Stubensandsteinhorizont abgebaut. Die etwa 3 m mächtige Werksteinbank ist heute verschüttet, nur noch die darüber folgenden Mergel sind aufgeschlossen. Sie enthalten eine dicke Sandsteinbank, die an ihrer Unterseite Ausgüsse eines Netzwerkes von Trockenrissen der liegenden Mergel zeigt. Eine Abbildung dieses Naturdenkmals findet sich bei WAGNER (1960: Taf. 101).

Eine Beschreibung des Bruchs und eine Ansicht aus dem Jahr 1936 gibt LINCK (1968 a: 64).

Dieser Stbr. wurde berühmt, weil er in der kurzen Zeit seines Betriebes eine große Zahl von fossilen Wirbeltieren geliefert hat, deren Funde für den Stubensandstein einzigartig und einmalig sind. Sie sind im Staatlichen Museum für Naturkunde Stuttgart verwahrt.

Zu erwähnen sind: Amphibien: *Gerrothorax pulcherrimus, Cyclotosaurus mordax, Cyclotosaurus posthumus;* Reptilien: *Aetosaurus crassicauda, Saltoposuchus longipes, Procompsognathus triassicus, Halticosaurus longotarnus, Teratosaurus minor, Sellosaurus fraasi, Procompsognathus triassicus, Halticosaurus orbitoangulatus, Plateosaurus gracilis* (vgl. BERCKHEMER 1938; v. HUENE 1908, 1921, 1922, 1932).

Ein fossiler Wurzelboden aus diesem Bruch ist bei LINCK (1943: 232) beschrieben.

Von der Halde des Steinbruchs schöner Ausblick auf das Zabergäu, im N abgeschlossen von der Schilfsandstein-Hochfläche des Heuchelbergs, deren tektonisches Ansteigen nach Norden deutlich wird. Der Fernblick reicht bis zum Odenwald, „Steinsberg" und zur Haardt.

Die Straße Ochsenbach–Eibensbach führt vom oben erwähnten Pkt. 394 am Nordhang des Strombergs abwärts. Dieser Nordhang ist weithin von pleistozänen Fließerden bedeckt, die auch große Blöcke von Stubensandstein enthalten. Ein Blockmeer aus Sandsteinen des 4. Stubensandstein-Horizontes besteht am oben erwähnten „Scheiterhäule" und wird von LINCK (1968 a: 61) abgebildet (Naturdenkmal).

12.5 Etwa 600 m nach Verlassen der Hochfläche zweigt rechts bergan ein Forststräßchen zur **Ruine Blankenhorn** ab. An diesem Sträßchen ist ein Waldlehrpfad mit zum Teil exotischen Bäumen angelegt. Zunächst führt der Weg durch Obere Bunte Mergel und Unteren Stubensandstein, die gelegentlich an der Böschung austreten. Bei einer Wegebiegung bei Höhe 380 m NN („Blankenhornblick") steht die hier gastropodenführende Ochsenbachschicht ebenfalls an der Straßenböschung an. Von der Hochfläche führt dann ein beschilderter Weg abwärts zur Ruine Blankenhorn. Auch hier ist Stubensandstein (2. Horizont) gut aufgeschlossen. Kurz vor dem Ende des Hohlwegs, vor Erreichen des Sattels bei der Ruine, steht auch die Ochsenbachschicht in der Böschung des Hohlwegs an. Die Ruine selbst steht ebenfalls auf der Ochsenbachschicht. Im Bereiche der einstigen Vorburg ist auf dieser Carbonatbank lokal eine Rendzina (schwarzer Humuscarbonatboden) entwickelt (LINCK 1968 a: 63).

Zu Fuß kann man von der Ruine Blankenhorn unmittelbar durch den Wald abwärts nach Eibensbach wandern, sonst kehrt man auf dem Feldweg wieder auf die Landstraße zurück. Eibensbach selbst liegt schon im Gipskeuper unterhalb des Schilfsandsteins, der hier in geringmächtiger Normalfazies entwickelt ist. Kleine Aufschlüsse in der „Normalfazies" finden sich an der Straßenböschung wenig vor dem Ortseingang Eibensbach aus Richtung Ochsenbach (geringmächtige plattige Sandsteine zwischen dunkelbraunen Mergeln) sowie an der Böschung eines Fahrwegs, der von der Ortsmitte nach SE auf die Höhe führt. Nach den letzten Häusern stehen dort links braunrote zum Teil schluffig-sandige, glimmerige Mergel an.

13. Heilbronn–Beilstein–Steinheim a. d. Murr

(Hauptmuschelkalk, Gipskeuper — Kieselsandstein, Pleistozäne Schotter; Tektonik und Morphologie am Keuperschichtstufenrand; Steinheimer Museum; L 6920, L 7120)

Man benützt in Heilbronn die Ausfahrt nach S auf der Zubringerstraße zur Autobahn nach Stuttgart in Richtung Untergruppenbach. Gleich südlich der Stadt beginnt der Anstieg im Gipskeuper. Die von der Straße aus sichtbaren Aufschlüsse über den Weinbergen werden bei Exkursion 2 beschrieben. Nach Eintritt in den Wald ist an der linken Straßenböschung die Untergrenze des Schilfsandsteins aufgeschlossen. Auf dessen Hochfläche fährt man bis zur „Donnbronner Höhe" (Häusergruppe an der Straße). Von dort geht es mit sanftem Gefälle abwärts gegen Untergruppenbach. Über diesem Ort erhebt sich Schloß Stettenfels, wiederum auf Schilfsandstein (verl. Stbr. wenig N Stettenfels an der steilen Talkante).

Der schroffe Gegensatz des nach Westen exponierten steilen Hanges zum sehr flachen gegenüberliegenden Talhang, der überdies eine zum Teil mächtige Decke von Lößlehm und Fließerden trägt, ist typisch für eine ganze Reihe weiterer Täler und Tälchen in der Umgebung (z. B. am Happenbach, an der Schozach zwischen Oberheinriet und Auenstein, im Bottwartal usw.). Die Asymmetrie der Täler kommt selbst auf der Geologischen Übersichtskarte 1:200 000 zum Ausdruck (vgl. S. 47).

Kurz vor der Autobahnauffahrt sind in einer Mgr. rechts (S) der Straße bunte Mergel und Steinmergelbänkchen des höheren Mittleren Gipshorizonts aufgeschlossen.

Bei Happenbach erreicht man ein weiteres unsymmetrisches Tal und fährt dann auf dem Höhenzug zwischen Happenbach und Unterheinriet wieder über Schilfsandstein. Kurz vor dem Ortseingang Unterheinriet biegt man nach rechts (SW) in Richtung Abstatt ab.

Wo die Nebenstraße nach Vohenlohe und Wildeck abzweigt, hat man einen guten Überblick über die Morphologie am Rande der Keuperschichtstufe. Das Schozachtal selbst ist in Gipskeuper eingetieft. Burg Wildeck und Ruine Helfenstein stehen auf Kieselsandstein. Die Einsattelung zwischen beiden Bergen und die vom „Helfenberg" nach S vorspringende Bergnase liegen im Niveau des Schilfsandsteins. Der Schilfsandstein ist hier in „Normalfazies" entwickelt und tritt morphologisch nicht wesentlich in Erscheinung.

Über Abstatt erreicht man **Auenstein.** Von Ortsmitte Auenstein zweigt die Straße nach Helfenstein ab. Sie führt zunächst als Hohlweg durch mächtigen Löß. Man erreicht dann eine als Sporn vorspringende Hochfläche („Altenberg").

13.1 Von der höchsten Stelle der Straße zweigt an einem Steinhäuschen nach links (N) ein Weg durch die Weinberge zur Anhöhe der Ruine Helfenberg ab. Man folgt diesem Weg nach E aufwärts durch Graue und Obere Bunte Estherienschichten und erreicht dann an der Böschung den Schilfsandstein, der in „Normalfazies" entwickelt ist:

96 IV. Exkursionen

über 7 m schiefrig-plattiger roter Schilfsandstein mit Mergellagen, nicht durchgehend aufgeschlossen
0,2 m Steinmergelbank
5 m grünliche und bräunliche Mergel mit Steinmergelbänkchen
5 m dunkelrote und grünliche Mergel, sandig-glimmerig.

Nach Auenstein zurückgekehrt, fährt man auf der Str. in Richtung Beilstein weiter.

13.2 Will man die umfassende Aussicht vom „Wunnenstein" genießen, zweigt man von dieser Straße in Richtung Abstetter Hof — Winzerhausen ab und erreicht den Sattel westlich vom „Wunnenstein", einem Kieselsandstein-Zeugenberg wie der östlich benachbarte „Forstberg". Vom Sattel biegt man nach links (E) ab und kommt bergauf zu einem großen Parkplatz, von dem man zu Fuß zum „Wunnenstein" aufsteigt. Der Parkplatz liegt noch im Bereich des Gipskeupers. Bei Winzerhausen wurde früher Gips aus dem Mittleren Gipshorizont gewonnen. Wenig oberhalb folgt geringmächtiger Schilfsandstein und endlich an der Böschung des Weges Rote Wand. Die Kappe des Berges wird vom Kieselsandstein gebildet.

Vom Turm (Eintritt, nicht jederzeit geöffnet) A u s s i c h t : Als Orientierung beim Blick nach N kann der Fernmeldeturm auf dem „Schweinsberg" bei Heilbronn dienen, der ebenfalls auf Kieselsandstein steht, allerdings rund 20 m tiefer als der „Wunnenstein", bedingt durch die Lage in der Heilbronner Mulde (Abb. 15). Allseits unter dem „Schweinsberg" die bewaldete Hochfläche des Schilfsandsteins mit dem schon oben erwähnten Schoß Stettenfels bei Untergruppenbach. Die Autobahn führt auf zwei weitere Kieselsandstein-Zeugenberge zu, den „Reisberg" und den „Sandberg" NE Obergruppenbach. Im Vordergrund erstreckt sich die beackerte Löß- und Gipskeuperlandschaft zwischen Untergruppenbach, Ilsfeld und Beilstein.

Man erkennt ferner im NE die Kieselsandsteinfläche mit den Burgen Helfenstein und Wildeck. Darüber erfolgt zurückgesetzt der Anstieg zur Hochfläche des Stubensandsteins der Löwensteiner Berge, die ihrerseits von den Lias-Zeugenbergen überragt wird. Gut am Sendeturm zu erkennen ist der „Stocksberg". Der weithin sichtbare Wasserturm des Sanatoriums Löwenstein bei Hirrweiler steht auf dem 4. Horizont des Stubensandsteins.

Im Vordergrund erhebt sich über Beilstein die Ruine Langhans (Schilfsandstein, vgl. Aufschluß 13.3). Nach E schauend (etwas durch die Bäume beeinträchtigt) sieht man zunächst den von Kieselsandstein bedeckten „Forstberg" (Aufschlüsse siehe 13.3). In südlichen Richtungen erkennt man im Vordergrund Großbottwar, darüber wiederum die Verebnung des Kieselsandsteins mit Schloß Lichtenberg. Dahinter weitet sich die lößbedeckte Muschelkalk-Lettenkeuper-Bucht von Backnang, jenseits davon die Keuperberge der Buocher Höhe. Der Zeugenberg „Bönning" SSE Großbottwar wird ebenfalls von Kieselsandstein gebildet. Seine Hochfläche liegt jedoch auffällig tiefer

13. Heilbronn-Beilstein-Steinheim a. d. Murr

als die Kieselsandsteinflächen der Umgebung und überdies schief. Die Schichten fallen hier im Bereich einer Grabenstruktur merklich nach SE ein (vgl. S. 51, Abb. 15). In der Ferne erkennt man über Großbottwar hinweg den Zeugenberg des „Lemberg" bei Affalterbach (Schilfsandstein), der in einer Spezialmulde mitten im Ludwigsburger Sattel erhalten blieb. Dahinter erscheint der vorspringende Sporn des Schurwaldes. Aus den Gäuflächen nördlich Ludwigsburg erhebt sich der „Asperg" ebenfalls als Zeugenberg des Schilfsandsteins, der seine Erhaltung der Lage in der südwestlichen Verlängerung der Neckar-Jagst-Furche verdankt (vgl. S. 52).

Im Hintergrund verläuft im Süden die Schichtstufe des Keupers (Stubensandstein) bei Stuttgart. Sie wird überragt vom künstlich aufgeschütteten Trümmerberg des „Birkenkopfs". Der Stuttgarter Fernsehturm steht bereits auf der Lias α-Fläche der „Filder".

Der Blick nach W ist ebenfalls durch Bäume etwas behindert. Immerhin erkennt man sehr schön Stromberg (Stubensandstein) und Heuchelberg (Schilfsandstein) und dazwischen das im Gipskeuper eingetiefte Zabergäu. Die ausgedehnten Wälder im Vordergrund („Platte", „Pfahlhofwald") liegen im Gipskeuper, etwa im Niveau der Engelhofer Platte.

Weiter im NW erkennt man schließlich im Muschelkalk-Lettenkeuper-Löß-Hügelland des Kraichgaus den „Steinsberg" bei Sinsheim, die Durchschlagröhre eines tertiären Vulkans. Auch der Vulkanschlot des „Katzenbuckel" am Südrand des Odenwaldes ist bei klarem Wetter im N sichtbar.

Vom „Wunnenstein" kehrt man auf die Straße Auenstein–Beilstein zurück (um Zeit zu gewinnen, kann man auch über Winzerhausen unmittelbar nach Großbottwar fahren und erst von dort dem weiter unten beschriebenen Exkursionsweg folgen).

13.3 In **Beilstein** kann man an der Straßen-Abzweigung in Richtung Gronau zur Ruine Langhans hinaufsteigen oder -fahren. Im Burggraben steht dort massiger schräggeschichteter Schilfsandstein mit der Untergrenze gegen Graue Estherienschichten an.

Von Beilstein fährt man weiter in Richtung Oberstenfeld. Will man den schon oben erwähnten „ F o r s t b e r g " besuchen, biegt man noch vor dem Ortseingang Oberstenfeld nach rechts (W) in ein Sträßchen ab, dem man bis zu einer scharfen Kurve folgt. Von dort steigt man zum „Forstberg" durch die Weinberge auf. An seinem E- und NW-Hängen befinden sich Mgrn. in den Unteren Bunten Mergeln, an seinem N-Hang ein verl. Stbr. mit 15 m massigem Schilfsandstein.

Auf der Fahrt Beilstein–Oberstenfeld–Großbottwar fährt man weiterhin am Fuße der Keuperschichtstufe entlang, die bei Schloß Lichtenberg und den entsprechenden Höhen vom Kieselsandstein gebildet wird. In Großbottwar benützt man die Abzweigung in Richtung Kleinaspach. Vor dem Ortsausgang noch zweigt nach links (E) eine Nebenstraße ab, die zum „Hagenau" hinaufführt. Man erreicht auf ihr am Waldrand eine Mgr. mit einem Profil von Grauen Estherienschichten zum Schilfsandstein in Normalfazies, das dem oben beschriebenen von Helfenberg (S. 95) ähnelt.

13.4 Verl. Stbre. im Schilfsandstein („Flutfazies") finden sich auch am „Eichten", etwa 2 km WSW **Großbottwar,** beim Jagdhaus. Diese Aufschlüsse sind zu erreichen von der Straße Großbottwar–Höpfigheim, indem man etwa 1 km SW Großbottwar nach rechts (NW) abzweigt. SW des Schilfsandstein-Aufschlusses befindet sich auch eine Mgr. in Grauen Estherienschichten.

Zurückgekehrt nach Großbottwar folgt man der Straße nach Kleinbottwar. Man fährt jetzt am Fuße des „Bönning" vorbei, der schon oben (S. 97) beschrieben wurde. Hier zieht die Pleidelsheimer Mulde durch, die sich nach ENE in die Fränkische Furche fortsetzt (Abb. 15). Eine von WEINLAND (1933) festgestellte Grabenstruktur, die den „Bönning" einschließend NW streicht, ist auf der Geologischen Übersichtskarte 1:200 000 allerdings nicht übernommen worden. Sie ist bei GWINNER & HINKELBEIN (1971) beschrieben.

Daß man sich hier aber in einem auch bruchtektonisch gestörten Gebiet befindet, vermag der „Aufbruch" von Muschelkalk und Lettenkeuper in einer kleinen Scholle N Kleinbottwar zu zeigen. Westlich der Straße Kleinbottwar–Großbottwar kommt von Westen her ein Nebentälchen vom Pkt. 236 herunter. An der Nordseite des Tälchens bestand früher unweit der Straße ein Steinbruch, der jetzt allerdings fast völlig verwachsen ist, hinter Gestrüpp jedoch noch obersten Muschelkalk zeigt, der mit südlicher Komponente einfällt. Dieser Muschelkalk-Aufbruch im Bereich der Pleidelsheimer Mulde hat eine strukturelle Ähnlichkeit mit demjenigen von Ellenweiler (der sich allerdings im Verband der Neckar-Jagst-Furche befindet, vgl. S. 51 und Abb. 15).

Auf dem Weg zwischen Kleinbottwar und Steinheim a. d. Murr kommt man an den SW-Rand der Pleidelsheimer Mulde (Abb. 15). Hier steigen die Schichten von Lettenkeuper und Muschelkalk rasch gegen eine Sattelstruktur beim Lehrhof an, die die Fränkische Furche (= Pleidelsheimer Mulde) von der Neckar-Jagst-Furche trennt. Die Flexurzone am Südrand der Pleidelsheimer Mulde kann auf ihrem Verlauf zwischen Beihingen – Benningen – Murr und Steinheim als morphologische Geländestufe gut verfolgt werden.

13.5 Ein verl. Stbr. im Oberen Hauptmuschelkalk findet links der Str. Kleinbottwar–Steinheim 500 m SW Schloß **Schaubeck.** Die knorrige Lage unter der Oberkante des Bruchs ist die Obere Terebratelbank. Profil bei WAGNER (1913: 64).

Der Südrand der Pleidelsheimer Mulde mit der Talweitung des Murrtals im Bereich von Letten- und Gipskeuper stellte während des Pleistozäns einen Schotterfang am Ausgang des engen Talstücks im Muschelkalk dar. Hier kam es zur Anhäufung von Schottern nicht nur während der Kaltzeiten, sondern auch während der Riß-Mindel-Zwischeneiszeit (= Holstein–Interglazial). Die Schichtfolge der pleistozänen Schichten bei Steinheim umfaßt Sande und Kiese des Holstein-Interglazials mit *Palaeoloxodon antiquus* (Waldelefant; = *antiquus*-Sande), Kiese und Sande der Rißeiszeit mit *Mammonteus primigenius* und *M. trogontherii* (Steppenelefant; = jüngere Mammut-Schotter), sowie würmeiszeitliche Lößbildungen. Unter den *antiquus*-Sanden kommen örtlich noch ältere Mammutschotter (also kaltzeitliche Bildungen) vor. In den *antiquus*-Sanden fand sich 1933 der berühmte (Frauen-)Schädel des Steinheimer Menschen *Homo steinheimensis*. Er ist im Staatlichen Museum für Naturkunde Stuttgart verwahrt. Ein Abguß ist im **Urmensch-Museum** der Stadt Steinheim zu sehen, zusammen mit der begleitenden Wirbeltierfauna und der aus den überlagernden rißeiszeitlichen Schottern (ADAM 1960). Das Urmensch-Museum befindet sich in der Ortsmitte beim Rathaus. Die Kiesgrube SIGRIST rechts der Straße Steinheim–Höpfigheim, in welcher der Schädel 1933 gefunden wurde, ist nicht mehr offen. Dafür bekommt man im Bereich der Zgl.-Grube beim Bahnhof Einblick in das Löß- und unterlagernde Schotterprofil.

Literatur über Steinheim: ADAM 1952, 1954 a, 1954 b, 1961, 1968, 1969; BERCKHEMER 1933 a, b, 1934, 1940; WAGNER 1929.

14. Neudeck–Unterohrn–Kochersteinsfeld

(Hauptmuschelkalk, Lettenkeuper; L 6722, L 6922)

Im Bereich einer tektonischen Einmuldung sind Gipskeuper und Schilfsandstein bis nahe an das Kochertal bei Neuenstadt erhalten (Abb. 15). Davor erstreckt sich die meist mit Löß bedeckte Ebene des Lettenkeupers, die von den südlichen Zubringern des Kochers zerschnitten wird. Eine Aufsattelung der Schichten südöstlich der oben erwähnten Mulde bedingt, daß im Brettachtal zwischen Bitzfeld und Neudeck der Hauptmuschelkalk über der Talsohle erscheint (Abb. 15).

Das Gebiet ist arm an größeren natürlichen Aufschlüssen. Da und dort ist vor allem der Muschelkalk an den Talhängen des Kochertals sowie in den Nebentälern in kleinen Ausschnitten aus der Schichtfolge zu sehen. Zusammenhängende Profile bieten jedoch die folgenden Steinbrüche:

14.1 Neudeck, verl. Stbr. im Brettachtal an der Str. nach Weißlensburg. Der tiefere Teil des Stbr. ist wassererfüllt. Abb. 40 zeigt das Profil des Hauptmuschelkalks oberhalb der Region der Oolithbänke, darüber Lettenkeuper bis zu den Estherienschichten und bis 4 m Lößlehm. Ein weiterer wassererfüllter Bruch findet sich N Neudeck an der Straße nach Langenbeutingen.

14.2 Weißlensburg, Stbr. an der Straße nach Bitzfeld. Hauptmuschelkalk ab Tonhorizont δ und Lettenkeuper (Abb. 42).

14.3 Unterohrn, Stbr. an der Ohrn an der Straße nach Ohrnberg (Abb. 41). Hauptmuschelkalk ab *Spiriferina*-Bank (1969 im tiefsten Bruchteil). Lettenkeuper bis über den Hauptsandstein (Abb. 7). Beide *cycloides*-Bänke mit *Coenothyris cycloides*. Vom Tonhorizont ζ sind nur 2 Lagen deutlich zu erkennen. Teilprofil bei WAGNER (1913: 37). Der Bruch wird von einer kleinen Flexur gequert.

14.4 Baumerlenbach, Stbr. an der Straße nach Möglingen. Hauptmuschelkalk ab Tonhorizont γ, Lettenkeuper bis zum Hauptsandstein, der diskordant in Liegendschichten einschneidet. Abb. 43 zeigt den N-Teil des Bruchs.

14.5 Kochersteinsfeld, verl. Stbr. am südl. Talhang, zu erreichen von der Straße nach Möglingen. Hauptmuschelkalk ab Tonhorizont ζ. Profil ähnlich WAGNER (1913: 37), das von einem anderen, jetzt verwachsenen Stbr. SW Kochersteinsfeld stammt.

15. Öhringen—Unterheimbach—Neuhütten

(Löß, Gipskeuper — Stubensandstein; L 6922)

S von Öhringen ist der Fuß der Keuperberge mit mächtigem Löß und Lößlehm bedeckt. Man verläßt den Ort auf der Straße nach Pfedelbach (S) und biegt nach dem Friedhof rechts (W) in Richtung Windischenbach ab.

15.1 1 km SW Öhringen, Ziegelgrube KOCH & SÖHNE; 200 m nach der Abzweigung rechts (W). Etwa 10 m mächtiger Löß und Lößlehm mit fossilen Bodenhorizonten, Naßböden und Fließlehmen auf tieferem Gipskeuper.

An der Kirche in Windischenbach geht rechts (W) ein Sträßchen nach Lindelberg ab (beschildert).

15.2 Umgebung von **Lindelberg.** „Lindelberg" und „Golberg" sind zwei Zeugenberge mit Schilfsandsteinbedeckung. Von der Einsattelung „Lindelberg"/„Golberg", etwa in der Grenzregion Untere Bunte Estherienschichten/ Graue Estherienschichten, sieht man über den Weinbergen am südwestlichen „Golberg" einen Aufschluß an der Grenze Obere Bunte Estherienschichten/ Schilfsandstein. Er ist durch die Weinberge zu erreichen.

Ausblick vom „Golberg": Nach N sieht man im Vordergrund einen stärker abgetragenen Höhenrücken ohne Schilfsandstein; dahinter steigt die lößbedeckte Muschelkalk-Lettenkeuper-Fläche der „Hohenloher Ebene" auf. Im S erheben sich die Schichtstufen des höheren Keupers.

Von der Einsattelung führt ein Weg in Richtung Verrenberg. Auf dem ersten rechts abzweigenden Weinbergweg erreicht man nach 100 m eine kleine Mgr. in Grauen Estherienschichten. Zurück; im Hohlweg ist weiter abwärts bei 275 m NN an der Böschung ein 20 cm mächtiger, harter, schluffi-

15. Öhringen–Unterheimbach–Neuhütten

ger Steinmergel in der Region der Engelhofer Platte aufgeschlossen; darüber die Unteren Bunten Estherienschichten, darunter der Mittlere Gipshorizont.

Folgt man in Lindelberg zu Fuß dem das Fahrsträßchen fortsetzenden Feldweg, so erreicht man nach etwa 1 km am SW-Hang des „Lindelbergs" eine große Mergelgrube an der Grenze Obere Bunte Estherienschichten/Schilfsandstein.

Von Windischenbach fährt man vorbei am Gehöft Stöckig (auf Schilfsandstein) ins Brettachtal in Richtung Unterheimbach.

15.3 Der bekannte Hohlweg „Rote Steige" bei **Stöckig** ist fast völlig verwachsen, nur in seinem obersten Teil erschließt er noch den unteren Teil des Kieselsandsteins und die Grenze zu den Lehrbergschichten. Profil bei SILBER (1922: 56). Man erreicht diese Stelle am besten über Weißlensberg.

Aussicht bei der Fahrt von Stöckig ins Brettachtal: Vor sich (S) sieht man die Schichtstufen des Schilfsandsteins, Kieselsandsteins und Stubensandsteins. Beim Blick zurück (NE) erkennt man in der Mitte des Anstiegs zur Kieselsandsteinverebnung von Buchhorn Nasen des Schilfsandsteins (z. B. mit dem Weiler Hälden). Bei Geddelsbach ist er in „Normalfazies" ausgebildet und tritt morphologisch nicht mehr in Erscheinung.

15.4 Unterheimbach. 200 m vor der Kirche zweigt rechts (W) ein Sträßchen zum „Heimberg" ab (Schild: Sportplatz Herrenhölzle). N unterhalb der Burgruine findet man an der Straße eine Mgr. in der Grenzregion Lehrbergschichten/Kieselsandstein.

Kurz nach der oben genannten Abzweigung führt nach links (E) ein Hohlweg durch gut aufgeschlossenen Schilfsandstein. Nach Erreichen der Hochfläche fährt man den Feldweg weiter und sieht nach 150 m am Fuß des Anstiegs zum Kieselsandstein eine Mgr. mit der Fortsetzung des Profils: an der Basis dunkelrote, feinsandige Dunkle Mergel, darüber in grünen Tönen die Region des Hauptsteinmergels und in ziegelroter Farbe die Rote Wand. Von hier führt ein Hohlweg aufwärts zu einer Mgr. in der Grenzregion Kieselsandstein/Lehrbergschichten.

Nachdem die Straße Unterheimbach/Oberheimbach am Waldrand den Heimbach überquert hat, biegt man links in einen befestigten Waldweg ein und erreicht bei Beginn der Weinberge eine Mgr. in Lehrbergschichten und Kieselsandstein.

Oberheimbach liegt auf Kieselsandstein, der in der Umgebung größere Verebnungen bildet. Die Straße führt in Oberen Bunten Mergeln weiter bergauf. Etwa am Ende der zweiten Kurve bei den letzten Häusern erreicht man den Stubensandstein.

15.5 NE Oberheimbach. Man sieht einen alten Stbr. im tieferen Stubensandstein von der Straße aus und erreicht ihn zu Fuß auf einem von der zweiten

Kurve nach links (N) ansteigenden Feldweg. Es stehen unten 4 m massiger, teils schräggeschichteter, darüber 4 m mürber Sandstein an. Dazwischen sind in der linken Ecke einige große Dolomitknollen eingelagert. Dieser widerständige Sandsteinhorizont tritt in der Umgebung morphologisch bei 440 bis 450 m NN in Erscheinung („Mittelberg", „Happbühl", Sattel Pkt. 447 NE Berg).

15.6 Auch Schloß **Maienfels** steht auf diesem Horizont. Er ist im Schloßgraben gut aufgeschlossen. Man erreicht den Ort, indem man vor Kreuzle links (E) abzweigt.

In **Kreuzle** selbst hat man bereits den Oberen Stubensandstein erreicht. Rechts neben der Straße nach Neuhütten zeigt am Ortseingang eine verl. Sgr. mürbe Sandsteine. Danach fährt man auf einer welligen Verebnungsfläche bis Neuhütten. Rechter Hand (W, SW) steigt bewaldeter, höchster (4.) Stubensandstein an, auf dem auch der Aussichtsturm „Steinknickle" steht.

15.7 Zwischen Neuhütten und **Hasenhof** finden sich im obersten, 4. Komplex des Stubensandsteins, dem „Löwensteiner Gelben Sandstein", drei Brüche. In Neuhütten benützt man das dritte Seitensträßchen rechts, dann den ersten Weg links oder man fährt auf der B 39 von Weihenbronn 1 km in Richtung Löwenstein und biegt rechts (NE) in das Sträßchen zum Hasenhof ein, dem man bis zum Wald folgt.

Die Sandsteine zeigen zum Teil Schrägschichtung, Strömungsrinnen, Resedimentationslagen und enthalten auch tonigere, grau oder seltener rötlich gefärbte Einschaltungen. Im Gegensatz zu den bunten Tonsteinen der tieferen Horizonte sind für den 4. Stubensandsteinhorizont graue Tone typisch.

16. Wüstenrot—Großhöchberg (Löwensteiner Berge)
(Oberer Stubensandstein — Lias α; L 6922)

Nördlich Wüstenrot bildet der 4. Stubensandstein („Löwensteiner Gelber Sandstein") die Hochfläche der Löwensteiner Berge. Im S und W wird sie von den Erhebungen der Knollenmergel mit ihren Lias-Bedeckungen überragt, die hier durch ihre tektonisch tiefe Lage noch erhalten sind (S. 52). Die Aufschlüsse sind auf Abb. 26 eingetragen.

16.1 Verl. Sgr. im 4. Stubensandstein.

16.2 Verl. Sgr. im 4. Stubensandstein. Oben im Hangschutt Brocken von Lias-Sandstein.

16.3 „Pfaffenklinge" mit „Silberstollen" (Naturdenkmal). Die nördliche Klinge zeigt ein gutes Profil im 4. Stubensandstein bis zu den Unteren Knollenmergeln. In einer tonig-schluffigen Lage des obersten 4. Stubensandsteins ist der Stollen „Unverhofftes Glück" angelegt. Im gleichen Horizont angelegt ist der Stollen „Soldatenglück" in der S Klinge. Kurz nach dem

16. Wüstenrot—Großhöchberg

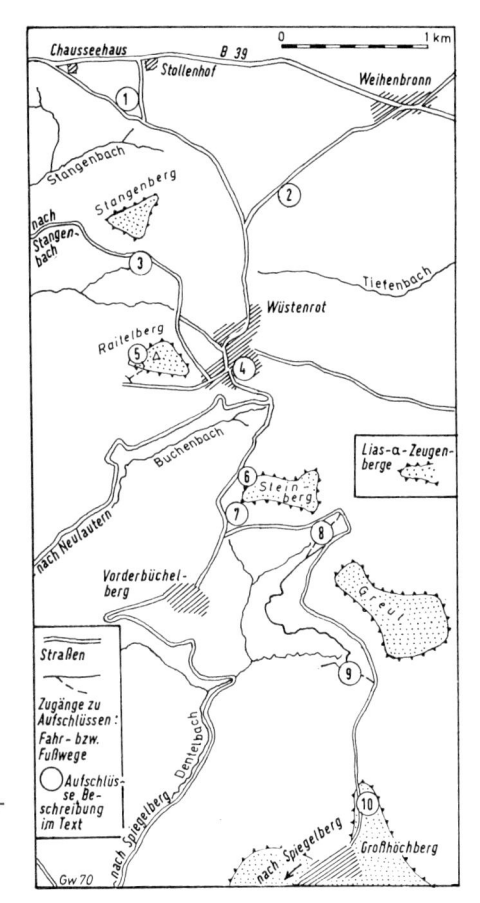

Abb. 26. Kartenskizze zu Exkursion 16.

Eingang sieht man dort an der Decke Gagat-Brocken. Beide Stollen sind mit einiger Vorsicht begehbar (vgl. S. 40).

16.4 Sgr. im 4. Stubensandstein. Im Rückstand der Siebeanlage Kieselhölzer und Gagat.

16.5 Verl. Stbr. bis 3,5 m über dem Eßlinger Sandstein des Lias α (Sohle) mit stark verwitterter Oolithenbank (vgl. Abb. 13).

104 IV. Exkursionen

16.6 An der Abrißstelle einer alten Rutschung in den Knollenmergeln ist die Psiloceratenkalkbank aufgeschlossen. Unter ihr wittern dunkle, blätterige Tone heraus, die ins Rät zu stellen sind.

16.7 Unterhalb des Wbh. Anriß in den Knollenmergeln.

16.8 Erosionsschlucht im 4. Stubensandstein.

16.9 Die gut begehbare Erosionsschlucht „Hohler Stein" zeigt ein sehr gutes Profil durch den 4. Stubensandstein bis zu den Unteren Knollenmergeln (Naturdenkmal).

16.10 Am N Ende des Lias-Sporns, wenig N des Wbh. tritt an der Straßenböschung die Psiloceratenkalkbank (Lias α) heraus. Im S Teil des Wäldchens SW des Wbh. steht der gesamte Eßlinger Sandstein des Lias α (mit Wellenrippeln) an.

Von Großhöchberg führt die Straße nach Spiegelberg (Anschluß an Exk. 17).

17. Umgebung von Spiegelberg, Ellenweiler
(Muschelkalk, Kieselsandstein, Stubensandstein; L 6922)

Die Lage der Aufschlüsse geht aus Abb. 27 hervor.

17.1 Im Gegensatz zur Löwensteiner Gegend, wo der 1. Stubensandsteinhorizont überwiegend tonig entwickelt ist (S. 37), ist er hier, 9 km südlich, vorwiegend als kompakter Sandstein ausgebildet.

Im verl. Stbr. 750 m SSW von **Jux** stehen 7 m massiger bis dickbankiger 1. Stubensandstein an. Im Hangenden folgen die Mainhardter Mergel zwischen 1. und 2. Stubensandstein. Es sind 2 m rotbraune Tone mit carbonatischen Bänkchen aufgeschlossen, darüber noch 1 m splittriger Dolomit. 30 m weiter N ist der Dolomit in einer zum Teil verwachsenen Grube besser zugänglich. Er verwittert gräulich und hat ein konglomeratisches Aussehen.

17.2 An der Straße **Nassach–Kurzach** befinden sich mehrere Aufschlüsse:
a) Straßenböschung W Einmündung der Straße von Bernhalden. Wenig verfestigter oberer 2. Stubensandstein mit Schrägschichtung.
b) Verl. Stbr. an der Haarnadelkurve 1 km E Kurzach. 4 m massiger, grobkörniger 3. Stubensandstein.
c) Sgr. 750 m SE Kurzach, oberhalb der Straße. Massiger, nach oben bankig werdender Sandstein, überlagert von Sandsteinbänkchen mit rotvioletten Tonen, die zum Teil rinnenartig ins Liegende eingetieft sind. 3. Stubensandstein.

NE Nassach führt die Straße nach Jux an einem typischen Knollenmergelhang vorbei. Wie auf S. 44 beschrieben ist, kann die Morphologie des Lias α unmittelbar N von Nassach gut studiert werden.

17.3 Verl. Stbr. in massigem grobkörnigem 2. Stubensandstein.

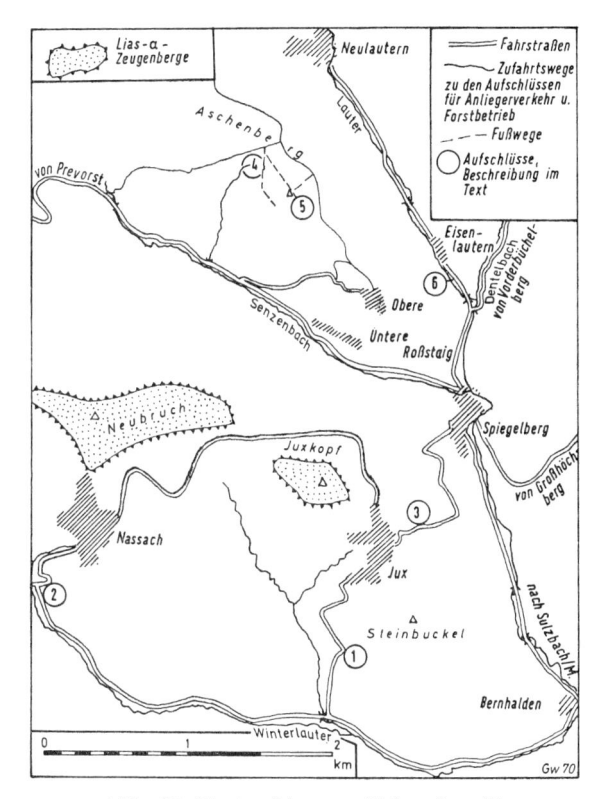

Abb. 27. Kartenskizze zu Exkursion 17.

17.4 In einer tonig-schluffigen Lage des obersten 4. Stubensandsteins ist der „Silberstollen" „Glück auf den Bau zu Gott im Gaisberg" angelegt. Er ist mit einiger Vorsicht begehbar (vgl. S. 40).

17.5 Die beiden Kuppen des südwestlichen „Aschenbergs" tragen eine Decke von Kalkstein (kein Lias, wie auf der Geol. Übersichtskarte 1:200 000 dargestellt ist). Es ist umstritten, ob er in den obersten 4. Stubensandstein oder in die Knollenmergel zu stellen ist. Er wurde auf beiden Höhen als Schotter in zwei kleinen Gruben abgebaut; auf der ersten Kuppe ist er noch erschlossen. Es handelt sich um einen vorwiegend dichten Kalkstein von hellgrauer Farbe, der zahlreiche Einsprenglinge von Pyrit führt. 2 km entfernt, auf der anderen Talseite der Lauter, befindet sich 1 km SW Großhöchberg im Wald ein verwachsener Stbr., in dem in gleicher Höhenlage ebenfalls Kalksteine aufgeschlossen waren. Diese enthalten zahlreiche Hornsteinknauern und -bänder (vgl. S. 40, 120, und EISENHUT 1958: 160; HEZEL 1947: 61; LAEMMLEN 1954: 187; MÜLLER 1955).

17.6 Verl. Stbr. in dickbankigem Kieselsandstein. Zum Teil ist er recht grobkörnig — stubensandsteinähnlich — ausgebildet.

6 km von Spiegelberg liegt inmitten von Gipskeuper der Muschelkalkaufbruch von Ellenweiler.

17.7 Verl., stark verfallener und verwachsener Stbr. 1 km W Sulzbach/M. an der B 14 bei **Ellenweiler** (Naturdenkmal). Der Bruch liegt im Bereich der schwäbisch streichenden Neckar-Jagst-Furche, einer von Abschiebungen begleiteten Mulde (Abb. 15, S. 52). Seine neueste Bearbeitung erfolgte durch CARLÉ & STRÖBEL (1960). Zwischen diagonal verlaufenden schwäbischen und herzynischen Störungen ist hier der Muschelkalk als kleiner, 500 x 150 m großer Horst 100 m über seine Lagerungshöhe im Bereich der Furche, 40 m über seine weniger gestörte Lagerung außerhalb der Furche tektonisch herausgehoben worden. Der Muschelkalk mit der Grenze zum Lettenkeuper ist nur noch im östlichen Bruchteil zugänglich. WAGNER (1913: 66) gibt ein Profil. Die Schichten fallen hier unter etwa 30° nach S ein. Ein kleiner herzynischer Graben und rheinische, mit Calcit erfüllte Zerrklüfte sind noch zu sehen. Im westlichen Bruchteil steht Lettenkeuper an.

QUENSTEDT (1874: 9), WEINLAND (1933: 77), VOGT-EKKERNKAMP (1948).

18. Umgebung von Großerlach

(Oberer Stubensandstein, Lias α; L 6922)

Die B 14 verläuft zwischen Großerlach und der Abzweigung nach Grab auf den Knollenmergeln. W und SE von Großerlach bildet der Lias α mit Oolithenbank bzw. Hauptsandstein die Hochfläche.

18.1 Verl. Stbr. im Tal unmittelbar unterhalb des Orts mit massigen Bänken meist grobkörnigen, mäßig verfestigten 4. Stubensandsteins. Im 4. Stubensandsteinhorizont wurde hier der „Silberstollen" „Gabe Gottes" angelegt (beim 1. „e" von „ehem. Stollen"). Er ist heute verfallen (vgl. S. 40).

18.2 S **Großerlach,** im Wäldchen 250 m S der Straßenabzweigung nach Neufürstenhütten an der B 14 (bei „A" von „Altwald") erschließen am Steilabsturz mehrere Quellrisse den Lias α von der Psiloceratenbank (herumliegende Blöcke) über Eßlinger Sandstein, Oolithenbank, Nassacher Sandstein (Quellaustritte an der Basis) bis zum Hauptsandstein (vgl. Abb. 12).

18.3 Im verl. Stbr. oberhalb der Straße Großerlach–Neufürstenhütte, 750 m nach der Abzweigung von der B 14, Eßlinger Sandstein und Oolithenbank.

19. Finsterrot–Mainhardt–Gleichen (Mainhardter Wald)
(Stubensandstein; L 6922)

Im Mainhardter Wald steigen die Schichten generell nach NE an (Abb. 15). Entsprechend kommt man bei der Fahrt auf der Hochfläche dieses Berglandes entlang der B 39 und B 14 nach E in zunehmend ältere Schichten. Beim „Chausseehaus" befindet man sich noch im 4. Stubensandstein, bei Mainhardt schon im Unteren und E Bubenorbis hat man bereits den Kieselsandstein erreicht.

19.1 E Ortsende von **Finsterrot,** Sgr. oberhalb des Wbh. Es sind schwach verfestigte Sandsteine aufgeschlossen, die in den 3. Stubensandstein zu stellen sind.

Von der B 39 zweigt man nach Ammertsweiler ab.

19.2 W Ortsende von **Ammertsweiler,** verl. Stbr. gegenüber dem Friedhof in massigen Sandsteinen des 3. Stubensandsteinhorizonts. Vom Friedhof fährt man auf dem Fahrsträßchen weiter zum Gögelhof, das sich kurz nach diesem verzweigt.

19.3 Fährt man links weiter, so findet man unmittelbar vor (W) dem **Krebshof** an der Böschung dunkelrote Mergel mit einer über 2 m mächtigen Kalkeinschaltung aufgeschlossen (Mainhardter Mergel zwischen 1. und 2. Stubensandstein). Fährt man nach rechts, so findet man denselben Horizont unmittelbar vor (W) dem Eulhof ebenfalls an der Straßenböschung.

Nördlich der B 14 zwischen Mainhardt und Bubenorbis besitzen die Mainhardter Mergel eine große Oberflächenverbreitung. Sie sind hier bis zu 14 m mächtig, nehmen aber nach W, S und SE rasch ab (WEINLAND 1933: 37).

19.4 Mainhardt, verl. Stbr. S neben der B 14, 250 m vor Stock. Sandsteine und violette, tonige Sande des 2. Stubensandsteins.

Kurz nach (NE) Stock führt die B 14 durch einen Einschnitt; unmittelbar nach diesem biegt man links (N) auf einen Feldweg und folgt ihm bis in den Wald. Der Weg befindet sich im Niveau der Mainhardter Mergel.

19.5 E **Mainhardt,** verl. Stbr. 500 m NNE Stock im 1. Stubensandsteinhorizont.

Man fährt zurück nach Mainhardt und dort von der Ortsmitte zum Freibad.

19.6 Mainhardt. An der linken Böschung des Sträßchens kurz vor dem Freibad treten die oben erwähnten Mainhardter Mergel in Form von dunkelroten Mergeln mit karbonatischen Einschaltungen heraus.

Von Mainhardt fährt man auf der Str. nach Geißelhardt hinunter ins Brettachtal. Kurz vor der Mittelmühle streicht an der linken Straßenböschung der Kieselsandstein aus. Die Straße steigt bis Gailsbach über Obere Bunte Mergel und 1. Stubensandstein steil an.

19.7 N **Gailsbach.** In der unmittelbar links der Straße bei dem Weiler Seehäuser gelegenen Grube sind die Mainhardter Mergel am besten auf-

geschlossen. Es steht ein 1 m mächtiger dunkelroter, harter Steinmergel an, über dem noch 4 m dunkelrote Mergel mit Kalkknollen folgen.
Wie die Farbe der Äcker zeigt, verläuft die Straße bis zur Abzweigung nach Geißelhardt auf diesen roten Mergeln. Man biegt rechts (SE) nach Geißelhardt ab.

19.8 Geißelhardt, verl. Stbr. am W Ortseingang, 50 m N der Straße. 1. Stubensandstein mit ausgeprägter Kreuzschichtung.
Zur Abzweigung zurückgekehrt, fährt man hauptsächlich auf 2. Stubensandstein in Richtung Gleichen am „Neuwirtshaus" vorbei.

19.9 500 m NNW von „**Neuwirtshaus**", kurz bevor rechts (E) der Wald endet, verl. Sgr. unmittelbar rechts der Straße. Mürbe, schräggeschichtete Sandsteine des 1. Stubensandsteins.

Die Flächen der „Hohen Ebene" und der Höhe 469 südlich von Gleichen werden von einer mehrere m mächtigen Dolomit-Einschaltung des Unteren Stubensandsteins eingenommen.

750 m nach dem letzten Aufschluß, 1 km vor Gleichen, geht links (SW) ein Forstweg ab. Man folgt ihm bis zu seinem Ende.

19.10 S Gleichen, verl. Stbr. am SW Ende der „Hohen Ebene". Im und um den Bruch herum stehen mehrere m dichte, splittrige Dolomite und dolomitische Breccien mit wechselndem Sandgehalt an.

Man biegt in der Kurve 250 m vor (S) Untergleichen links in einen nach Obergleichen führenden Feldweg ab und folgt dem nächsten von links einmündenden Weg.

19.11 S Gleichen, verl. Stbr. unmittelbar SE Pkt. 469. Auf 4 m dickbankigen Sandstein folgen 2 m teils dichter, splittriger, teils brecciöser Dolomit.

In Untergleichen ist hinter einem Transformatorenhaus links (NW) neben der Str. in einer verl. Sgr. nochmals mürber, schräggeschichteter 1. Stubensandstein aufgeschlossen. Die Straße fällt im Ort über die Oberen Bunten Mergel zur Verebnung des Kieselsandsteins („Buchhorner Ebene") ab und verläuft auf ihr bis zum Heuberg. Die beiden Zeugenberge „Zollknock" und „Sulzberg" NW von Gleichen tragen noch eine Decke von 1. Stubensandstein. Auf der Geologischen Übersichtskarte 1:200 000 ist auf der „Buchhorner Ebene" fälschlicherweise Stubensandstein eingetragen.

20. Neuenstein—Waldenburger Berge
(Lettenkeuper, Mittlerer Keuper; L 6722, L 6922)

Nördlich und östlich am Fuß der Waldenburger Berge entlang zieht sich eine breite Zone mächtigen Lettenkeupersandsteins in „Flutfazies" (FRANK 1930: 34). Seine größte Mächtigkeit erreicht er bei Neuenstein, dessen „berühmte Brüche" (ENGEL 1908: 126) einst ganz Württemberg belieferten. Von der Straße Öhringen—Künzelsau biegt man nach Neuenstein ab. Am SW

20. Neuenstein—Waldenburger Berge

Ortseingang wird der Lettenkeuper-Hauptsandstein noch in zwei Stbrn. abgebaut und ist hier gut aufgeschlossen. Weitere Brüche sind aufgelassen.

20.1 Neuenstein SW, Stbr. der Natursteinwerke GRÄF in der Öhringerstraße; Einfahrt am Ortsschild. Es stehen über 8 m dickbankiger Sandstein an, der zum Teil Schrägschichtung, Strömungsdiskordanzen und Strömungsrippeln zeigt. Im oberen und unteren Teil ist eine Sandschieferlage eingeschaltet. Zum Hangenden hin erfolgt ein allmählicher Übergang in Sandschiefer, die den Abraum bilden.

20.2 S des Schlosses **Neuenstein** in der Eschelbacherstraße (Zufahrt bei der Gärtnerei) zeigt ein weiterer Bruch ebenfalls Strömungsdiskordanzen und Strömungsrippeln. Der Abraum, Sandschiefer, enthält unten Sandsteinbänkchen mit Rippelgefügen.

Ein heute verwachsener Stbr. beim Eichhof zeigte als einmalige Besonderheit des schwäbischen Lettenkeupers im Hangenden des Sandsteins blaue, grüne und rote Tone. Ein Profil findet sich bei FRANK (1930 c: 34).

Man fährt auf der Eschelbacherstraße weiter und sieht nach der Brücke vor sich die Schichtstufe des Mittleren Keupers ansteigen. Bei Michelbach ist sie besonders schön gegliedert: oben die bewaldete Hochfläche des Kieselsandsteins („Karlsfurtebene"); die nächsttiefere Verebnung bildet der Schilfsandstein in „Flutfazies" („Pfaffenberg"); darunter die hier sehr ausgeprägte Stufe der Engelhofer Platte. Die Kieselsandsteinfläche erstreckt sich nach links (SE) bis Waldenburg und nach rechts (SW) bis Buchhorn. Die sich höher heraushebenden Kuppen links des Wasserturms von Buchhorn werden vom Stubensandstein gebildet (Gleichen). Die westlichen Ausliegerberge bedeckt der Schilfsandstein („Lindelberg", „Golberg" — vgl. 15.2).

An der Böschung der „Steige" S Eschelbach steht bei 345 m NN (Stall) die Engelhofer Platte an.

Auf lößbedecktem Lettenkeuper geht die Fahrt über Eschelbach und Kesselfeld zur Rebbigsmühle. Nach Kesselfeld sieht man vor sich den von Engelhofer Platte und Schilfsandstein in „Normalfazies" schwach gegliederten Hang des Kieselsandsteinssporns von Waldenburg. Nach der Rebbigsmühle beginnt mit den Grundgipsschichten der Anstieg des Mittleren Keupers. Der Grundgips bildet N von Waldenburg eine schmale Verebnungsfläche bei etwa 350 m NN. Früher wurde er hier abgebaut; heute sind die Gruben alle verfallen. Profile geben FRANK (1930 c: 37) und PFEIFFER (1915: 45).

Man biegt rechts (S) in die Straße Künzelsau—Waldenburg ein. Beim Blick zurück schaut man auf den Gipskeuper-Fuß der „Waldenburger Berge" und auf die weite „Hohenloher Ebene". Kurz nach der Einmündung verflacht die Engelhofer Platte den Anstieg. Der Schilfsandstein in „Normalfazies" tritt morphologisch kaum in Erscheinung. Nach der Spitzkehre steigt die Straße im Kieselsandstein kräftig an.

Die Kieselsandsteinhochfläche der „Waldenburger Berge" fällt nach SW ein.

Nur ganz im SW, zwischen Büchelberg und Blindheim ist noch Stubensandstein erhalten: der nordöstlichste Ausläufer des Stubensandsteins des Mainhardter Waldes. Die Bibers entwässert das Plateau in südlicher Richtung (S. 55). Entsprechend dem Schichtfallen sind nur ihre östlichen Seitentäler kräftig ausgebildet, während im W das Wasser ober- und unterirdisch der Ohrn zufließt. Im E, N und W machen Ohrn und Kocher der Bibers das Einzugsgebiet streitig (S. 56). Wie stark es von der jungen Erosion schon beschnitten wurde, zeigen die geköpften Seitentäler der Bibers, deren breite Talböden ohne Oberlauf nach E in die Luft ausstreichen (WAGNER 1922: 86).

In Waldenburg biegt man 250 m nach der Kirche links (S) von der Hauptstraße in Richtung Goldbach ab. Bei Ziegelhütte quert man ein in Unteren Bunten Mergeln angelegtes, geköpftes und schon wasserloses Seitental der Bibers, das vom Epbach vollends zerstört wird. Das Goldbachtal ist bis in den Schilfsandstein eingetieft. Bei Goldbach biegt man links (NE) ab. Nach 500 m, am Waldrand, endet das breite Tal plötzlich. Sein Oberlauf ist abgeschnitten. Die Straße fällt steil nach Beltersrot ab.

20.3 Böschung der Straße Goldbach–Beltersrot am oberen Ende des Goldbachtals. Es stehen 5 m kreuzgeschichteter Schilfsandstein an.

Durch das wannenförmige Goldbachtal fährt man zurück über Goldbach und Neumühle (Straße Samstag nachmittags und sonntags gesperrt; sonst über Waldenburg) in Richtung Str. Waldenburg–Sailach. Kurz vor der Einmündung geht links (S) ein Sträßchen nach Tommelhardt ab. Gleich rechter Hand befindet sich

20.4 Sgr. 600 m NNW **Tommelhardt.** Unten 3 m massiger, mürber, nach oben toniger werdender Kieselsandstein, der diskordant von 3 m mürbem Sandstein überlagert wird. Aufarbeitungslage an der Basis.

Man fährt weiter nach Tommelhardt.

20.5 Stbr. zur Sandgewinnung unmittelbar S **Tommelhardt.** Unten dickbankig massiger, teils schräggeschichteter Kieselsandstein, der von 20 cm Sandschiefer diskordant überdeckt wird. Darüber folgen bis 4 m plattigbankiger, schräggeschichteter Sandstein, in den eine Strömungsrinne eingeschnitten ist.

Nach 500 m erreicht man die Straße nach Sailach. In den Kieselsandstein eingeschaltete Tonsteinlagen können lokal zu Wasserstauungen und damit zu Vernässungen führen. Dies ist z. B. im Naturschutzgebiet zwischen Tommelhardt, Sailach und Obersteinbach der Fall. 750 m nach der Einmündung verläßt man nach links (E) die Str. und fährt durch das hier schon im Gipskeuper eingeschnittene Biberstal bis zum Weiler Winterrain (Weiterfahrt nur für Pkw).

20.6 Einschnitt des Sträßchens Winterrain–Gnadental 200 m S Winterrain. An der Straßenböschung Erosionsdiskordanz zwischen schiefrigen Tonen des

Schilfsandsteins und plattig-bankigem Sandstein. Die Tone sind überwiegend rotbraun, zum Teil sandig, und enthalten Schuppen, Zähnchen, Pflanzenreste und reichlich Palaeestherien.

Man fährt bis zum Wirtshaus an der Kreuzung der Straßen Gnadental–Obersteinbach und Waldenburg–Neunkirchen (mit Pkw über Gnadental, mit Bus zurück und über Sailach).

Die Straße steigt infolge des SW-Fallens der Schichten vom Wirtshaus bis Neunkirchen fast unmerklich über Obere Bunte Mergel zum Unteren Stubensandstein an. Zwei kleine verl. Steinbrüche im Unteren Stubensandstein finden sich am Pumpwerk und am SW „Galgenberg". An der Kirche in Neunkirchen geht rechts (W) die Straße nach Schuppach ab. Sie fällt zur Kieselsandsteinterrasse wesentlich stärker ab.

20.7 Verl. Stbr. 750 m W **Neunkirchen,** unterhalb der Straße. Zugang: Nach der Linkskurve am Waldrand führt im spitzen Winkel der ehemalige Zufahrtsweg hinunter zum Stbr. 10 m dickbankiger Kieselsandstein. Unmittelbar unter der Bruchsohle wechsellagern sandige Tonschiefer und Sandsteinbänkchen. In der Klinge westwärts ist Rote Wand angerissen.

Man kehrt nach Neunkirchen zurück und fährt auf Stubensandstein weiter nach Witzmannsweiler. Am Ortsende geht links (W) ein Sträßchen zum Weiler Blindheim ab.

20.8 Verl. Stbr. rechts (W) des Sträßchens Witzmannsweiler–Blindheim unmittelbar N **Blindheim.** Der Untere Stubensandstein ist hier teils bankig, teils massig ausgebildet und zeigt Kreuzschichtung und Strömungsdiskordanzen. Aufarbeitungsbreccien sind nicht selten. Zwischen den Sandsteinen lagern Sandschiefer und Tone, die zum Teil carbonatische Einschaltungen enthalten.

Zur B 39 fällt das Gelände allmählich bis zum Kieselsandstein ab. Die Schichtlagerung wird hier durch die S Blindheim verlaufende Fränkische Furche gestört (Abb. 15).

21. Geislingen am Kocher–Schwäbisch Hall–Westheim (Kochertal)

(Muschelkalk, Lettenkeuper, Gipskeuper, Morphologie; L 6924)

Bei Schwäbisch Hall springt die Muschelkalk-Lettenkeuperfläche von der Hohenloher Ebene weit nach Süden vor. Sie wird umrahmt von den Keuperhöhen der Waldenburger und Limpurger Berge, deren Hochflächen vom Kieselsandstein gebildet werden. Die Hänge erfahren eine landschaftliche Gliederung durch die oft ausgebildete Verebnung der Engelhofer Platte des Gipskeupers. Da der Schilfsandstein meist nur geringmächtig und wenig widerständig entwickelt ist, bildet er nur gelegentlich Terrassen am Hang der Keuperberge. Der Kocher selbst ist in einem engen und mäandrierenden Tal in den Muschelkalk eingeschnitten. Verlassene Flußschlingen und Um-

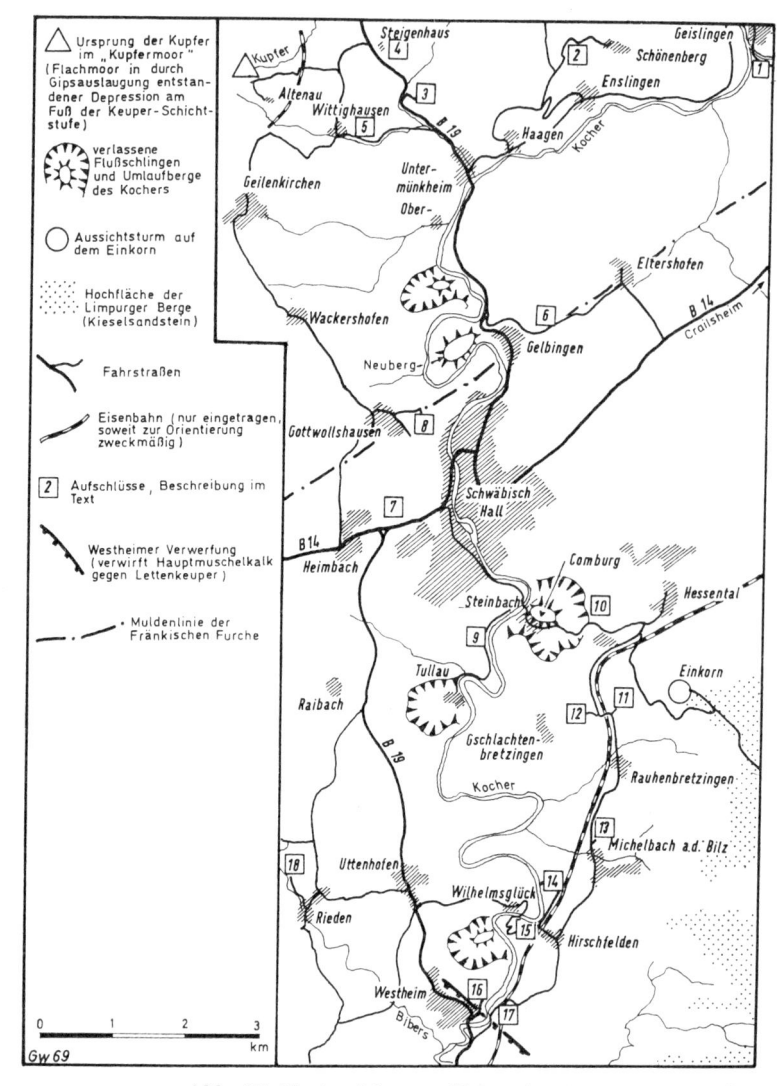

Abb. 28. Kartenskizze zu Exkursion 21.

21. Geislingen am Kocher–Schwäbisch Hall–Westheim

laufberge sind auf Abb. 28 eingetragen. Die Schichten des Muschelkalks verschwinden von N nach S unter der Talsohle: Unterer Muschelkalk zwischen Geislingen und Haagen, Mittlerer Muschelkalk bei Obermünkheim der Trochitenkalk bei Tullau. Eine Beschreibung der Talentwicklung des Kochers findet man bei WAGNER (1919: 30).

Mittlerer Muschelkalk liegt schon bei Wilhelmsglück tief genug, daß sein Steinsalz erhalten geblieben ist, das im Schacht Wilhelmsglück von 1825 bis 1900 bergmännisch gewonnen wurde. Die Stadt Schwäbisch Hall verdankt ihren Namen bekanntlich dem Salz des Mittleren Muschelkalks. Über die Geschichte seiner Gewinnung, auch in Salinen, ist bei CARLÉ (1965 b, 1968 b, c) nachzulesen (vgl. S. 9).

Die einzelnen Aufschlüsse der Kochertal-Exkursion sind auf Abb. 28 eingetragen. Da sie sämtlich nahe den Fahrstraßen liegen, ist eine eingehende Wegbeschreibung nicht notwendig.

21.1 S Geislingen am Kocher, Fußweg von der Straße nach Cröffelbach zum „Löwenberg". Am Weg und am unzugänglichen Prallhang des Kochers zunächst mergelige Wellenkalke, dann *orbicularis*-Mergel des Unteren Muschelkalks (letztere mit Gipslinsen). Weiter bergan ehemalige verwachsene Gipsgrube im Mittleren Muschelkalk (Grundanhydrit). Profil: FRANK (1930: 15). Die Talhänge des Kochertals zeigen eine deutliche Dreiteilung: Unterer Steilhang im Unteren Muschelkalk, Verflachung (beackert) im ausgelaugten Mittleren Muschelkalk, oberer Steilhang (oft bewaldet oder mit Steinriegeln) im Hauptmuschelkalk.

21.2 Verl. Stbr. an der Straße **Haagen**-Schönenberg. Oberer Hauptmuschelkalk bis zum Grenzbonebed. Sohle auf Hauptterebratelbank, auf der sich mehrere kleine knollige Riffe von *Placunopsis ostracina* finden (A. VOLLRATH 1968: 5). Riffchen finden sich ferner auf einer Schalentrümmerbank etwa 1 m unter der oberen Kante des Stbr. Die Schichten fallen talwärts ein, vermutlich durch dort verstärkte Auslaugung im Mittleren Muschelkalk bedingt. Diese Erscheinung läßt sich auch sonst in der Umgebung beobachten.

21.3 NW **Untermünkheim,** verl. Stbr. beim Eichelhof (umzäunt, Privatgrund). Zufahrt: Unmittelbar in der Kurve der B 19 westlich des Hofs zweigt rechts ein geschotterter Weg ab (nur Pkw; Rückfahrt über Haagen). 10 m massiger Lettenkeupersandstein, ganz oben dünnbankig mit Sandschieferlagen. Der massige Teil besitzt hier ungewöhnlicherweise eine dunkelrote Farbe („Blutstein"). Nach FRANK (1930 c: 131) lagert der Sandstein auf einem (heute verschütteten) 30 cm mächtigen sandigen Bonebed mit Koprolithen, Saurier- und Fischresten.

Ein zweiter verl. Stbr. im Lettenkeupersandstein befindet sich 400 m W des Eichelhofs. Dort ist nur sein unterster massiger Teil als „Blutstein" entwickelt. Zugang: In der Kehre des Wegs zum Eichelhof geradeaus, dann 1. Fußweg nach rechts.

114   IV. Exkursionen

21.4 Steigenhaus an der B 19, etwa 2 km NNW **Untermünkheim.** Oberster Teil der Fränkischen Grenzschichten: „Kornsteine" und „Gekrösekalk". Lettenkeuper verwachsen. Profil bei WAGNER (1913: 81).

21.5 Wittighausen, Stbre. an der Straße nach Untermünkheim. Oberer (verl.) Stbr.: Sohle auf Hauptterebratelbank (vgl. WAGNER 1913: 81). Unterer Stbr.: Sohle 1969 im Niveau des Tonhorizonts ζ (vgl. Abb. 6). In beiden Brüchen steht oben auch tieferer Lettenkeuper an.

21.6 Gelbingen, Stbr. an der Straße nach Eltershofen. Hauptmuschelkalk von der Region der Oolithbänke an, Lettenkeuper bis zum Hauptsandstein (Abb. 44, 45). Profile bei A. VOLLRATH (1955 a: 84), WAGNER (1913: 83). Der „Neuberg" W von Gelbingen ist ein nahezu abgeschnürter Umlaufberg des Kochers. Die B 19 führt über die Einsattelung an seiner schmalsten Stelle. Sobald nördlich davon der weniger widerständige Mittlere und Untere Muschelkalk die Talsohle bildet, streckt sich der Flußlauf, und es treten keine Mäander mehr auf.

21.7 Schw. Hall, Stbr. an der B 14 (B 19) bei Heimbach („Heimbacher Steige"). Hauptmuschelkalk ab *cycloides*-Bank γ (Abb. 46, Zustand 1968). Profile bei A. VOLLRATH (1955 a: 83), WAGNER (1913: 84). Der Lettenkeuper ist gegenwärtig schlecht aufgeschlossen und unzugänglich. Weiter straßenabwärts kleine Aufschlüsse im tieferen Hauptmuschelkalk (vgl. A. VOLLRATH).

21.8 E Gottwollshausen, Stbr. zugänglich vom Ort her. Oberer Hauptmuschelkalk (1969 ab Tonhorizont ζ) bis zum Lettenkeuper. Außerordentlich starke Schichtverbiegungen, da der Bruch im Bereich der Fränkischen Furche liegt (vgl. S. 51, Abb. 15, 28). Die echte Tektonik wird möglicherweise durch Auslaugungstektonik verstärkt.

21.9 Straße von **Schwäbisch Hall–Steinbach** nach Tullau, bei „km 2" Muschel-Terebratel-Riff im Bereich der Haupttrochitenbank. Haßmersheimer Mergel. Eine etwa 50 cm mächtige Schalentrümmer-Trochitenbank schwillt im Bereich des Riffes auf etwa 1 m Mächtigkeit an. Im Riffgestein finden sich häufig noch ganz erhaltene Exemplare von *Lima striata* und *Coenothyris vulgaris,* die im bioklastischen Nebengestein zertrümmert auftreten. Vgl. GWINNER (1968: 338) mit Abbildungen von Riff und Gestein.

21.10 E Schwäbisch Hall–Steinbach, Stbr. an der Str. nach Schwäbisch Hall–Hessental. Oberer Hauptmuschelkalk oberhalb Tonhorizont γ (Abb. 47). Profile bei A. VOLLRATH (1952: 151); WAGNER (1913: 85). Lettenkeuper bis zum Sandstein; zugänglich von der Abraumsohle.

21.11 und **21.12 Schwäbisch Hall–Hessental,** Gipsgruben beiderseits der Straße nach Rauhenbretzingen. Grundgips-Schichten des Gipskeupers. Die Sohle beider Brüche bildet jeweils der Grenzdolomit des Lettenkeupers, der im westlichen Bruch an der Oberseite kleine riffartige, knollige Anschwellungen zeigt (BACHMANN & GWINNER 1971). Es handelt sich dabei um Algen-Stromatolithen, die scheibenförmigen Geröllen aufgewachsen sind, welche in großer Zahl die Bank bedecken. Etwa 2 m über dem Grenzdolomit des Lettenkeupers verlaufen zwei carbonatische Bänke (unten grauer Steinmergel, oben vergipster klastischer Kalk). Bei der unteren Bank handelt es sich um die Muschelbank α. Die Brüche werden wohl in nächster Zeit verfüllt, dafür dürften aber in der Nähe neue Gruben entstehen.

21.13 Michelbach an der Bilz, verl. Gipsgrube am nördlichen Ortsausgang. Grundgips des Gipskeupers über dem Grenzdolomit. Etwa 2,5 m über der Sohle verläuft ein carbonatisches Bänkchen mit Schalengrus (Muschelbank α). Darüber sind noch 4 m Gips erschlossen.

Zwischen Michelbach und Hirschfelden befindet sich rechts (W) der Straße ein weiterer Gipsbruch.

21.14 N Bhf. Wilhelmsglück. Stbr. am rechten Kocherufer, Zufahrt über Bhf. Wilhelmsglück. Hauptmuschelkalk ab Tonhorizont β. Hauptsohle 1969 1,5 m über Tonhorizont β (Abb. 48). Profile bei A. VOLLRATH (1952: 150, 1955 a: 82), WAGNER (1913: 87). Der Lettenkeuper und die Abfolge des Muschelkalks oberhalb der Hauptterebratelbank sind am Zufahrtsweg zum Bruch gut aufgeschlossen. Das Profil reicht bis in den höheren Lettenkeuper. In den Dolomitbänken über dem Hauptsandstein finden sich Gipskonkretionen oder nach ihrer Auslaugung verbliebene Hohlräume.

21.15 Hirschfelden, verl. Stbr. an der Straße nach Wilhelmsglück. Bei der mittleren, nach N zeigenden Spitzkehre ist der Hauptmuschelkalk von der Oberen Oolithbank bis über die Obere Schalentrümmerbank erschlossen. Die „Hirschfelder Gelbe Dolomitbank" (vgl. Abb. 6) ist gut erkennbar und zugänglich (vgl. GWINNER 1970 c: 81). Profil bei A. VOLLRATH (1952: 149).

21.16 Westheim, verl. Stbr. am NE-Ortsende, linkes Kocherufer. Hauptmuschelkalk von der Region der Oolithbänke an (Abb. 49). Profile bei WAGNER (1913: 87) und A. VOLLRATH (1952: 147). Unterhalb des großen Bruches sind die Schichten bis unter die *cycloides*-Bank δ teilweise erschlossen.

21.17 Westheim, verl. Stbr. an der Straße nach Hirschfelden, rechts Kocherufer. Hauptmuschelkalk von der Oberen Oolithbank an (vordere Bruchwand) aufwärts. Bank der kleinen Terebrateln, Hauptterebratelbank und Obere Terebratelbank (mit der der Muschelkalk hier endet) sind im hinteren Teil des Stbr. aufgeschlossen.

Bei Westheim quert die „Westheimer Verwerfung" das Kochertal. Auf der 40 m tiefer liegenden SW-Sohle steht Lettenkeuper und Gipskeuper im Talniveau an (vgl. S. 51 und Abb. 28).

21.18 NW Rieden, verl. Stbr. gegenüber dem Bad, Zufahrt von der Kirche auf Feldweg nach NW. Profil von Lettenkeupersandstein bis *Anoplophora-*

Dolomit (vgl. WAGNER 1913: 86). Zwischen Rieden und Bibersfeld findet sich eine größere Anzahl verl., meist verwachsener Stbre., in denen der Lettenkeupersandstein als Werkstein abgebaut wurde. Sie erlangten durch ihren Pflanzenreichtum eine gewisse Berühmtheit.

Weitere Profile im Hauptmuschelkalk sind vom Bahnhof Schwäbisch Hall (A. VOLLRATH 1955 a: 82) sowie von den Portalen des Eisenbahntunnels bei Tullau (A. VOLLRATH 1952: 150, 151) bekannt.

22. Westheim—Gaildorf (Kochertal)

(Muschelkalk, Keuper; L 6924)

Der Kocher fließt zwischen Gaildorf und südlich Westheim durch eine kesselartige Talweitung im tieferen Mittleren Keuper. Das eigentliche Kochertal ist mit Talmäandern in den Oberen Muschelkalk eingeschnitten. Beiderseits erheben sich bewaldete Berge des Mittleren Keupers: Im Osten die bis nahe Schwäbisch Hall vorspringenden Limpurger Berge, im Westen die südlichen Teile des Mainhardter Waldes. Die Hochflächen dieser Bergrücken werden vom Kieselsandstein gebildet. Nur die Höhen um Frankenberg (vgl. S. 119) tragen auch Stubensandstein, bedingt durch tektonische tiefe Lage in der hier durchziehenden Neckar-Jagst-Furche (Abb. 15). Die Talhänge zeigen eine morphologische Gliederung vor allem durch vorspringende Terrassen der Engelhofer Platte. Schilfsandstein ist nur in der Umgebung von Eutendorf in nennenswerter Mächtigkeit entwickelt und bildet dort auch entsprechende Schichtstufen (Abb. 10).

Von Westheim (Anschluß an Exkursion 21) nach Süden fahrend, beobachtet man von der B 19 aus ein Herantreten der beiderseitigen Talhänge gegen den Kocher zwischen Westheim und Niederdorf. Diese Vorsprünge von Mittlerem Keuper bilden den nördlichen Abschluß des oben erwähnten Talkessels um Gaildorf. Hier zieht die Neckar-Jagst-Furche als schmale tektonische Einsenkung durch. Der bei Westheim sichtbare Muschelkalk ist unter dem Niveau der Talsahle verschwunden, um dann bei Ottendorf wieder aufzutauchen. Die Talaue selbst ist hier, wo sie im Gipskeuper verläuft, verhältnismäßig breit und zeigt Wiesenmäander des Kochers. Nördlich und südlich, wo im Muschelkalk Talmäander entwickelt sind, ist sie dagegen schmal, die Verkehrswege verlaufen auf der Talschulter.

Grundgipsschichten des Gipskeupers, einschließlich Grenzdolomit des Lettenkeupers, stehen an der Böschung der Eisenbahnlinie S des Gehöftes Adelberg an. Der Aufschluß ist von der Straße wenig nördlich der Kocherbrücke von Niederhofen aus sichtbar.

In Ottendorf verläßt man die B 19 in Richtung Eutendorf. Vor Erreichen der Kocherbrücke biegt man kurz rechts (S) ab, wo in einem ehemaligen Stbr. ein Lagerplatz eingerichtet ist.

22. Westheim–Gaildorf

22.1 Ottendorf, verl. Stbr. S Straße nach Eutendorf bei der Kocherbrücke. Hinter den Lagerschuppen tritt Oberer Hauptmuschelkalk zutage. Die Sohle liegt wenig über der Hauptterebratelbank. Darüber erstreckt sich das Profil bis zu der knaurigen Oberen Terebratelbank und den hier nur 25 cm mächtigen Fränkischen Grenzschichten (WAGNER 1913: 88). Der Lettenkeuper ist verwachsen. Die Schichten fallen hier wieder merklich in südlicher Richtung ein.

Man überschreitet bei Ottendorf Kocher und Eisenbahnlinie und erreicht an der Straße in Richtung Eutendorf auf der Talschulter

22.2 E Ottendorf, Gipsgruben beiderseits der Straße nach Eutendorf. In beiden Gruben sind die Grundgipsschichten des Gipskeupers aufgeschlossen. Die Sohle des nördlichen Bruchs bildet der Grenzdolomit des Lettenkeupers. Auf seiner Oberseite erkennt man undeutliche Muschelpflaster mit *Myophoria goldfussi*. Etwa 2,5 m darüber treten zwei je etwa 30 cm mächtige Horizonte auf, die von unten nach oben aus Carbonat in Gips übergehen und Ooide, Gastropoden und Muscheln *(M. goldfussi)* enthalten. Die untere Bank zeigt Schrägschichtung, an ihrer Oberkante Wellenrippeln (vgl. BACHMANN & GWINNER 1971). Beide Bänke sind durch 30–60 cm Gips voneinander getrennt. Sie sind auch im Stbr. südlich der Straße gut erschlossen. Über dem obersten Carbonathorizont erkennt man zwei zyklische Abfolgen von reinem zu unreinem Gips bzw. einer dünnen Tonlage.

Die Weiterfahrt in Richtung Eutendorf führt durch die charakteristische flachwellige Gipskeuperlandschaft. Am NW Ortsausgang von Eutendorf biegt man nach links von der Hauptstraße ab und erreicht, immer am Nordrand des Ortes entlang fahrend, über die „Waldheckenstraße" einen Feldweg, der nach N zum „Schneitberg" führt. Diesen Weg kann man bis zu einer spitzwinkligen Verzweigung mit Pkw befahren.

22.3 Hohlweg von **Eutendorf** zum „Schneitberg". Unmittelbar bei der oben genannten Wegeverzweigung tritt an der Böschung die hier etwa 5 cm mächtige Bleiglanzbank auf. In ihrem Niveau bildet der Hang eine Schulter. Im Hohlweg tritt vor und in der Kurve Mittlerer Gipshorizont mit Gipsbänken aus. In der ausgehenden Kurve steht die etwa 30 cm mächtige Engelhofer Platte an, die oberhalb des Weges eine Bergnase bildet. Darüber folgen Untere Bunte Estherienschichten mit einer Gipslage, darüber die Grauen Estherienschichten mit Steinmergelbänkchen (die *Anatina*-Bank ist nicht nachgewiesen). Darüber folgt zunächst am Hang verrutschter und endlich anstehender Schilfsandstein.

Die Fortsetzung des Profils ergibt sich im nächsten Aufschluß, den man erreicht, wenn man von der Ortsmitte von Eutendorf einem Fahrweg folgt, der zur Höhe 474 steil hinaufführt (mit Pkw bis zum Waldrand benützbar).

22.4 500 m E **Eutendorf,** verl. Stbr. und Hohlweg unterhalb Pkt. 474 („**Sturz**" bei Eutendorf). Schilfsandstein in „Flutfazies", durch Einschaltung von dun-

kelgrauen, zum Teil sandigen Tonen zweigeteilt. Die Tone führen Palaeestherien. Oberhalb des verl. Stbr. stehen im Weg und an seiner Böschung Dunkle Mergel, Rote Wand und Lehrbergschichten (mit 3 Steinmergelbänken) an. Der Kieselsandstein bildet die Hochfläche. Profile: PFEIFFER (1915: 57); SILBER (1922: 70).
Von Eutendorf führt die Exkursionsroute zunächst in Richtung Gaildorf. Das alleinstehende Schulhaus S Eutendorf steht auf der Verebnung der Bleiglanzbank. Nach Großaltdorf abzweigend, erreicht man wieder das westliche Ufer des Kochers und die B 19, der man nach N bis kurz vor die Bahnunterführung folgt:

22.5 NW Großaltdorf, verl. Stbr. Hauptmuschelkalk ab Hauptterebratelbank. Lettenkeuper mit massigem Sandstein, der die Talkante bildet. Profil ähnlich WAGNER (1913: 89).

Südlich Großaltdorf verschwindet der Obere Muschelkalk endgültig unter der Talsohle des Kochertales.

Eine Ergänzung zu dieser Exkursion bildet die Aussicht vom „Kernerturm" auf dem „Kirgel" (Höhe 458 SW Gaildorf). Der Aufstieg erfolgt zu Fuß vom Bahnhof Gaildorf oder über den Sattel zwischen „Kirgel" und „Lehberg" (Bl. L 7124). Der schmale Kamm des „Kirgel" wird von Roter Wand und Lehbergschichten gebildet. Man blickt in nördlicher Richtung in die oben erwähnte kesselartige Weitung des Kochertals, nach Süden über die Schichtstufen des Stubensandsteins und des Lias α, über denen sich am Horizont die Weißjura-Berge der Ostalb erheben.

23. Mittelrot—Oberrot (Unteres Rottal)

(Mittlerer Keuper, Tektonik; L 6922, L 6924, L 7124)

In Mittelrot folgt man zunächst einem Nebensträßchen nach der Ortschaft Michelbächle. Ehe man die Bahnüberführung dieses Sträßchens erreicht, tritt an der Böschung des Feldwegs links die Engelhofer Platte aus. Sie bildet beiderseits der Bahnlinie Verebnungen bei etwa 380 m NN. Etwa 350 m nach der Bahnlinie zweigt nach links (W) ein Fahrweg zum „Stummelsberg" ab, an dem man folgende Aufschlüsse erreicht:

23.1 N Mittelrot, Gruben am Fahrweg zum „Stummelsberg". S des Weges findet sich bei etwa 390 m NN eine Mgr. in Grauen Estherienschichten, in denen die *Anatina*-Bank auftritt (mit undeutlichen Muschelresten, Knochen). Bei Höhe 400 m NN ist die Grenze der Oberen Bunten Estherienschichten gegen den Schilfsandstein an der Wegböschung erschlossen. Der Schilfsandstein beginnt hier mit rotbraunen, sandig-glimmerigen Schiefertonen, darüber folgen 2 Dolomitbänkchen. Weiter aufwärts folgt 2 m massiger Schilfsandstein, darüber etwa 5 m Dunkle Mergel (im oberen Teil grünlich). Der Übergang in Rote Wand ist noch zu erkennen.

23. Mittelrot–Oberrot 119

Bis zur Hochfläche des „Stummelsberges" folgen keine guten Aufschlüsse mehr. Man erkennt dort jedoch zwei Verebnungsniveaus im Kieselsandstein bei etwa 450 m und 470 m NN (vgl. S. 35).
Nach Mittelrot zurückgekehrt, erreicht man über Fichtenberg und Hausen eine Abzweigung nach Stierhof, der man etwa 1 km folgt und dann kurz in einen Nebenweg nach links einbiegt:

23.2 Mgr. 1 km W **Stiershof** (bei „t" des Flurnamens „Stiersbach") 2 Dolomitbänke, Region der Engelhofer Platte, die in der Umgebung N Hausen Verebnungen etwa im Niveau 380 m NN bildet.
Man fährt in das Rottal zurück und biegt von Oberrot nach rechts in Richtung Frankenweiler ab. Ab Hohenhardtsweiler erreicht man die Hochfläche des Stubensandsteins, der hier in tektonisch tiefer Lage im Bereich der Neckar-Jagst-Furche (Abb. 15, S. 52) in einem allseitig isolierten Vorkommen erhalten ist. Mehrere Aufschlüsse zeigen unterschiedliche tektonische Lagerung.

23.3 S **Frankenberg,** Sgr. an der Verzweigung der Straßen von Hohenhardtsweiler und Uttenhofen. Lagenweise grobkörnige Sandsteine mit Geröllen (vorwiegend Quarz). 2. Stubensandsteinhorizont. Starkes Einfallen in nördlicher Richtung.
Von einer inzwischen verfallenen Sgr. am W Ortsausgang, deren stratigraphisches Niveau sehr wahrscheinlich 23.3 entspricht, beschreibt PFEIFFER (1921) „Vindelizische Gerölle" – Gneise, Granophyre, Porphyre, Porphyrtuffe und Quarzite – vom Vindelizischen Land am SE-Rand des Germanischen Beckens.

23.4 SE **Frankenberg,** verl. Sgr. am Friedhof. Stubensandstein, hier feinkörniger. NW-fallend mit kleinen antithetischen Abschiebungen.
Auf der Kuppe des sog. „Frankenbergles", an dem die Sgr. angelegt ist, liegen zahlreiche Feuersteine (HEZEL 1947: 29), meist unter der Streu verborgen. Man findet sie besonders am Einschnitt des Wegs wenig NE der Grube. In den Äckern unmittelbar W des Orts treten sie ebenfalls auf. Eine Besonderheit stellt der über 1 cbm große Feuersteinblock am NE Ortsende, unmittelbar rechts (S) des Wegs ins Dendelbachtal, dar. Blöcke dieser Größe findet man erst wieder am „Flinsberg" (23.6).
Ein weiteres Vorkommen von Feuersteinen befindet sich nach HEZEL auf dem „Steinbühl" (Name!) 3 km E von Frankenberg. Sie reichen dort bis hinunter ins Tal. N von Spöck lagern sie auf Lettenkeuper. Zu erwähnen ist außerdem noch das Vorkommen vom „Kieselberg" (Name!) 3–4 km SE von Gaildorf (vgl. S. 40).

23.5 500 m NW **Frankenberg,** 2 Stbre. Relativ feinkörniger Stubensandstein mit deutlich herauswitternder Kreuzschichtung, in dünnen Platten absondernd. Einfallen hier nach S (Nordflanke der Neckar-Jagst-Furche).
Von Frankenberg kehrt man in das Rottal zurück und fährt über Oberrot

nach Ebersberg auf der Hochfläche des Mainhardter Waldes, wo sich nun eine geschlossene Decke von Stubensandstein erstreckt. Von Ebersberg erreicht man zu Fuß den Gipfel des „Flinsberges" (Höhe 535 m):

23.6 „Flinsberg" NW Ebersberg. Der deutlich über seine Umgebung aufragende „Flinsberg" erreicht zwar die Höhe der Lias-Berge in der Nachbarschaft. Diese Lias-Zeugenberge liegen hier jedoch im Verlauf der Neckar-Jagst-Furche (Abb. 15), während der „Flinsberg" südlich davon in tektonisch höherer Position ist. Der SE Teil des Gipfels des „Flinsbergs" (Name!) ist mit großen zum Teil mehreren cbm großen Blöcken von Feuerstein bedeckt (Naturdenkmal). Schutt davon findet man weit in der Umgebung. Der NW Teil des Gipfels ist frei von Feuersteinen und trägt eine Decke von Sandsteinschutt des Lias α (HEZEL 1947: 52). Daraus folgt nach HEZEL, daß eine wahrscheinlich parallel zur Neckar-Jagst-Furche streichende Verwerfung mit mindestens 25 m Sprunghöhe den Gipfel quert. QUENSTEDT (1880: 32); SILBER (1922: 51); WEINLAND (1933: 42); EISENHUT (1958: 160, 1968).

Von Bedeutung sind die heute völlig verwachsenen Kalkgruben beim Dexelhof 750 m NW des „Flinsberges" (QUENSTEDT 1880: 32). Als flache Mulden sind sie noch auf der Hochfläche 150 m NW des Hofs erkennbar; weiter findet man große Lesesteine. In den Kalkstein sind Feuersteinbänder und -knollen eingeschaltet (HEZEL 1947: 33); der Horizont stellt das primäre Lager der mehrfach erwähnten Feuersteinvorkommen dar (vgl. S. 40 u. 119).

23.7 Kieselhölzer des Stubensandsteins und Feuersteine findet man zahlreich als Lesesteine auf den Äckern beim Wasserturm von **Kornberg.** Man erreicht Kornberg nach Rückkehr von Ebersberg ins Rottal über Oberrot und Obermühle, wo die Nebenstraße nach Kornberg abzweigt.

24. Umgebung von Engelhofen und Bühlertann
(Gipskeuper, Schilfsandstein, Morphologie; L 6924)

Die Tallandschaft der Bühler und ihres Nebenbaches Fischbach wird zwischen Vellberg und Bühlerzell von den Kieselsandsteinhöhen der Limpurger Berge im W und der Ellwanger Berge im E umschlossen. Die beiden genannten Gewässer schneiden sich hier in Gipskeuper und Lettenkeuper ein, wobei eine weite Talbucht ausgeräumt wurde, vor allem bedingt durch flächenhafte Ablagerung der Gipslager des Gipskeupers. Bei Ober- und Untersontheim steht an der Bühler auch Hauptmuschelkalk an. Bühlerabwärts verschwindet dieser jedoch wieder auf kurze Erstreckung unter der Talsohle, da hier die Schichteinmuldung der Neckar-Jagst-Furche durchstreicht (Abb. 15, 29). Weiter nördlich schneidet dann das Bühlertal zunehmend tief in den Muschelkalk ein; an der Mündung in den Kocher bei Geislingen ist bereits in größerer Mächtigkeit Unterer Muschelkalk aufgeschlossen (vgl. S. 113).

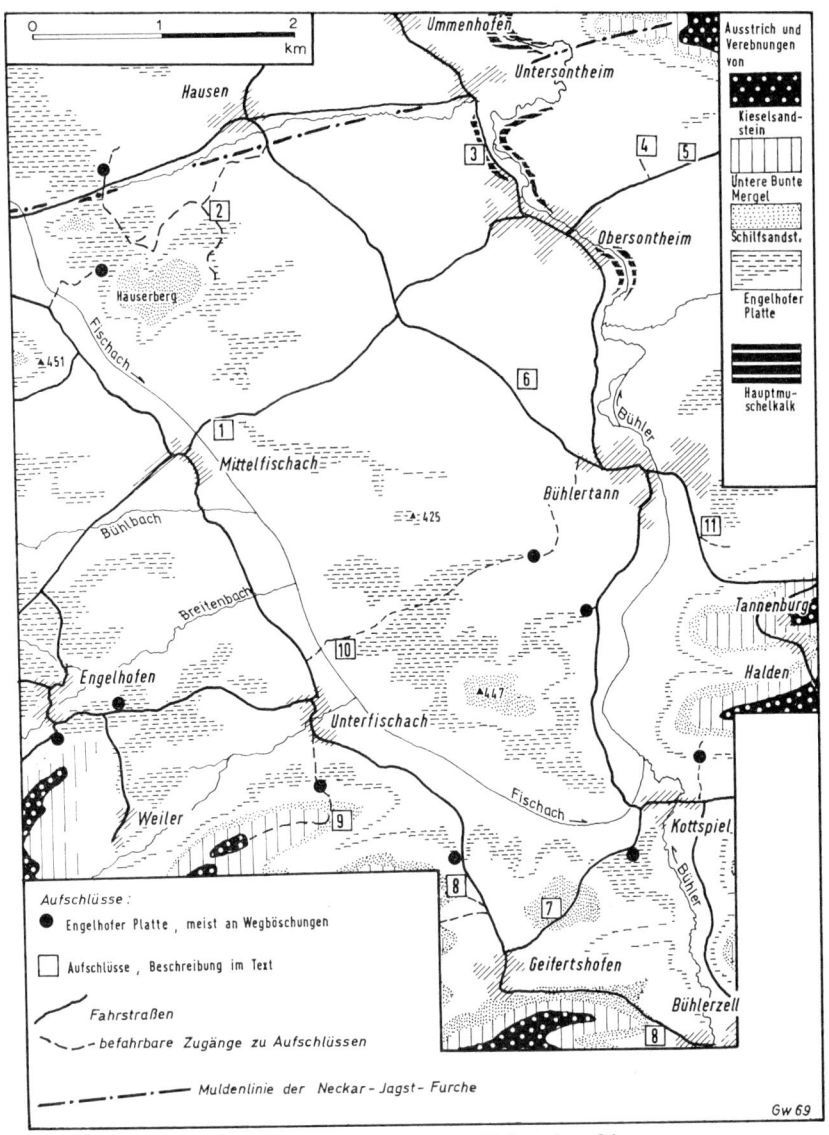

Abb. 29. Kartenskizze zu Exkursion 24.

Das Gebiet um mittlere Bühler und Fischach ist besonders wegen der Morphologie der Gipskeuperlandschaft besuchenswert. Im Bereich der Grundgipsschichten dehnt sich wie anderwärts eine weite, unregelmäßigwellige Subrosionslandschaft. Gips der Grundgipsschichten ist noch an verschiedenen Stellen erhalten und wird abgebaut.
Die Bleiglanzbank tritt nicht betont in der Morphologie in Erscheinung. Die darüber folgenden Hänge im Mittleren Gipshorizont werden aber oben durch eine weithin ausgebildete scharfe Kante abgeschlossen, die von der Engelhofer Platte gebildet wird, deren Typlokalität ja hier liegt (vgl. Abb. 29; S. 25). Die nur geringmächtige Engelhofer Platte selbst bildet in diesem Gebiet besonders ausgedehnte Verebnungen, die der Landschaft besonderen Reiz verleihen. Der Verlauf der Verebnungsfläche gibt gleichzeitig ein Abbild der Tektonik. So ist sie z. B. im Bereich zwischen Hausen und Oberfischach im Verlauf der Neckar-Jagst-Furche deutlich eingebogen. Die Estherien-Schichten des Gipskeupers über der Engelhofer Platte sind hier nur sehr wenig mächtig (Abb. 8). Eine Gliederung konnte vorerst nicht vorgenommen werden. Der Schilfsandstein und seine Schichtstufe folgen daher in nur geringer Höhe über der Engelhofer Platte. Er tritt nicht überall morphologisch in Erscheinung.

Die Hauptentwässerung durch die Bühler erfolgt obsequent, die Fischach fließt dagegen in Richtung des generellen Schichtfallens nach SSE, also consequent und mündet bei Kottspiel in stumpfem Winkel in die Bühler (vgl. S. 55). (Die Fischach wird auch als Fischbach bezeichnet).

Die geognostische Karte 1:50 000 und die hier auf ihr basierende Geologische Übersichtskarte 1:200 000 stimmen für das Gebiet des Höhenzuges zwischen Fischach und Bühler nicht. Bei der Kartenaufnahme im vorigen Jahrhundert wurde die Engelhofer Platte wegen ihrer relativ grobkörnigen Ausbildung gelegentlich für Schilfsandstein gehalten; Kieselsandstein tritt im genannten Bereich überhaupt nicht auf.

Eine geologische Kartenskizze ist zusammen mit Exkursionszielen auf Abb. 29 zusammengestellt. Die Verebnungen der Engelhofer Platte sind besonders hervorgehoben. Die Aufschlüsse können in beliebiger Reihenfolge besucht werden. Neben den angeführten Stellen kann die Engelhofer Platte vielerorts an Wegeböschungen und in Form von Lesesteinen in den Äckern angetroffen werden.

24.1 Mittelfischach, verl. Mgr. am NE Ortsausgang in Richtung Obersontheim (hinter dem letzten Haus rechts). Am oberen Rand des Aufschlusses über grauen Mergeln Bleiglanzbank des Gipskeupers mit Bleiglanz, Quarzkörnern, Ooiden und Hohlräumen von ausgewitterten Muschelschalen.

24.2 S Hausen, Böschung an einem Weg, der zwischen „Röschbühl" und „Hitzberg" auf die Hochfläche der Engelhofer Platte führt. Entlang einer etwa NE verlaufenden Querstörung zur unweit nördlich davon durchziehen-

24. Umgebung von Engelhofen und Bühlertann

den Neckar-Jagst-Furche ist hier die Engelhofer Platte flexurartig stark nach NE abgebogen. Die über 30° einfallende Bank ist an der Wegeböschung mehrfach aufgeschlossen.

24.3 Verl. Stbr. an der Straße zwischen **Ober-** und **Untersontheim**, gegenüber Mettelmühle. Oberer Hauptmuschelkalk und tieferer Lettenkeuper. Der Muschelkalk taucht hier, wie oben erwähnt, nocheinmal südlich der Neckar-Jagst-Furche über der Talsohle auf. Der Lettenkeupersandstein setzt schon im Niveau der Dolomitischen Mergel ein. Profil bei WAGNER (1913: 93).

24.4 NE **Obersontheim**. Gipsgrube am Westhang der Höhe 449 m. Im Bruch, der sein Aussehen rasch verändert, werden etwa 10 m Gips der Grundgipsschichten abgebaut. Darüber folgen die Dunkelroten Mergel mit einzelnen Gipsbänken; etwa 4 m unter dem Farbumschlag zu grauen Mergel befindet sich eine knollig-knaurige Gipslage, die möglicherweise als Krustenbildung zu deuten ist (GWINNER 1970 b). In den erwähnten grauen Mergeln verläuft die hier nur 5–10 cm mächtige Bleiglanzbank. Darüber sind noch die bunten Tongesteine des Mittleren Gipshorizonts bis dicht unter die Engelhofer Platte aufgeschlossen. Der Bruch zeigt das beste Gipskeuperprofil in dieser Gegend.

24.5 NE **Obersontheim**. Kleinere Gipsgrube an der Straße nach Crailsheim. Grundgipsschichten des Gipskeupers. Der Gips führt in seinem unteren Teil ab und zu Pflanzenreste, ferner wurde hier ein Skelett von *Simosaurus guilielmi* geborgen (v. HUENE 1959).

24.6 NW **Bühlertann**, Gipsgrube an der Straße nach Hausen. Grundgipsschichten des Gipskeupers. „Geologische Orgeln" sind vom Kluftnetz ausgehend entstanden, das auf der abgeräumten Oberfläche des Gipses oft gut beobachtet werden kann. In den Mergeln über dem Gips verläuft der Bochinger Horizont in Gestalt einer graugrünen Lage.

24.7 Verl. Stbr. an der Straße **Kottspiel** – Geifertshofen. Schilfsandstein in Flutfazies mit resedimentären, intraformationellen Breccienlage (vgl. GWINNER 1970 d: 144).

24.8 Wegböschung und Mgr. W **Bühlerzell**, nahe Straße nach Geifertshofen. Schilfsandstein, Dunkle Mergel und hohlweg-aufwärts Rote Wand.

24.9 Wegböschung am Feldweg von **Unterfischach** zum „Göbelsrain". Im Hohlweg Schilfsandstein in „Flutfazies". Über dessen Verebnung an der Wegböschung Rote Wand.

24.10 Mgr. NNW **Unterfischach**. Graue Mergel des Gipskeupers mit Bleiglanzbank.

24.11 Verl. Stbr. E der Straße **Geifertshofen** – Unterfischach am nördlichen Weg zum Weißenhof. Dickbankiger bis massiger, roter Schilfsandstein mit Schrägschichtung.

24.12 Böschung des Fahrwegs von der Straße **Bühlertann** – Fronrot ins Dammbachtal. Bleiglanzbank.

25. Autobahn Stuttgart—Heilbronn
(Landschaft und Tektonik; Geologische Übersichtskarte 1 : 200 000 von Baden-Württemberg, Blatt 1)

Bei der Fahrt von Stuttgart nach Heilbronn quert man verschiedene tektonische Sattel- und Muldenzonen (S. 51, Abb. 15) und hat dabei Gelegenheit, die Auswirkungen dieser Strukturen, zusammen mit denen des Schichtaufbaus, auf das Landschaftsbild zu beobachten. Eine eingehende Behandlung des Zusammenhangs zwischen Tektonik und Landschaftsbild in dieser Gegend findet sich bei FRANK (1931 a).

Die Autobahn verläuft zwischen den Ausfahrten Stuttgart-Zuffenhausen und Ludwigsburg S auf einer typischen, welligen, von Löß bedeckten Lettenkeuperfläche, dem „Langen Feld". Zusammen mit seiner südwestlichen Fortsetzung, dem „Strohgäu", bildet es die fruchtbarste Gegend von Württemberg (FRAAS 1882: 41). Die Schichten verdanken ihre Heraushebung dem Schwäbisch-Fränkischen Sattel.

Infolge der tektonisch tiefen Lage in der schmalen, ENE-streichenden Neckar-Jagst-Furche ist nordwestlich von Ludwigsburg über dem Lettenkeuper noch Gipskeuper erhalten. Der steil aufragende „Asperg" trägt eine Decke von Schilfsandstein. An seinem nordöstlichen Fuß wurde einst in großen Brüchen Grundgips abgebaut. Er stellt ein schönes Beispiel für Reliefumkehr in tektonisch geschützter Lage dar. (Haltemöglichkeit: Ausfahrt Ludwigsburg N).

Die Fahrt geht weiter auf lößbedecktem Lettenkeuper, dann fällt die Autobahn bei Geisingen steil über den von Muschelkalk und Lettenkeuper gebildeten Prallhang der Pleidelsheimer Neckarschlinge ins Tal ab, quert es und erreicht den Gleithang. Man befindet sich hier am Nordrand des Schwäbisch-Fränkischen Sattels.

Südlich von Pleidelsheim streicht, ebenfalls in ENE-Richtung, eine zweite tektonische Tiefenzone durch. Es ist die westliche Fortsetzung der Fränkischen Furche, hier Pleidelsheimer Mulde genannt. Sie quert zwischen Großingersheim und Geisingen das Neckartal; der Muschelkalk versinkt unmittelbar westlich von Geisingen auf einige hundert Meter Länge unter die Talsohle. Deutlich sieht man, wie linker Hand (W) die Talkante auf Geisingen zu südlicher Richtung immer mehr ins Tal sinkt und sich östlich von Geisingen allmählich wieder heraushebt. (Eine Haltemöglichkeit besteht nur, wenn man die Autobahn bei Ausfahrt Pleidelsheim verläßt).

Die nächste tektonische Struktur ist der Hessigheimer Sattel, der hier Strombergmulde und Löwensteiner Mulde voneinander trennt (Abb. 15). Der Neckar scheidet sich durch den herausgehobenen Oberen Muschelkalk bis in den Mittleren Muschelkalk mit einem steilen, mäandrierenden Tal ein, in dessen Öffnung, die sog. „Mundelsheimer Pforte", man links voraus (N) blickt (vgl. Exk. 7, S. 83, Abb. 23).

25. Autobahn Stuttgart—Heilbronn

Am Ostrand des Sattels geht die Fahrt weiter auf lößbedecktem Gipskeuper. Bei der Autobahnausfahrt Mundelsheim (Haltemöglichkeit) hat man den südlichen Rand der Löwensteiner Mulde erreicht. Voraus zeigt sich (NE) das schöne Panorama der drei Zeugenberge (v. l. n. r.) „Wunnenstein", „Forstberg" und „Kochersberg" (Exkursion 13, S. 96). Der „Kochersberg" wird von Schilfsandstein bedeckt, der auch am „Wunnenstein" und „Forstberg" Hangknicke bildet. Bei diesen beiden Bergen ist die Schichtfolge bis zum Kieselsandstein erhalten. Ganz rechts (E) erhebt sich der Keuperstufenrand bis zu den Verebnungen des Kieselsandsteins (z. B. mit Schloß Lichtenberg) und Stubensandsteins.

Die Autobahn steigt zu einer bewaldeten Verebnung in der Region der Engelhofer Platte an. Von der Autobahnraststätte Wunnenstein hat man einen weiten Blick auf den Schichtstufenrand der Löwensteiner Berge (vgl. Aussichtsbeschreibung vom „Wunnenstein", Exk. 13, S. 96). Am Eingang zum Raststättengebäude auf der Ostseite der Autobahn ist Schilfsandstein mit sehr schön angeschnittener Rippelschichtung verarbeitet.

Das Bottwartal ist bei der Ausfahrt Auenstein/Ilsfeld durch Auslaugung im Grundgips sehr weit. Die Trasse steigt wieder bis ins Niveau der Engelhofer Platte an. Schloß Stettenfels, links voraus (N), steht auf Schilfsandstein. Nach der Ausfahrt Heilbronn/Untergruppenbach fährt man auf Schilfsandstein zwischen den Kieselsandstein-Zeugenbergen „Reisberg" und „Sandberg" hindurch, dann senkt sich die Autobahn allmählich in das von Schilfsandsteinbergen umgebene Sulmtal zum Autobahnkreuz ab (Exk. 3, S. 66, Abb. 20).

Literatur

ALDINGER, H. & SCHACHL, E.: Die Verbreitung des Steinsalzes im Mittleren Muschelkalk der Umgebung von Heilbronn. — Jh. geol. Abt. württ. stat. Landesamt **2**, Stuttgart 1952.

AUST, H.: Lithologie, Geochemie und Paläontologie des Grenzbereichs Muschelkalk-Keuper in Franken. — Abh. naturwiss. Ver. Würzburg **10**, Würzburg 1969.

ADAM, K. D.: Die altpleistozänen Säugetierfaunen Südwestdeutschlands. — N. Jb. Geol. Paläont., Mh. **1952**, Stuttgart 1952.

— Die mittelpleistozänen Faunen von Steinheim an der Murr (Württemberg). — Quarternaria **1**, Roma 1954 (1954 a).

— Die zeitliche Stellung der Urmenschen-Fundschicht von Steinheim an der Murr innerhalb des Pleistozäns. — Eiszeitalter u. Gegenwart **4—5**, Öhringen 1954 (1954 b).

— Die Bedeutung der pleistozänen Säugetier-Faunen Mitteleuropas für die Geschichte des Eiszeitalters. — Stuttgarter Beitr. Naturkde. **78**, Stuttgart 1961.

— Urmensch-Museum Steinheim a. d. Murr. — Mitt.-Bl. Württ. Mus.-Verb. Stuttgart **1968**, Stuttgart 1968.

— Urmensch-Museum in Steinheim a. b. Murr. — Jh. Ges. Naturkde. Württ. **124**, Stuttgart 1969.

BACHMANN, G. H. & GWINNER, M. P.: Algen-Stromatolithen von der Grenze Unterer/Mittlerer Keuper (Obere Trias) bei Schwäbisch Hall (Nordwürttemberg, Deutschland). — N. Jb. Geol. Paläont. Mh., **1971**, Stuttgart 1971 (im Druck).

BADER, E.: Zur Stratigraphie und Bildungsgeschichte des Unteren Keupers zwischen Ost-Württemberg und Unterfranken. — Abh. geol. Landesunters. bayr. Oberbergamt **24**, München 1936.„

— Die stratigraphische Stellung der „Anthrakonitbank" im Schwäbischen und Fränkischen Lettenkeuper. — Zbl. Miner. etc., B **10**, Stuttgart 1937.

BERCKHEMER, F.: Die Wirbeltierfunde aus den Schottern von Steinheim a. d. Murr. — Jber. Mitt. oberrh. geol. Ver. n. F. **22**, Stuttgart 1933 (1933 a).

— Ein Menschen-Schädel aus den diluvialen Schottern von Steinheim a. d. Murr. — Anthropol. Anz. **10**, Stuttgart 1933 (1933 b).

— Der Steinheimer Urmensch und die Tierwelt seines Lebensgebietes. — Aus der Heimat **47**, Öhringen 1934.

— Wirbeltierfunde aus dem Stubensandstein des Strombergs. — Aus der Heimat **51**, Öhringen 1938.

— Über die Riesenhirschfunde von Steinheim an der Murr. — Jh. Ver. vaterländ. Naturkde. Württ. **96**, Stuttgart 1940.

Literatur

BESTEL, G.: Das Steinsalz im Germanischen Mittleren Muschelkalk. – Jb. preuß. geol. Landesanst. **50**, Berlin 1929.
BINDER, C.: Geologisches Profil des Eisenbahntunnels bei Heilbronn. – Jh. Ver. vaterländ. Naturkde. Württ. **20**, Stuttgart 1864.
BREYER, F.: Ergebnisse seismischer Messungen auf der süddeutschen Großscholle, besonders im Hinblick auf die Oberfläche des Varistikums. – Z. dt. geol. Ges. **108**, Hannover 1956.
CARLÉ, W.: Tektonische Übersichtskarte der Südwestdeutschen Großscholle. Maßstab 1 : 1 000 000 mit Erläuterungen. – Stuttgart 1950.
– Bau und Entwicklung der Südwestdeutschen Großscholle. – Beih. geol. Jb. **16**, Hannover 1955.
– Art und Entstehung der wenig bekannten Mineralwässer des Landkreises Öhringen. – Jh. Ver. vaterländ. Naturkde. Württ. **112**, Stuttgart 1957 (1957 a).
– Eigenschaften und Entstehung der Schwefelwasserstoffwässer von Roigheim, Landkreis Heilbronn. – Jh. geol. Landesamt Baden-Württ. **2**, Freiburg i. Br. 1957 (1957 b).
– Der Salinenversuch zu Murrhardt. – Z. württ. Landesgesch. **19**, Stuttgart 1960.
– Die Saline zu Mosbach und die Herkunft ihrer Solen (Geschichte der Salinen in Baden-Württemberg Nr. 2). – Ber. naturforsch. Ges. Freiburg i. Br. **51**, Freiburg i. Br. 1961.
– Die Salinenversuche im Herzogtum Württemberg (Geschichte der Salinen in Baden-Württemberg Nr. 8). – Z. württ. Landesgesch. **23**, Stuttgart 1964 (1964 a).
– Die Salinen zu Criesbach, Niederhall und Weißbach im mittleren Kochertal (Geschichte der Salinen in Baden-Württemberg Nr. 9). – Württ. Franken, **48**, Stuttgart 1964 (1964 b).
– Die Geschichte der Salinen zu Wimpfen (Geschichte der Salinen in Baden-Württemberg Nr. 11). – Z. württ. Landesgesch. **24**, Stuttgart 1965 (1965 a).
– Die natürlichen Grundlagen und die technischen Methoden der Salzgewinnung in Schwäbisch Hall (I) (Geschichte der Salinen in Baden-Württemberg Nr. 13). – Jh. Ver. vaterländ. Naturkde. Württ. **120**, Stuttgart 1965 (1965 b).
– Das salinare Mineralwasser bei Langenburg (Landkreis Crailsheim). – Jh. geol. Landesamt Baden-Württ. **8**, Freiburg i. B. 1966 (1966 a).
– Die natürlichen Grundlagen und die technischen Methoden der Salzgewinnung in Schwäbisch Hall (II) (Geschichte der Salinen in Baden-Württemberg Nr. 13). – Jh. Ver. vaterländ. Naturkde. Württ. **121**, Stuttgart 1966 (1966 b).
– Die Geschichte der Saline Clemenshall zu Offenau (Landkreis Heilbronn) (Geschichte der Salinen in Baden-Württemberg Nr. 14). – Veröff. Komm. geschichtl. Landeskde. Bad.-Württ. **B 43**, Stuttgart 1968 (1968 a).
– Salzsuche und Salzgewinnung im Königreich Württemberg und in der darauffolgenden Zeit bis heute. – Geschichte der Salinen von Baden-Württemberg Nr. 17. – Veröff. Komm. geschichtl. Landeskde. Baden-Württ., **B 43**, Stuttgart 1968 (1968 b).

— Die Salzgewinnung in Schwäbisch Hall. — Der Kreis Schwäbisch Hall, Aalen 1968 (1968 c).
— Der geologische Bau und die erdgeschichtliche Entwicklung. — Der Kreis Schwäbisch Hall, Aalen 1968 (1968 d).
— Die Schichtfolge der Tiefbohrung Allmersbach am Weinberg, Landkreis Backnang, Baden-Württemberg. — Jh. Ges. Naturkde. Württ. **125,** Stuttgart 1970 (1970 a).
— Neue bemerkenswerte Aufschlüsse im Neckarland von Mittel-Württemberg und Nord-Baden. — Jh. Ges. Naturkde. Württ. **125,** Stuttgart 1970 (1970 b).
Carlé, W. & Frank, M.: Eine neue Deutung des Profils der Tiefbohrung Ingelfingen mit Hilfe der Tiefbohrung Bad Mergentheim. — Jber. Mitt. oberrh. geol. Ver. n. F. **37,** Stuttgart 1955.
Carlé, W. & Linck, O.: Die Stromberg-Mulde im nordwestlichen Württemberg. — N. Jb. Miner. Geol. Paläont. Abh. **B 90,** Stuttgart 1949.
Carlé, W. & Ströbel, W.: Zur tektonischen Deutung des Muschelkalk-Aufbruches von Ellenweiler, Gemeinde Oppenweiler, Kreis Backnang. — Jber. Mitt. oberrh. geol. Ver. n. F. **42,** Stuttgart 1960.
Closs, H.: Zur Tektonik des Neckar-Jagst-Grabens und zur Geologie der Limpurger Berge. — Ber. Reichsamt Bodenforsch. **1942,** Wien 1942.
Duchrow, H.: Zur Keuper-Stratigraphie in Südostlippe (Trias, Nordwestdeutschland). — Z. dt. geol. Ges. **117,** Hannover 1968.
Eisenhut, E.: Ein Pyrithorizont im Stubensandstein. — Jber. Mitt. oberrh. geol. Ver. n. F. **38,** Stuttgart 1956.
— Stubensandstein und Obere Bunte Mergel in Nordwürttemberg. — Jber. Mitt. oberrh. geol. Ver. n. F. **40,** Stuttgart 1958.
— Kieselsandstein und Lehrbergschichten in Nordost-Württemberg. — Jber. Mitt. oberrh. geol. Ver. n. F. **49,** Stuttgart 1967.
— Ein Naturdenkmal auf dem Flinsberg bei Oberrot. — Veröff. Landesst. Naturschutz u. Landschaftspflege Baden-Württ. **36,** Stuttgart 1968.
Eltgen, H.: Zur Kenntnis des Röt und Wellengebirges im Raum Ingelfingen (Hohenlohe). — Jh. geol. Landesamt Baden-Württ. **7,** Freiburg i. Br. 1965.
Emmert, U.: Ist der Schilfsandstein des Mittleren Keupers eine Flußablagerung? — Geologica Bavarica **55,** München 1965.
— Das Verhältnis des Schilfsandsteins zu den unterlagernden Estherienschichten im südlichen Steigerwald. — Jber. Mitt. oberrh. geol. Ver. n. F. **50,** Stuttgart 1968.
Engel, T.: Geognostischer Wegweiser durch Württemberg. 3. Aufl. — Stuttgart (Schweizerbart) 1908.
Fraas, E.: Das Bohrloch von Erlenbach bei Heilbronn. — Jh. Ver. vaterländ. Naturkde. Württ. **70,** Stuttgart 1914.
Fraas, O.: Vergleichendes Schichtprofil in den Bohrlöchern Dürrmenz-Mühlacker und Ingelfingen. — Jh. Ver. vaterländ. Naturkde. Württ. **15,** Stuttgart 1859.
— Geognostische Beschreibung von Württemberg, Baden und Hohenzollern. — Stuttgart (Schweizerbart) 1882.

FRANK, M.: Über die Verwandtschaftsverhältnisse der germanischen Triasmyophorien. – Cbl. Miner. Geol. Paläont. **1929,** Stuttgart 1929 (1929 a).
— Das stratigraphische Verhältnis zwischen Schilfsandstein und Dunklen Mergeln im mittleren Württemberg. – Mitt. geol. Abt. württ. stat. Landesamt **12,** Stuttgart 1929 (1929 b).
— Stratigraphie und Bildungsgeschichte des süddeutschen Gipskeupers. – Jber. Mitt. oberrh. geol. Ver. n. F. **19,** Stuttgart 1930 (1930 a).
— Beiträge zur Stratigraphie und Paläogeographie des Lias α in Süddeutschland. – Mitt. geol. Abt. württ. stat. Landesamt **13,** Stuttgart 1930 (1930 b).
— Begleitworte zur geognostischen Spezialkarte von Württemberg. Atlasblatt Künzelsau. 2. Aufl. – Stuttgart 1930 (1930 c).
— Zur Tektonik der Keuperrandstufe im mittleren Württemberg. – N. Jb. Miner. Geol. Paläont. Beil.-Bd. **67 B,** Stuttgart (1931 (1931 a).
— Zur Stratigraphie und Bildungsgeschichte des Unteren Keupers zwischen Mittelwürttemberg und Kraichgau. – N. Jb. Miner. Geol. Paläont. Beil.-Bd. **65 B,** Stuttgart 1931 (1931 b).
— Der Faziescharakter der Schichtgrenzen der süddeutschen und kalkalpinen Trias. – Zbl. Miner. Geol. Paläont. **1936 B,** Stuttgart 1936.
— Der Wasserschatz im Gesteinskörper Württembergs. – Stuttgart (Schweizerbart) 1951.
FREISING, H.: Neue Ergebnisse der Lößforschung im nördlichen Württemberg. – Jh. geol. Abt. württ. stat. Landesamt **1,** Stuttgart 1951.
— Die Deckschichten der eiszeitlichen Flußkiese von Steinheim an der Murr (Landkreis Ludwigsburg). – Jh. geol. Abt. württ. stat. Landesamt **2,** Stuttgart 1952.
— Neue Altsteinzeitfauna aus Nordwürttemberg und ihr erdgeschichtliches Alter. – Fundber. aus Schwaben, n. F. **14,** Stuttgart 1957.
— Neues zur Altsteinzeit Nordwürttembergs. – Fundber. aus Schwaben, n. F. **16,** Stuttgart 1962.
FREYBERG, B. v.: Cyclen und stratigraphische Einheiten im Mittleren Keuper Nordbayerns. – Geologica Bavarica **55,** München 1965.
GEYER, O. F. & GWINNER, M. P.: Einführung in die Geologie von Baden-Württemberg. 2 Aufl. – Stuttgart (Schweizerbart) 1968.
GWINNER, M. P.: Über Muschel-/Terebratel-Riffe im Trochitenkalk (Oberer Muschelkalk, mo 1) nahe Schwäbisch Hall und Besigheim (Baden-Württemberg). – N. Jb. Geol. Paläont., Mh. **1968,** Stuttgart 1968.
— Profile aus dem Hauptmuschelkalk der Umgebung von Bad Friedrichshall und Gundelsheim (Baden-Württemberg). – Jh. Ges. Naturkde. Württ. **125,** Stuttgart 1970 (1970 a).
— Gipskrusten im Gipskeuper bei Obersontheim? (Baden-Württemberg). – N. Jb. Geol. Paläont. Mh. **1970,** Stuttgart 1970 (1970 b).
— Revision der lithostratigraphischen Nomenklatur im Oberen Hauptmuschelkalk des nördlichen Baden-Württemberg. – N. Jb. Geol. Paläont. Mh. **1970,** Stuttgart 1970 (1970 c).
— Über Resedimentation im Schilfsandstein (Mittlerer Keuper). – N. Jb. Geol. Paläont. Mh. **1970,** Stuttgart 1970 (1970 d).
— Exkursionen anläßlich der Hauptversammlung in Tübingen. Exkursionen

A, B und C am 3., 4. und 5. Oktober 1970. − Nachr. dt. geol. Ges. **2,** Hannover 1970 (1970 e).
— Profile aus dem oberen Hauptmuschelkalk in der südlichen Umgebung von Heilbronn (Talheim, Hausen a. d. Z. und Mundelsheim). − Jh. Ges. Naturkde. Württ. **126,** Stuttgart 1971 (1971 a).
— Beitrag zur Struktur des Hessigheimer Sattels im Neckarland zwischen Bietigheim und Lauffen (Baden-Württemberg). − Jh. Ges. Naturkde. Württ. **126,** Stuttgart 1971 (1971 b).
— Beobachtungen zur Sedimentation des Stubensandsteins (Mittlerer Keuper, km 4) im nördlichen Baden-Württemberg. − Z. dt. geol. Ges. **122,** Hannover 1971 (1971 c).
GWINNER, M. P. & HINKELBEIN, K.: Zur Tektonik am Schichtstufenrand des Mittleren Keupers östlich des Bottwartals (Baden-Württemberg) (Bönning-Scholle und Muschelkalk-Aufbruch bei Kleinbottwar). − Jber. Mitt. oberrhein. geol. Ver. n. F. **53,** Stuttgart 1971.
HELING, D.: Zur Petrographie des Stubensandsteins. − Diss. Tübingen 1963.
— Zur Petrographie des Schilfsandsteins. − Beitr. Miner. Petrograph. **11,** Heidelberg 1965.
— Die Salinitätsfazies von Keupersedimenten aufgrund von Borgehaltbestimmungen. − Sedimentology **8,** Amsterdam 1967.
HELLER, F.: Geologische Untersuchungen im Bereiche des fränkischen Grundgipses. − Abh. naturhist. Ges. Nürnberg **23,** Nürnberg 1930.
HEUBACH, K.: Beiträge zur Frage der Entstehung der Heilbronner Mulde. − Jh. Ver. vaterländ. Naturkde. Württ. **81,** Stuttgart 1925.
HEZEL, G.: Die Feuersteine des Keupers im nordöstlichen Württemberg, ihre Entstehung, Lagerung und Verbreitung. − Diss. Stuttgart 1947 (Ms.).
HUENE, F. v.: Die Dinosaurier der europäischen Triasformation. − Geol. paläont. Abh., Suppl. Bd. **1,** Jena 1908.
— Neue Pseudosuchier und Coelurosaurier aus dem württembergischen Keuper. − Acta zoologica **2,** Stockholm 1921.
— Beiträge zur Kenntnis der Organisation einiger Stegocephalen der schwäbischen Trias. − Acta zoologica **3,** Stockholm 1922.
— Die fossile Reptilordnung *Saurischia*, ihre Entwicklung und Geschichte. − Leipzig (Borntraeger) 1932.
— *Simosaurus guilielmi* aus dem unteren Mittelkeuper von Obersontheim. − Palaeontographica A **113,** Stuttgart 1959.
ILLIES, H.: Bauplan und Baugeschichte des Oberrheingrabens. − Oberrhein. geol. Abh. **14,** Karlsruhe 1965.
KÄSS, W.: Zur Tektonik im Muschelkalkbruch Schmalzberg am Rauhen Stich bei Talheim/Landkreis Heilbronn. − Jh. geol. Landesamt Baden-Württ. **7,** Freiburg i. Br. 1965.
KRÖMMELBEIN, K.: Über einen ostracodenführenden Horizont der germanischen Trias. − Senckenbergiana leth. **45,** Frankfurt a. M. 1964.
LAEMMLEN, M.: Geologische Untersuchungen in den Löwensteiner Bergen unter besonderer Berücksichtigung der Stubensandsteinfolge. − Dipl.-Arb. Stuttgart 1953 (Ms.).

— Beiträge zur Stratigraphie und Petrographie des oberen Mittelkeupers und Räts von Nord-Württemberg-Baden. — Diss. Stuttgart 1954 (Ms.).
LANDER, A.: Tektonische Untersuchungen im nördlichen Württemberg und Mittelfranken. — N. Jb. Miner. Beil. Bd. **B 64**, Stuttgart 1930.
LANG, R.: Der mittlere Keuper im südlichen Württemberg. — Jh. Ver. vaterländ. Naturkde. Württ. **65**, Stuttgart 1909, u. **66**, Stuttgart 1910.
LAUXMANN, R.: Das ehemalige Silberbergwerk Wüstenroth-Neulautern. — Württ. Jb. stat. Landeskde. **1899**, Stuttgart 1899.
LINCK, O.: Ein Lebensraum von *Ceratodus* im Stubensandstein des Strombergs mit *Ceratodus rectangulus* n. sp. und anderen Arten. — Jh. Ver. vaterländ. Naturkde. Württ. **92**, Stuttgart 1936.
— Nachtrag zu: Ein Lebensraum von *Ceratodus* im Stubensandstein des Strombergs etc. — Jh. Ver. vaterländ. Naturkde. Württ. **94**, Stuttgart 1938 (1938 a).
— Schwimmfährten von Fischen im Stubensandstein. — Jh. Ver. vaterländ. Naturkde. Württ. **94**, Stuttgart 1938 (1938 b).
— Schichtfolge und Entstehung des Stubensandsteins des Strombergs. — Aus der Heimat **51**, Öhringen 1938 (1938 c).
— Die Spur *Isopodichnus*. — Senckenbergiana **25**, Frankfurt a. M. 1942.
— Fossile Wurzelböden aus dem Mittleren Keuper. — Natur u. Volk **73**, Frankfurt a. M. 1943.
— Die sogenannten Steinsalz-Pseudomorphosen als Kristall-Relikte. — Abh. Senckenb. naturf. Ges. **470**, Frankfurt a. M. 1946.
— Lebens-Spuren aus dem Schilfsandstein (Mittlerer Keuper km 2) NW-Württembergs und ihre Bedeutung für die Bildungsgeschichte der Stufe. — Jh. Ver. vaterländ. Naturkde. Württ. **97—101**, Stuttgart 1949.
— Die Stromberg-Mulde, eine „Beule" in der süddeutschen Schichtstufenlandschaft. — Natur u. Volk **82**, Frankfurt a. M. 1952.
— Die Muschelkalk-Seelilie *Encrinus liliiformis* — Ergebnisse einer Grabung. — Aus der Heimat **62**, Öhringen 1954.
— Drift-Marken von Schachtelhalm-Gewächsen aus dem Mittleren Keuper (Trias). — Senckenbergiana leth. **37**, Frankfurt a. M. 1956.
— Die Höhenschotter-Gerölle vom Leuchtmannshof bei Neckarwestheim. — Jber. Mitt. oberrh. geol. Ver. n. F. **42**, Stuttgart 1960.
— Lebens-Spuren niederer Tiere (Evertebraten) aus dem württembergischen Stubensandstein (Trias, Mittlerer Keuper 4) verglichen mit anderen Ichnocoenosen des Keupers. — Stuttgarter Beitr. Naturkde. **66**, Stuttgart 1961.
— Neuer Beitrag zur Kenntnis der Ceratodontiden der germanischen Trias. — Jh. Ver. vaterländ. Naturkde. Württ. **117**, Stuttgart 1962.
— Nekrolog für einen Aufschluß (Muschelkalk-Bruch bei Talheim). — Schwäb. Heimat **14**, Stuttgart 1963 (1963 a).
— Schädelknochen von *Ceratodus* AGASSIZ aus dem Stubensandstein (Trias, Mittlerer Keuper 4) Württembergs und ihre Bedeutung. — Paläont. Z. **37**, Stuttgart 1963 (1963 b).
— Das erdgeschichtliche Werks-Museum und die Kraftübertragung Lauffen a. N. — Frankfurt a. M. des Württembergischen Portland-Cement-Werks zu Lauffen a. N. — Brackenheim 1965 (1965 a).

Literatur

— Stratigraphische, stratinomische und ökologische Betrachtungen zu *Encrinus liliiformis* LAMARCK. — Jh. geol. Landesamt Baden-Württ. **7,** Freiburg i. Br. 1965 (1965 b).
— Geschichte des Stromberg-Stubensandstein (I. Teil). — Z. Zabergäuver. **1968,** Güglingen 1968 (1968 a).
— Die marine Muschelfauna des Schilfsandsteins von Eberstadt, Württemberg (Trias, Karn, Mittlerer Keuper 2) und deren Bedeutung. — Jh. Ver. vaterländ. Naturkde. Württ. **123,** Stuttgart 1968 (1968 b).
— Geschichte des Stromberg-Stubensandsteins (II. Teil). — Z. Zabergäuver. **1969,** Güglingen 1969.
— Eine neue Deutung der Schilfsandstein-Stufe (Trias, Karn, Mittlerer Keuper 2). — Jh. geol. Landesamt Baden-Württ. **12,** Freiburg i. Br. 1970.
LINCK, O. & WILD, H.: Bericht über die 81. Tagung des Oberrheinischen Geologischen Vereins vom 19. April bis 23. April 1960 — Exkursion am 21. April. — Jber. Mitt. oberrh. geol. Ver. n. F. **42,** Stuttgart 1960.
LODEMANN, W.: Stratigraphie des Unteren Muschelkalkes am südwestlichen Odenwaldrand südlich Heidelberg. — Jh. geol. Landesamt Baden-Württ. **3,** Freiburg i. Br. 1958.
LOSCH, W.: Der oberen Hauptmuschelkalk zwischen Murr und Würm. — Jh. Ver. vaterländ. Naturkde. Württ. **87,** Stutgart 1931.
MUNDLOS, R.: Wohnkammerfüllung bei Ceratiten-Gehäusen. — N. Jb. Geol. Paläont. Mh. **1970,** Stuttgart 1970.
MÜLLER, S.: Terrestre Kalke im Stubensandstein (Mittlerer Keuper) Nordwürttembergs im Vergleich mit rezenten Bildungen. — Jh. geol. Landesamt Baden-Württ. **1,** Freiburg i. Br. 1955.
PATZELT, W. J.: Lithologische und paläogeographische Untersuchungen im Unteren Keuper Süddeutschlands. — Erlanger geol. Abh. **52,** Erlangen 1964.
PROSI, M.: Beiträge zur Kenntnis der Lettenkohle und des unteren Gipskeupers in Schwaben. — Diss. Tübingen 1922 (Ms).
PFEIFFER, W.: Über den Gipskeuper im nordöstlichen Württemberg. — Diss. Stuttgart 1915.
— Über den Gipskeuper in Süddeutschland. — Jber. Mitt. oberrh. geol. Ver. n. F. **7,** Stuttgart 1919.
— Gerölle im Keuper. — Jber. Mitt. oberrh. geol. Ver n. F. **10,** Stuttgart 1921.
— Beiträge zur Kenntnis der Tektonik des Heilbronner Talkessels. — Jh. Ver. vaterländ. Naturkde. Württ. **81,** Stuttgart 1925.
— Über einen Juraauswürfling im Basalttuff des Steinsbergs bei Sinsheim. — Jber. Mitt. oberrh. geol. Ver. n. F. **17,** Stuttgart 1928.
PFEIFFER, W. & HEUBACH, K.: Geologie von Heilbronn. — Erdgeschichtl. u. landeskdl. Abh. Schwaben u. Franken **12,** Öhringen 1930.
QUENSTEDT, F. A.: Begleitworte zur geognostischen Spezialkarte von Württemberg. Atlasblatt Löwenstein. — Stuttgart 1874.
— Begleitworte zur geognostischen Spezialkarte von Württemberg. Atlasblatt Hall. — Stuttgart 1880.
REIFF, W(ALTER): Obere bunte Estherienschichten, Schilfsandstein und Dunkle Mergel im Mittleren Württemberg. — Tübinger geogr. u. geol. Abh. **26,** Öhringen 1938.

Literatur

SCHAAF, G.: Hohenloher Moore mit besonderer Berücksichtigung des Kupfermoors. — Jh. Ver. vaterländ. Naturkde. Württ. **80,** Stuttgart 1925.
SCHACHL, E.: Das Muschelkalksalz in Kochendorf, Heilbronn und Stettem/Hohenzollern. — Jber. Mitt. oberrh. geol. Ver. n. F. **34,** Stuttgart 1953.
— Das Muschelkalksalz in Südwestdeutschland. — N. Jb. Geol. Paläont. Abh. **98,** Stuttgart 1954.
SCHÄFER, K. A.: Zur stratigraphischen Stellung der *Spiriferina*-Bank (Hauptmuschelkalk) im nördlichen Baden-Württemberg. — Jber. Mitt. oberrhein. geol. Ver. n. F. **53,** Stuttgart 1971.
SCHALCH, F.: Die Gliederung des oberen Buntsandsteins, Muschelkalkes und unteren Keupers nach den Aufnahmen auf Sektion Mosbach und Rappenau. — Mitt. großherzogl. Bad. geol. Landesanst. **2,** Heidelberg 1892.
SCHMIDT, M.: Die Lebewelt unserer Trias. — Öhringen (Rau) 1928.
— Die Lebewelt unserer Trias. Nachtrag 1938. — Öhringen (Rau) 1938.
SCHÖNLEBER, C.: Heimatbuch Weinsberger Tal, Mainhardter Wald. — Öhringen (Rau) 1931.
SCHWARZ, H. J.: Zur Sedimentologie und Fazies des Unteren Muschelkalks in Südwestdeutschland und angrenzenden Gebieten. — Diss. Univ. Tübingen 1970.
SEILACHER, A.: Elasmobranchier-Reste aus dem Oberen Muschelkalk und dem Keuper Württembergs. — N. Jb. Miner. Geol. Paläont. Mh. **1943** B, Stuttgart 1943.
— Umlagerung und Rolltransport von Cephalopodengehäusen. — N. Jb. Geol. Paläont. Mh. **1963,** Stuttgart 1963.
— Sedimentationsprozesse in Ammonitengehäusen. — Akad. Wiss. Lit., Math.-naturwiss. Kl. **1967,** Wiesbaden 1967.
SILBER, E.: Der Keuper im nordöstlichen Württemberg. — Erdgeschichtl. u. landeskdl. Abh. Schwaben u. Franken **3,** Öhringen 1922.
SKUPIN, K.: Lithostratigraphische Profile aus dem Trochitenkalk des Neckar-Jagst-Gebietes. — Jber. Mitt. oberrhein. geol. Ver. n. F. **51,** Stuttgart 1969.
STETTNER, G.: Einige Keuperprofile aus der Gegend von Heilbronn. — Jh. Ver. vaterländ. Naturkde. Württ. **70,** Stuttgart 1914.
— Über den Schilfsandstein. — Jh. Ver. vaterländ. Naturkde. Württ. **81,** Stuttgart 1925.
STIER, K.: Geologische und hydrologische Verhältnisse im Bereich des Weinsberger Tunnels. — Jh. geol. Abt. württ. stat. Landesamt **1,** Stuttgart 1951.
STOLL, H.: Versuch einer stratigraphischen Gliederung des Stubensandsteins im westlichen Württemberg. — Diss. Tübingen 1929.
THÜRACH, H.: Übersicht über die Gliederung des Keupers im nördlichen Franken im Vergleiche zu den benachbarten Gegenden. — Geognost. Jh. **1,** Kassel 1888 und Geognost. Jh. **2,** Kassel 1889.
VOGT-ECKERNKAMP, M.: Eine saxonische Bruchfalte im süddeutschen Tafellande. — Geol. Rdsch. **36,** Stuttgart 1948.
VOLLRATH, A.: Stratigraphie und Paläogeographie des Oberen Hauptmuschelkalks in Mittel- und Südwestwürttemberg. — N. Jb. Miner. Geol. Paläont. Beil.-Bd. **80** B, Stuttgart 1938.

— Der Obere Hauptmuschelkalk zwischen Murr und Kocher. – Jh. geol. Abt. württ. stat. Landesamt **2**, Stuttgart 1952.
— Ein neuer Leithorizont im Hauptmuschelkalk. – Jber. Mitt. oberrh. geol. Ver. n. F. **34**, Stuttgart 1953.
— Zur Stratigraphie des Hauptmuschelkalks in Württemberg. – Jh. geol. Landesamt Baden-Württ. **1**, Freiburg i. Br. 1955 (1955 a).
— Zur Stratigraphie des Trochitenkalks in Baden-Württemberg. – Jh. geol. Landesamt Baden-Württ. **1**, Freiburg i. Br. 1955 (1955 b).
— Stratigraphie des Oberen Hauptmuschelkalks (Schichten zwischen *Cycloides*-Bank gamma und *Spiriferina*-Bank) in Baden-Württemberg. – – Jh. geol. Landesamt Baden-Württ. **1**, Freiburg i. Br. 1955 (1955 c).
— Zur Entwicklung des Trochitenkalkes zwischen Rheintal und Hohenloher Ebene. – Jh. geol. Landesamt Baden-Württ. **2**, Freiburg i. Br. 1957.
— Beiträge zur Paläogeographie des Trochitenkalks in Baden-Württemberg. – Jh. geol. Landesamt Baden-Württ. **3**, Freiburg i. Br. 1958.
— Versteinerter Meeresboden bei Enslingen im Landkreis Schwäbisch Hall. – Der Haalquell **20**, Schwäbisch Hall 1968.
VOLLRATH, P.: Beiträge zur Stratigraphie und Paläogeographie des fränkischen Wellengebirges. – N. Jb. Miner. Geol. Paläont. Beil.-Bd. **50**, Stuttgart 1923.
— Beiträge zur vergleichenden Stratigraphie des mittleren und oberen Keupers in Südwestdeutschland. – N. Jb. Miner. Geol. Paläont. Beil.-Bd. B **60**, Stuttgart 1928.
— Begleitworte zur geognostischen Spezialkarte von Württemberg, Atlasblatt Besigheim, 3. Aufl. – Stuttgart 1929.
WAGNER, G.: Beiträge zur Stratigraphie und Bildungsgeschichte des Oberen Hauptmuschelkalks und der Unteren Lettenkohle in Franken. – Geol. paläont. Abh. n. F. **12**, Jena 1913.
— Die Landschaftsformen von Württembergisch Franken mit besonderer Berücksichtigung des Muschelkalk-Gebiets. – Erdgeschichtl. u. landeskdl. Abh. Schwaben u. Franken **1**, Öhringen 1919.
— Berg und Tal im Triasland von Schwaben und Franken. – Erdgeschichtl. u. landeskdl. Abh. Schwaben u. Franken **4**, Öhringen 1922.
— Junge Krustenbewegungen im Landschaftsbilde Süddeutschlands. Beiträge zur Flußgeschichte Süddeutschlands I. – Erdgeschichtl. u. landeskdl. Abh. Schwaben u. Franken **10**, Öhringen 1929.
— Einführung in die Erd- und Landschaftsgeschichte. 3. Aufl. – Öhringen (Rau) 1960.
WARTH, M.: Conchostraken (Crustacea, Phyllopoda) aus dem Keuper (Ob. Trias) Zentral-Württembergs. – Jh. Ges. Naturkde. Württ. **124**, Stuttgart 1969.
WEIGELIN, M.: Der untere Keuper im westlichen Württemberg. – N. Jb. Miner. Geol. Paläont. Beil.-Bd. **35**, Stuttgart 1913.
WEINLAND, K.: Geologische Untersuchungen in den Löwensteiner Bergen und dem Mainhardter Wald. – Diss. Würzburg 1933.
WENGER, R.: Die germanischen Ceratiten. – Paläontographica A **108**, Stuttgart 1957.
WILD, H.: Der Untergrund von Heilbronn und die Entstehungszeit der Heil-

bronner Mulde. – Jh. geol. Abt. württ. stat. Landesamt **2**, Stuttgart 1952.
— Das Alter der ehemaligen Neckarschlingen bei Kirchheim und Lauffen a. N. im nördlichen Württemberg und ihre hydrologischen Verhältnisse. – Jh. geol. Landesamt Baden-Württ. **1**, Freiburg i. Br. 1955.
— Mineralwasseraufbrüche im Stadtgebiet von Heilbronn und die natürliche Ablaugung des Steinsalzlagers im Mittleren Muschelkalk. – Jber. Mitt. oberrh. geol. Ver. n. F. **39**, Stuttgart 1957.
— Die Gliederung der Steinsalzregion des Mittleren Muschelkalks im nördlichen Württemberg, ihre ursprüngliche und heutige Mächtigkeit. – Jh. geol. Landesamt Baden-Württ. **3**, Freiburg i. Br. 1958.
— Ablaugungserscheinungen (Subrosion) am Salzlager des Mittleren Muschelkalks und Schichtlagerung unter und über dem Salz im Heilbronner Raum. – Jh. geol. Landesamt Baden-Württ. **7**, Freiburg i. Br. 1965.
— Erläuterungen zu Blatt 6821 Heilbronn. – Geol. Kt. Baden-Württ. 1 : 25 000, Stuttgart 1968.
WIRTH, E.: Das Erdölvorkommen von Bruchsal in Baden. – Geol. Jb. **65**, Hannover 1951.
WIRTH, W.: Beiträge zur Stratigraphie und Paläogeographie des Trochitenkalkes im nordwestlichen Baden-Württemberg. – Jh. geol. Landesamt Baden-Württ. **2**, Freiburg i. Br. 1957.
— Profile aus dem Trochitenkalk (Oberer Muschelkalk, mo 1) im nordwestlichen Baden-Württemberg. – Arb. geol. paläont. Inst. Techn. Hochsch. Stuttgart n. F. **18**, Stuttgart 1958.
WURSTER, P.: Erd- und landschaftsgeschichtliche Entwicklung der Fränkischen Mulde (Eichelberg, Stromberg, Löwensteiner Berge, Bauland). – Jber. Mitt. oberrh. geol. Ver. n. F. **45**, Stuttgart 1963 (1963 a).
— Schüttung des Schilfsandsteins im mittleren Württemberg. – N. Jb. Geol. Paläont. Mh. **1963**, Stuttgart 1963 (1963 b).
— Geologie des Schilfsandsteins. – Mitt. geol. Staatsinst. Hamburg **33**, Hamburg 1964 (1964 a).
— Delta sedimentation in the German Keuper basin. – Developments in Sedimentology **1**, Amsterdam 1964 (1964 b).
— Krustenbewegungen, Meeresspiegelschwankungen und Klimaänderungen der deutschen Trias. – Geol. Rdsch. **54**, Stuttgart 1965 (1965 a).
— Das Heilbronner Bergland. – Jh. geol. Landesamt Baden-Württ. **7**, Freiburg i. Br. 1965 (1965 b).
— Paläogeographie der deutschen Trias und die paläogeographische Orientierung der Lettenkohle in Südwestdeutschland. – Eclogae geol. Helvet. **61**, Basel 1968.
XELLER, V.: Geschichte und Beschreibung der Saline Friedrichshall. – In: Beschreibung des Oberamts Neckarsulm, Stuttgart 1881.
ZELLER, F.: Beiträge zur Kenntnis der Lettenkohle und des Keupers in Schwaben. – N. Jb. Miner. Geol. Paläont. Beil.-Bd. **25 B**, Stuttgart 1908.

Sachverzeichnis

Acrodus-Bank 25
Alberti-Bank 17, 19, 81
Algen-Stromatolithen 115
Alluvionen 47
Altpleistozän 74, 85
Altstadtgraben 63
Anatina-Bank 17, 18, 24, 26, 29, 64, 65, 68, 72, 86–89, 117, 118
Anoplophora-Dolomite 19, 81, 115
Anthrakonit-Bank 19, 20, 81
Aquifers 56
Auelehme 47
Auslaugungsrelikte (des mm) 7
Auslaugungstektonik 10, 114

Bairdia-Tone 12, 14, 81
Bändersalz 8
Bank der kleinen Terebrateln 12, 13, 115
Basalt-Gang 75
Besigheimer Felsengärten 10, 82
Besigheimer Sattel 52, 77
bioklastische Kalke 11
Blaubank 17, 19, 20
Blaukalk(e) 11, 12
Bleiglanzbank 17, 18, 23, 24, 66, 117, 118, 122, 123
Blutstein 113
Bochinger Bank 23
Bochinger Horizont 23, 24, 123
Bodenfließen 47
Bodenhorizonte 100
Bohrung Allmersbach am Weinberge 3
  Boxberg 1
  Erlenbach 1, 2, 3, 67
  Heuchelberg 8
  Ingelfingen 1–3
  Stromberg 7, 22
Bonebed 113
Brockelkalke 11
Bröckelschiefer 2
buchi-Schichten 2, 74
Bunte Mergel 17, **34–37**
Buntsandstein 2, **3**, 9, 44, 80

Corbula-Bank 25
cycloides-Bank
  γ 12, 76, 82, 114
  δ 12, 115
cycloides-Bänke 13, 100

danubisches System 56
Dicke Bank 12
Diskordanzen (im mu) 5
Dolinen 23
Dolomit-Region 8
Dolomitische Mergel 12, 13, 19, 82, 83, 123
Dolomitisierung (im mo) 11, 14
Dunkelrote Mergel 23, 24, 66, 123
Dunkle Mergel 20, 24, 29, **34**, 36, 101, 118, 123

ecki-Bank 2
Engelhofer Platte 17, 18, 24, **25**, 35, 64, 71, 87, 97, 109, 111, 116–118, 121–123, 125 (s. a. Region der Engelhofer Platte)
Enzschotter 79
Eozän 54
Erosionsrinnen (des Schilfsandsteins) 65
Eßlinger Sandstein 42–44, 103, 106
Estherienschichten (des Lettenkeupers) 19
  (des Gipskeupers) 26, 60, 64, 122

Sachverzeichnis

Fasergips 66, 68
Feinkörniger Buntsandstein 2
Felsengärten bei Hessigheim 10, 82
Felssturz 82
Feuersteine s. Hornsteine
Flexur 83
Fließerden 47, 59, 76, 80, 82, 84, 87, 88
Fließfladen 6
Fließlehme 100
Fluß- und Landschaftsgeschichte 53–59
Flußgeschichte des Neckars 77
Flußschlingen 56, 78, 79, 111, 112
Flutfazies (des Lettenkeupersandsteins) 19, 20, 108
(des Schilfsandsteins) 29–33, 58, 85, 88–90, 109, 117
Frankenbacher Sande 45, 79, 80
Fränkische Furche 42, 51, 98, 111, 112, 114, 124
Fränkische Grenzschichten 13, 14, 74, 83–85, 114, 117
Fränkische Mulde 50
Fränkischer Schild 51, 56, 75
Freihunger Sandstein 34, 36

Gagat 103
Gaildorfer Bank 29, 34
Gäulandschaften 21
Gekrösekalk 13, 114
Gelbe Mergel 12, 13, 76
Geologische Orgeln 23, 123
Geröllfreier Mittlerer Buntsandstein 2
Gipskeuper 2, 17, 22–27, 47, 49, 56, 63, 66, 69, 79, 85, 87, 90, 91, 94, 95, 99, 100, 106, 111, 114–116, 120, 122–125
Gipskonkretionen 115
Gipsresiduen 25, 35, 66, 68
Glaukonitkalk 12, 76
Gleithänge 45, 56
Gleittreppen 6
Gold 40
Goldshöfer Sande 55
Göttweiger Bodenbildung/Horizont 49, 80

Graue Estherienschichten 26, 31, 63–66, 68, 69, 71, 72, 95, 97, 100, 117, 118
Graue Mergel 81
Grenzbonebed 12, 14, 19, 113
Grenzdolomit des Lettenkeupers 19, 22, 24, 114–117
Grobkörniger Buntsandstein 2
Grundanhydrit 8, 113
Grundgips(schichten) 17, 22, 24, 57, 66, 114–117, 122–125
Grüne Mergel 19, 20

Haßmersheimer Horizont/Mergel 12, 75, 82
Hauptkonglomerat 2
Hauptlager von *Pecten laevigatus* 12
von *Pecten subtilis* 12, 81
Hauptlehrbergbank 34
Hauptmuschelkalk 2, 3, 10–15, 75–77, 81, 82, 94, 99, 100, 113, 115, 118, 120, 121 (s. a. Oberer Muschelkalk)
Hauptoolithbank 12, 81
Hauptsandstein s. Lettenkeuper-Hauptsandstein
Hauptsteinmergel 34, 36, 90, 101
Hauptterebratelbank 12, 13, 76, 81, 83, 113–115, 118
Haupttrochitenbank 12, 82
Heckengäu 10
Heilbronner Mulde 1, 7, 45, 50, 53, 73, 75–77, 79, 80
Heilbronner Werkstein 64
Hessigheimer Sattel 10, 52, 53, 56, 77, 80, 124
Heuchelberg-Mulde 85
Hirschfelder Gelbe Dolomitbank 12, 115
Hochterrassenschotter 45, 50, 53, 74, 77, 79, 80, 84
Höhensande 44
Höhenschotter 44, 50, 53, 55, 76, 77, 79, 85
holozäne Ablagerungen 47
Holstein-Interglazial 45, 99
Horizont e, f 24
Hornsteinbank 12, 75

Sachverzeichnis

Hornsteine (Feuersteine) des mu 84
des km 40, 44, 106, 119, 120
Humuscarbonatboden 94

Ingelfinger Verwerfung 75
Intraklasten 5, 6

Jüngere Mammutschotter 99
Jura 80

Kalkkonglomerat 36, 39, 73
Kalkkrusten 17
Kalktuff 49
Karneolbank 2
Karstschlotten 23, 123
Keuper **15–41**
Keupersandsteine 49
Kiesbank 12, 13, 83
Kiese 47
Kieselhölzer 39, 120
Kieselsandstein 16, 17, **35**, 36, 58, 69, 71, 72, 87, 89–91, 94, 96, 97, 101, 104, 106–111, 116, 118, 119–122, 125
Kirchheimer Schlinge 79
Klebsande 74
Knollenmergel 17, 36, 39, 40, **41**, 42–44, 103, 105, 106
Kohle im Lettenkeuper 21, 81
Schilfsandstein 29
Stubensandstein 40
Konglomeratbank α 74
Konglomerate 79
Kornsteine 114
Kreide 54
Kremser Bodenbildung 49
Krustenbildung 123

Lauffener Flußschlinge 80
Lehrbergbänke 34, 36
Lehrbergschichten **34**, 36, 72, 89, 90, 91, 101, 118
Lehrhof-Sattel 52
Leitbänke 5
Leithorizonte 5
Lettenkeuper 2, 14, 17, **18–21**, 22, 52, 61, 63, 74, 76, 77, 79, 81, 83, 84, 99, 100, 106, 108, 111, 114, 115, 117, 119, 120, 123, 124

Lettenkeuper-Hauptsandstein 16, 17, 19, 20, 42–44, 81, 83, 84, 100, 106, 108, 109, 113–115, 123
Lettenkohle 21
Lias 17, **41–44**, 53–55, 69, 102–104, 106, 118
Lias-Inseln s. Zeugenberge
Liegende Dolomite 8
Lima-Bank 2
Lingula-Dolomite 19
locus typicus der Engelhofer Platte 25
Haßmersheimer Mergel 75
Hirschfelder Gelben Dolomitbank 115
Mainhardter Mergel 107
Ochsenbachschichten 93
Löß 10, 45–48, 57, 58, 68, 77, 79, 81, 82, 85, 87, 100
Lößlehm 45, 57, 76, 84
Löwensteiner Gelber Sandstein 36, 39, 93, 102
Löwensteiner Mulde 42, 50–52, 61, 124, 125
Ludwigsburger Sattel 97

Mainhardter Mergel 36, 38, 72, 92, 107
Malachitbank 24, 26
Marbacher Bank 12
Mergelbreccien 25
Mindel-Riß-Interglazial 45
Mittlere Anhydrit-Region 8
Mittlere Graue Estherienschichten s. Graue Estherienschichten
Mittlere Haßmersheimer Mergel 82
Mittlerer Gipshorizont 23, 24, 26, 68, 69, 87, 90, 95, 96, 101, 117, 122, 123
Mittlerer Jura 54
Mittlerer Keuper **21–41**, 89, 90, 108, 109, 116
Mittlerer Muschelkalk 2, 4, **7–10**, 51, 52, 75, 77, 82, 113, 124
Mittlerer Stubensandstein 36
Moore im Ausstrich des Gipskeupers 23, 49, 91, 112
Mosbacher Grenzschichten 2
Mundelsheimer Bank 12, 74, 82
Mundelsheimer Pforte 80, 83, 124

Sachverzeichnis

Muschelbank α 24, 115
Muschelkalk 2, **3–15,** 61, 63, 73, 104, 111, 116, 124
Muschelkalkaufbruch von Ellenweiler 52, 106
Kleinbottwar 98
Muschelkalk-Lettenkeuper-Bucht von Backnang 96
Muschelkalk-Lettenkeuper-Verebnungsfläche 18, 21, 45, 58, 73, 77, 100, 111
Mutlanger Sandstein 42
Myophorien-Bänke 4

Nassacher Sandstein 42–44, 106
Naßboden(horizonte) 46, 49, 80, 88, 100
Neckar 55, 56
Neckar-Jagst-Furche 42, 51, 52, 63, 97, 98, 106, 116, 119–124
Neckar-Jagst-Graben 51
Neckar-Läufe 57
Nephelinit 75
Niedernhaller Verwerfung 3, 51
Niederterrassenschotter 45
nordische Sandsteine 16
Nordischer Keuper 16
Normalfazies des Lettenkeuper-Hauptsandsteins 20
Schilfsandsteins 24, 29–31, 33, 63, 88, 89, 94, 95, 101, 109

Obere Anhydrite 8
Obere Anhydrit-Region 8
Obere Bunte Estherienschichten 24, 27, 29, 32, 64–66, 95, 100, 118
Obere Bunte Mergel **35–37,** 72, 89–92, 94, 101, 107, 111
Obere Dolomite 8
Obere Dolomit-Region 8
Obere Graue Estherienschichten 24
Obere Graue Mergel 19
Obere Oolithbank 115
Obere Terebratelbank 12–14, 74, 84, 98, 115, 117
Obere Schalentrümmerbank 115
Oberer Buntsandstein 2, 3, 51, 73–75
Oberer Geröllhorizont 2

Oberer Hauptmuschelkalk **13,** 83, 84, 98, 123
Oberer Jura 54
Oberer Keuper s. Rät
Oberer Muschelkalk 2, 3, 5, **10–15,** 51, 56, 74, 75, 118 (s. a. Hauptmuschelkalk)
Oberer Stubensandstein 36
Oberes Gipslager 8
Oberes Steinsalz 8
Oberes Zwischenmittel 19
Obere Ton-Dolomit-Anhydrit-Region 8
Oberrheingraben 49, 54, 55, 63
Oberster Hauptmuschelkalk 81, 83
Ochsenbachschicht(en) 17, 18, 36, 38, 39, 92–94
Oolithenbank 42, 43, 103, 106
orbicularis-Mergel/Schichten 2, 74, 113

Perm 1
Plattensandstein 2, 3, 74
Pleidelsheimer Mulde 45, 51–53, 80, 83, 98, 124
Pleistozän 45, 54, 55, 59
Pleistozäne Schotter 94
Pliozän 45, 55
Prallhang 56
Pseudorät 40
Psiloceratenkalkbank 42, 43, 104, 105

Quartär **44–49,** 54, 56
Quellhorizonte 56

Raibler Schichten 23
Rät 17, 36, **41–43**
Rätsandstein 40
Region der Engelhofer Platte 24, 25, 66, 69, 87, 88, 101, 119 (s. a. Engelhofer Platte)
Region der Konglomeratbänke 2
Region der Oolithbänke 12, 14, 76, 84, 99, 114, 115
Region der Schalentrümmerbänke 12, 14, 83, 85
Region der Schaumkalkbänke 2
Reliefumkehr 33, 124
Rendzina 94

Sachverzeichnis

resedimentäre Breccien 65, 66, 68, 71, 89, 123
Rheinisches Rät 93
Riffe 76, 113, 114
Rippelmarken 28, 37, 90, 104, 109, 117, 125
Riß-Mindel-Interglazial 99
Riß-Würm-Interglazial 79
Rote Mergel 34
Rote Wand 34, 36, 72, 91, 96, 101, 118, 123
Rotliegendes 1, 2
Rötquarzit 2, 74
Röt-Tone 2, 3, 74
Rutschungen 41

Salinen **9**
Salinenversuche 9
Salzbergwerke 7, **9**, 10
Salzgewinnung **9**
Sande 47
Sandige Pflanzenschiefer 19, 20
Sandstränge des Lettenkeuper-Hauptsandsteins 20
Schilfsandsteins 30–32, 58
Schacht Wilhelmsglück 7
Schalentrümmerbänke 4, 11, 13
Schaumkalkbänke 74
Schichtfluten 17
Schichtlagerung **49–53**
Schichtstufenland **58**
Schichtstufenrand **125**
Schilfsandstein 16, 17, 20, 24, 25, **27–33**, 35, 36, 52, 58, 60–69, 71–73, 85–90, 94–97, 99–101, 109, 110, 116–118, 121–125
Schilfsandstein-Delta 32, 63
Schilfsandstein-Schutt 59
Schilfsandstein-Stränge s. Sandstränge
Schillflächen 5
Schlehengäu 10
Schotterakkumulation 79
Schrägschichtung 28, 35, 40, 88, 102, 108–111
Schrozberger (Teil-)Schild 51, 56
Schwäbisch-Fränkischer Sattel 52, 124
Schwarzer Jura 43

Schwefelwasserstoffwässer 77
Schwemmlöß 47
Schwingrasen von Sersheim 91
Seelilienbank 82
Seifengold 40
Silberstollen 40, 102, 105, 106
Sindringer Verwerfung 51
Spiriferina-Bank (des Unteren Muschelkalks) 2, 6
(des Oberen [Haupt-]Muschelkalks) 12, 13, 74, 76, 77, 84, 100
Splitterkalke 12, 74, 76, 77
Staunässe 47
Steinheimer Mensch 45, 99
Steinheimer Museum 94
Steinmergel 15
Steinriegel 10
Steinsalz 7–10, 113
Steinsalzpseudomorphosen 35, 37, 38
Steinsalzvorkommen 7
Stillwasserfazies 32, 63
(s. a. Normalfazies)
Stinkdolomit 8
Stollen Gabe Gottes 106
Glück auf den Bau zu Gott im Gaisberg 105
Soldatenglück 102
Unverhofftes Glück 102
Strohgäu 10
Stromatolithen 115
Stromberg-Mulde 50, 61, 85, 91, 124
Stromberg-Rät 40
Stromschnelle 79
Stubensand 40
Stubensandstein 16, 17, **36–41**, 53, 58, 61, 69, 72, 73, 87, 89–92, 94, 97, 101–111, 116, 118–120, 125
Subrosion 57
Subrosions-Landschaft 58, 122
Süd(west)deutsche Großscholle 49, 54
syntektonische Sedimentation 79, 80

Talformen 56
Talmäander 116 (s. a. Flußschlingen)
Talverlauf 56
Terrassen-Schotter 56
Tertiär 54

Sachverzeichnis

Tigersandstein 2
Tonhorizont
 α 12, 82
 β 12, 115
 γ 12, 84, 100, 114
 δ 12, 74, 81, 83, 100
 ε 12, 83, 85
 ζ 12, 81, 82, 84, 100, 114
Tonplatten 11
Torfmoore s. Moore
Trochiten 11
Trochitenbänke 11, 13
Trochitenkalk 11, 12, 74–76, 81, 82
Trockenrisse 35, 37, 93
Tunnelbauten 27

Umlaufberge 56, 57, 78, 111, 112
Untere Bunte Estherienschichten 26, 66, 68, 71, 100, 101, 117
Untere Bunte Mergel 36, 71, 97, 110, 121
Untere Dolomite 19
Untere Graue Estherienschichten 24
Untere Graue Mergel 19
Untere Knollenmergel 36, 39, 73, 93, 104
Untere Ton-Dolomit-Anhydrit-Region 8
Unterer Buntsandstein 2
Unterer Keuper s. Lettenkeuper
Unterer Muschelkalk 2, 5, **6**, 74, 75, 113, 120
Unterer Sandstein 42
Unterer Stubensandstein 36
Unteres Gipslager 8

Unteres Steinsalz 8
Unteres Zwischenmittel 19
Urmensch-Museum (in Steinheim a. d. Murr) 99

Variszisches Grundgebirge 1
Verwitterungstone 84
vindelizische Gerölle 38, 119
Vindelizischer Keuper 16
vindelizische Sandsteine 16
Vitriolschiefer 19, 20
Vulkanschlot 61, 88, 97

Wasserfallbank 35
Wellendolomit 2
Wellengebirge 6
Wellenkalke 12, 113
Werksmuseum Lauffen 82
Westheimer Verwerfung 51, 112, 115
Wiesenmäander 116
Wimpfener Verwerfung 76
Wurzelboden 94

Zechstein 1, 2, 87
Zellenmergel 26
Zeugenberge von Schilfsandstein 125
 Kieselsandstein 96, 125
 Stubensandstein 108, 109
 Lias 42, 52, 61, 103, 105, 120
 Zone von *Pecten subtilis* 12, 81
  (s. a. Hauptlager von *P. s.*).
Zone der Wellenkalke 76
 (s. a. Wellenkalke)
Zwergfauna-Schichten 12, 75

Ortsverzeichnis

Aalen 55
Abstatt 95
Abstetter Hof 96
Affalterbach 97
Affaltrach 57, 71
Allmersbach am Weinberge 3
Altenberg 95
Altenhau 72, 73
Altfürstenhütte 40
Ammertsberg 71
Ammertsweiler 107
Anbachtal 74
Armsündersteige 62
Aschenberg 41, 105
Asperg 52, 63, 97, 124
Auenstein 95, 96
Autobahnraststätte Wunnenstein 125

Bachenau 74
Backnang 3
Bad Friedrichshall 73, 75
Bad Friedrichshall-Jagstfeld 9, 74
Bad Friedrichshall-Kochendorf 7–10, 73, 74
Bad Rappenau 9, 75
Bad Wimpfen 9, 52, 74–76
Bahnhof Wimpfen 76
Baiselberg 93
Baumerlenbach 100
Beckershof 69
Beihingen 98
Beilstein 94, 96, 97
Beltersrot 110
Benningen 98
Berlichingen 75, 77
Bernhalden 104, 105
Besigheim 10, 77, 79–82
Beutenmühle 83
Bibers 55, 110

Bibersfeld 116
Bietigheim 51
Binswangen 66
Birkenkopf 97
Bitzfeld 99
Blankenhornblick 94
Blindheim 110, 111
Bönnigheim 46, 81, 89
Bönning 51, 96, 98
Botenheim 89
Böttingen 74
Bottwar(tal) 52, 95
Boxberg 1
Brachberg 79
Brackenheim 86–88
Breitenauer Hof 69
Brettach(tal) 56, 99, 101, 107
Bubenorbis 107
Büchelberg 110
Buchhorn 101
Buchhorner Ebene 73, 108
Bühler 55, 120–122
Bühlertann 120–123
Bühlerzell 120, 121, 123
Buocher Höhe 96
Burg Löwenstein 72
Burgberg (b. Löwenstein) 73

Chausseehaus 107
Cleebronn 88, 89
Crailsheim 123
Criesbach 9
Cröffelbach 113

Dammbachtal 123
Dendelbachtal 119
Dexelhof 120
Diedesheim 74

Ortsverzeichnis

Donnbronner Höhe 95
Dürrenzimmern 86
Duttenberg 74

Ebersberg 120
Eberstadt 29, 66, 67
Eibensbach 91–94
Eichelberg 71, 72
Eichelhof 113
Eichenbühl 85
Eichhof 109
Eichwäldle 93
Einkorn 112
Eisbachtal 34
Eisenberg 69
Eisenlautern 105
Ellenweiler 52, 106
Ellhofen 67
Ellwanger Berge 120
Eltershofen 114
Engelhofen 25, 120, 121
Enz 78–80
Eppingen 85, 86
Erlenbach 1, 3, 66, 67
Eschelbach 109
Eschenau 71
Eulhof 107
Eutendorf 57, 116–118

Fernsehturm Stuttgart 63
Fichtenberg 119
Finsterrot 107
Fischach 55, 120–122
Fischbach s. Fischach
Flehnsberg s. Flinsberg
Flein 52, 87
Flinsberg 119, 120
Forstberg 58, 96, 97, 124
Frankenbach 9, 45, 47, 77, 80
Frankenberg 52, 116
Frankenbergle 119
Frankenhof 72
Frankenweiler 52, 119
Frauenzimmern 89
Freudental 89, 90
Friedenslinde 90
Friedrichshof 71–73
Fronrot 123

Gaildorf 34, 57, 116, 118
Gailsbach 107
Galgenberg (b. Heilbronn) 67
Galgenberg (b. Neunkirchen) 111
Geddelsbach 101
Geifertshofen 121, 123
Geisingen 79, 124
Geislingen/Kocher 6, 111, 113, 120
Geißelhardt 107, 108
Gelbingen 52, 114
Gellmersbach 67
Gemmrigheim 57, 77, 81–83
Glashofen 40
Gleichen 107–109
Gnadental 110, 111
Gögelhof 107
Golberg 100, 109
Goldbach 110
Gottwollshausen 114
Grab 41, 106
Grantschen 67
Greut 103
Großaltdorf 118
Großbottwar 51, 83, 96–98
Großerlach 52, 106
Großgartach 80, 86, 87
Großhöchberg 52, 102–104, 106
Großingersheim 79, 124
Großsachsenheim 51
Güglingen 86
Gundelsheim 74
Haagen 113
Haardt 94
Haberschlacht 86–88
Häfnerhaslach 92, 93
Haigern 52, 87
Hälden 101
Haller Bucht 57
Happbühl 102
Happenbach 95
Hardwald 85–87
Hasenhof 102
Haßmersheim 74, 75
Hausen an der Rot 119
Hausen b. Untersontheim 121–123
Hausen an der Zaber 81
Häuserberg 121
Heidelberg 63

Ortsverzeichnis

Heilbronn 7—9, 11, 13, 18, 19, 22, 52, 59—62, 65, 73, 77, 80, 83, 87, 94, 95, 124, 125
Heilbronn-Böckingen 48
Heilbronn-Klingenberg 80
Heilbronn-Sontheim 83
Heilbronner Bergland 60
Heimbach 114
Heimbacher Steige 114
Heimberg 101
Heinsheim 74
Helfenstein 95, 96
Henschelberg 74
Herbolzheim 76
Hermann-Schneider-Weg 62
Herrenhölzle 101
Hessental 114
Hessigheim 82
Heuchelberg 7, 56, 61, 85, 86, 87, 89, 94
Heuchelberger Warte 61, 85—87
Heuchlingen 76
Hirrweiler 73
Hirschberg 71, 79
Hirschfelden 115
Hitzberg 122
Hochhausen 74
Höchstberg 74, 76
Höchstberger Kirche 76
Hofen 81
Hohe Ebene 108
Hohenhardtsweiler 119
Hohenhaslach 90, 91
Hohenloher Ebene 18, 49, 58, 61, 100, 109
Hohenstein 57, 81
Hohler Stein (b. Großhöchberg) 104
Hohrain 53
Höpfigheim 98, 99
Hördthof 41, 42
Horrheim 91
Hößlinsülz 69, 72
Hüffenhardt 75
Hühnerberg 75
Husarenhof 80
Hütten 40

Ilsfeld 77, 83, 84, 96
Ingelfingen 1, 3, 51

Jägerhaus 60—64
Jägerhauseiche 64
Jagst(tal) 55, 75
Jagstfeld 63, 76
Jungholz 53
Jux 42, 52, 104
Juxkopf 105

Karlsfurtebene 109
Katharinenplaisir 89, 90
Katzenbuckel 61, 73, 88, 97
Kernerruhe 62
Kernerturm 118
Kesselfeld 109
Kieselberg 119
Kirchheim/Neckar 56, 57, 79, 81
Kirgel 118
Kirrbach(tal) 56, 91
Kirschenallee 68
Kleinaspach 97
Kleinbottwar 98
Kleingartach 85, 86
Köberle 71
Kocher(tal) 55, 56, 99, 110, 111, 115—117
Kochersberg 125
Kochersteinsfeld 100
Kocherstetten 6
Kolbensteige 72
Kornberg 120
Kottspiel 121, 123
Kraichbach 56
Kraichgau 18, 49, 58, 61, 85
Krautheim 75
Krebshof 107
Krumme Ebene 75
Künzelsau 6, 108, 109
Kupfermoor 112
Kurzach 104

Landturm (b. Ilsfeld) 77, 84
Langer Schlag 71
Langes Feld 124
Lauffen/Neckar 56, 57, 77, 79, 80, 81, 85

Ortsverzeichnis

Lauter 55, 106
Lehberg 118
Lehrhof 98
Lein 56
Leingarten s. Großgartach
Lemberg 97
Lemppruhe 65
Lennach 67
Leonbronn 86
Leuchtmannshof 77, 84
Lichtenstern 9, 72
Limpurger Berge 24, 55, 58, 111, 112, 116, 120
Lindelberg 100, 109
Löchgau 82
Löwenstein 37, 61, 69, 72, 73, 102, 104
Löwensteiner Berge 7, 35, 37, 40, 41, 43, 47, 52, 55, 56, 58, 60, 61, 69, 87, 96, 102
Löwensteiner Kelter 69
Ludwigsburg 63, 124
Ludwigsschanzen 62, 65
Lumpenloch 73

Maienfels 102
Mainhardt 38, 58, 107
Mainhardter Wald 7, 25, 34, 40, 41, 43, 47, 55, 61, 107, 110, 116, 120
Mannenweiler 42, 52
Meimsheim 80, 81, 86
Mettelmühle 123
Metter(tal) 56, 91
Michaelsberg 74, 89
Michelbach an der Bilz 115
Michelbach am Wald 109
Michelbächle 118
Mittelberg 102
Mittelfischach 121, 122
Mittelmühle 107
Mittelrot 118, 119
Möckmühl 76
Möglingen 100
Mosbach 3, 6—9, 73, 75
Mühlbach 86, 88
Mundelsheim 56, 77, 83, 125
Murr(tal) 53, 55, 56, 98
Murrhardt 9

Mutlangen 42, 55
Mutzig-Wald 92

Nassach 42, 104, 105
Neckar(tal) 53, 56, 73, 75, 77, 78—80
Neckarberg 82
Neckarbischofsheim 75
Neckarburken 73
Neckarelz 3, 74, 75
Neckarmühlbach 74
Neckarsulm 61
Neckarwestheim 11, 53, 57, 77, 81, 82, 85
Neckarzimmern 7, 74
Neipperg 85—88
Neuberg 114
Neubruch 105
Neudenau 76
Neuenstadt 99
Neuenstein 108, 109
Neufürstenhütte 40, 106
Neuhütten 40, 100, 102
Neulautern 105
Neumühle 110
Neunkirchen 111
Neuwirtshaus (b. Geißelhardt) 108
Niederhofen 86, 88
Niederndorf 116
Niedernhall 6, 9, 51, 56
Nordhausen 86
Nordheim 80

Oberfischach 122
Obergimpern 75
Obergleichen 108
Obergriesheim 74
Oberheimbach 101
Oberheinriet 95
Obermühle 120
Oberrot 118—120
Obersontheim 120—123
Obersteinbach 111
Oberstenfeld 97
Obrigheim 7, 74
Ochsenbach 91—94
Ochsenburg 86
Odenwald 61, 94, 97
Offenau 9, 74, 75

Ortsverzeichnis

Öhringen 100, 108
Ohrn 100, 110
Ohrnberg 100
Ottendorf 9, 57, 116, 117
Ottilienberg 85, 86, 88
Ottmarsheim 83

Panoramaweg 62
Paradies (b. Eschenau) 71
Pfaffenberg 109
Pfaffenhofen 86, 93
Pfaffenklinge 102
Pfedelbach 100
Pfitzhofwald 68
Pleidelsheim 51, 77, 79, 83, 124

Raitelberg 103
Rauher Stich 53, 84
Rebbigsmühle 109
Reisberg 61, 96, 125
Rieden 115, 116
Rodbachhof 93
Roigheim 76, 77
Röschbühl 122
Roßstaig 105
Rot(tal) 55, 56, 118—120
Rotbachtal 80
Ruine Blankenhorn 94
Ruine Helfenstein 96
Ruine Hornberg 74
Ruine Langhans 96, 97

Sailach 110
Salzberg 71
Sandberg 63
Sandberg (b. Obergruppenbach) 61, 96, 125
Scheiterhäule 93, 94
Schellenmühle 81
Scheuerberg 61
Schimmelsberg 61, 66
Schippenmühle 91
Schlierkopf 93
Schloß Lichtenberg 96, 125
Schloß Liebenstein 57
Schloß Maienfels 102
Schloß Schaubeck 98
Schloß Stettenfels 95, 125

Schneitberg 117
Schöllkopf 88
Schönbuch 63
Schozach 84
Schozach(tal) 53, 78, 83, 95
Schuppach 111
Schwäbisch Gmünd 55
Schwäbisch Hall 7—9, 11, 12, 19, 56, 111, 113, 116
Schwäbisch Hall-Hessental 114
Schwäbisch Hall-Steinbach 114
Schwaigern 9, 85, 86, 88
Schweinsberg 61, 62, 96
Seckach 77
Seehäuser 107
Seemühle 69
Sersheim 91
Siglingen 76
Silberstollen 102, 103, 105, 106
Sindringen 7, 51
Sinsheim 54, 61, 97
Spiegelberg 40, 104, 105
Stangenberg 103
Steigenhaus 114
Steinbach 114
Steinberg (b. Murrhardt) 42
Steinberg (b. Wüstenrot) 103
Steinbruchwald 88
Steinbühl 119
Steinheim an der Murr 52, 94, 98, 99, 102
Steinsberg 54, 61, 94, 97
Sternenfels 40
Stetten am Heuchelberg 86
Stiershof 119
Stiftsberg 59, 61
Stock 107
Stockheim 86, 87, 88
Stöckig 101
Stocksberg 61, 87, 96
Stollenhof 103
Strohgäu 124
Stromberg 7, 8, 24, 34, 35, 37—39, 40, 47, 49, 56, 61, 88—92
Stummelsberg 118, 119
Sturz bei Eutendorf 117
Stuttgart 29, 63, 97, 124
Stuttgarter Fernsehturm 97

Ortsverzeichnis

Stuttgart-Zuffenhausen 124
Sulm(tal) 56, 57, 69, 125
Sulzbach 52
Sulzberg 108
Sulzfeld 86

Talheim 83, 84
Teusserbad 69
Tiefenbach 75
Tommelhardt 110
Treffentrill 89
Tullau 9, 113, 116

Ummenhofen 121
Unterfischach 121, 123
Untergleichen 108
Untergriesheim 74, 76
Untergruppenbach 62, 95, 96, 125
Unterheimbach 100, 101
Unterheinriet 95
Untermünkheim 7, 113, 114
Untersontheim 120, 121, 123
Uttenhofen 119

Vellberg 51, 120
Verrenberg 100
Vohenlohe 95
Vorderbüchelberg 103

Waldenburg 109—111
Waldenburger Berge 25, 47, 55, 58, 108, 109, 111
Walheim 53, 81
Wartberg 60—63

Weibertreu 61
Weihenbronn 102, 103
Weiler b. Engelhofen 121
Weiler/Zaber 86
Weinsberg 61, 66—69
Weinsberger Sattel 162
Weinsberger Tal 65, 69, 73
Weißbach 9
Weißenhof 123
Weißer Steinbruch 93
Weißlensberg 101
Weißlensburg 99, 100
Welzheimer Wald 42
Westerhausen 75
Westheim 9, 51, 111, 115, 116
Wildeck 95, 96
Wilhelmsglück 7, 9, 113, 115
Willsbach 57, 69
Windischenbach 100, 101
Winterrain 110
Winzerhausen 96
Wittighausen 114
Witzmannsweiler 111
Wolfertsberg 72, 73
Wunnenstein 58, 96, 97, 125
Wüstenrot 102, 103

Zaber 56, 80
Zaberfeld 85, 86
Zabergäu 85, 87, 94
Zeilberg 69, 71
Ziegelhütte Jagstfeld 76
Zollknock 108
Züttlingen 76

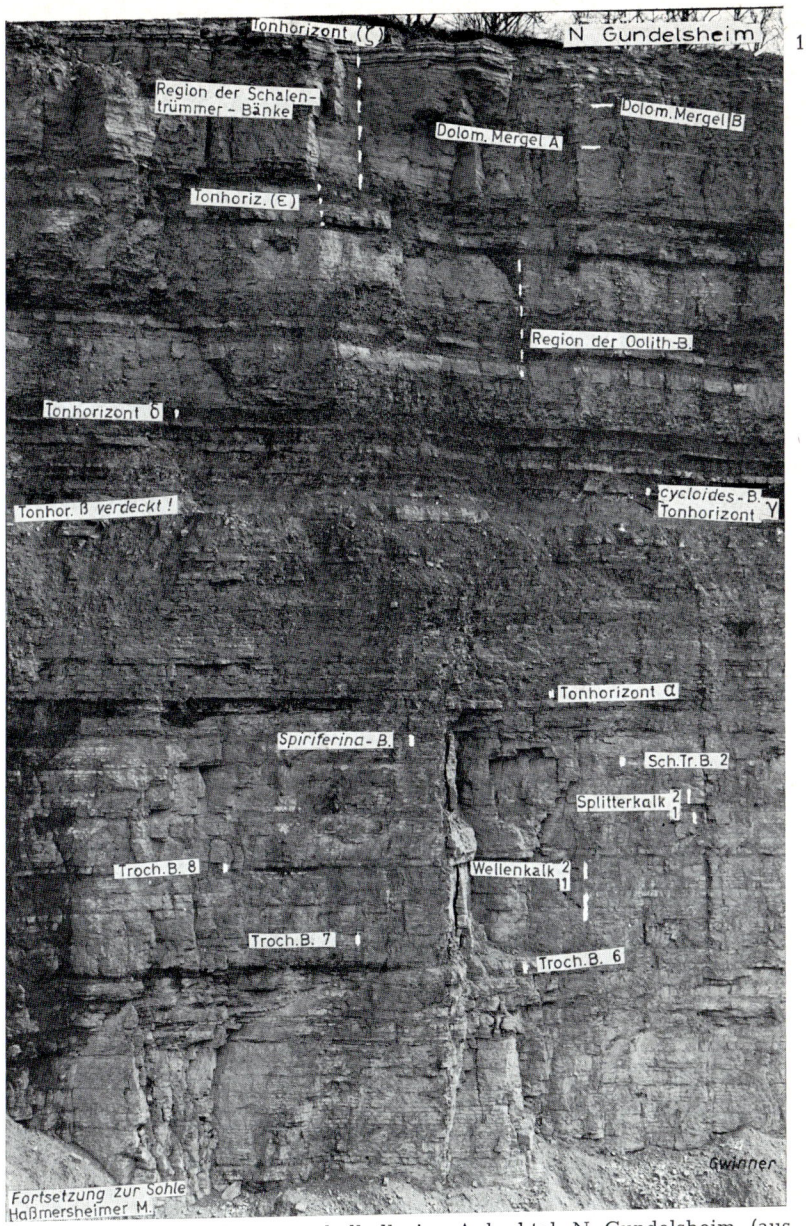

Abb. 30. Profil im Hauptmuschelkalk im Anbachtal N Gundelsheim (aus SKUPIN 1969).

Abb. 31. Profil im Hauptmuschelkalk im verl. Stbr. bei Neudenau/Jagst (aus Skupin 1969).

Abb. 32. Profil im Trochitenkalk im verl. Stbr. W Siglingen (aus SKUPIN 1969).

Abb. 33. Profil im Trochitenkalk im verl. Stbr. N Möckmühl, an der Straße nach Roigheim (aus SKUPIN 1969).

Abb. 34. Profil im Hauptmuschelkalk in Berlichingen/Jagst (aus SKUPIN 1969).

Abb. 35. Profil im oberen Hauptmuschelkalk in den Felsengärten bei Besigheim und Hessigheim.

Abb. 36. Profil im obersten Hauptmuschelkalk, Stbr. S Heilbronn-Sontheim.

Abb. 37. Profil im obersten Hauptmuschelkalk, Stbr. NW Rauher Stich im Schozachtal zwischen Heilbronn-Sontheim und Talheim.

Abb. 38. Profil im oberen Hauptmuschelkalk, verl. Stbr. S Talheim.

Abb. 39. Profil im oberen Hauptmuschelkalk, Stbr. W Ilsfeld.

Abb. 40. Profil im oberen Hauptmuschelkalk, verl. Stbr. bei Neudeck/Brettach (aus GWINNER 1970c).

Abb. 41. Profil im oberen Hauptmuschelkalk, Stbr. bei Unterohrn.

Abb. 42. Profil im oberen Hauptmuschelkalk, Stbr. Weißlensburg/Brettach.

Abb. 43. Profil im oberen Hauptmuschelkalk, Stbr. Baumerlenbach.

Abb. 44. Profil im oberen Hauptmuschelkalk, Stbr. Gelbingen, an der Straße nach Eltershofen.

Abb. 45. Profil im Lettenkeuper, Stbr. Gelbingen, an der Straße nach Eltershofen.

Abb. 46. Profil im oberen Hauptmuschelkalk, Stbr. Schwäbisch Hall, an der Straße nach Heimbach.

Abb. 47. Profil im oberen Hauptmuschelkalk, Stbr. Schwäbisch Hall-Steinbach (aus GWINNER 1970 c).

Abb. 48. Profil im oberen Hauptmuschelkalk, Stbr. Wilhelmsglück (Kreis Schwäbisch Hall) (aus Gwinner 1970 c).

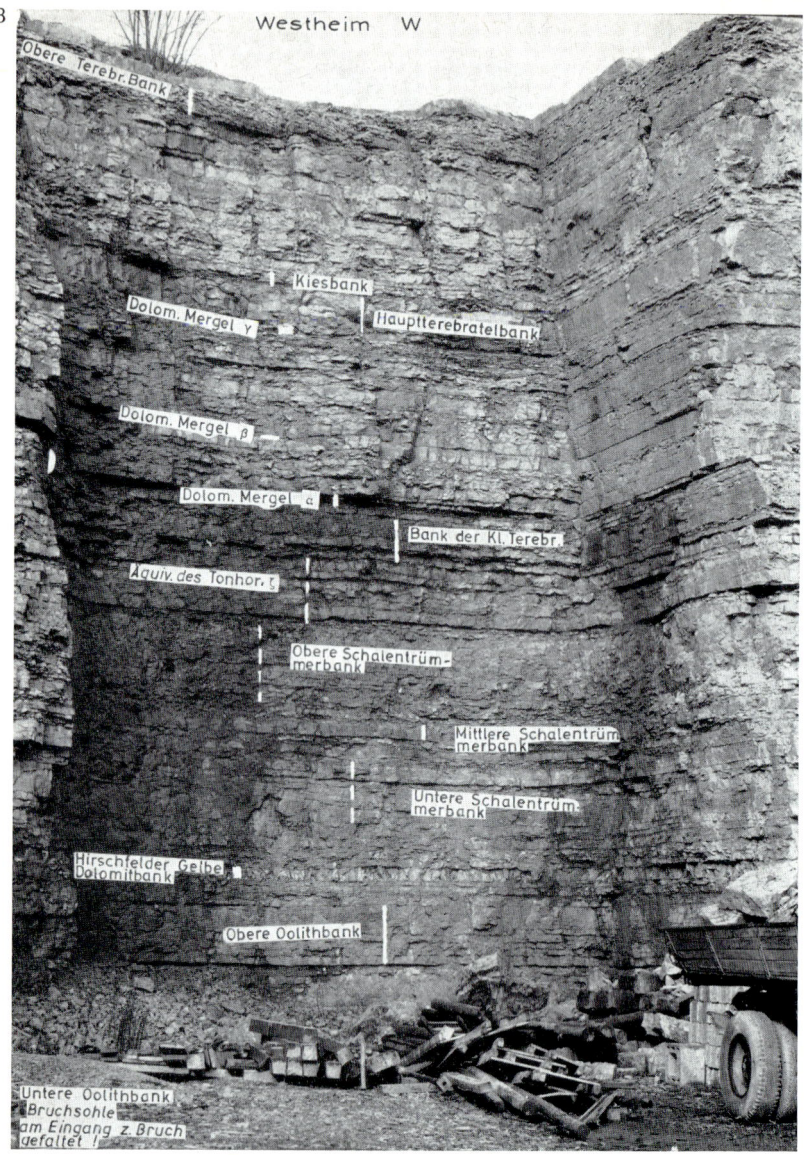

Abb. 49. Profil im oberen Hauptmuschelkalk, verl. Stbr. in Westheim/Kocher (aus Gwinner 1970 c).

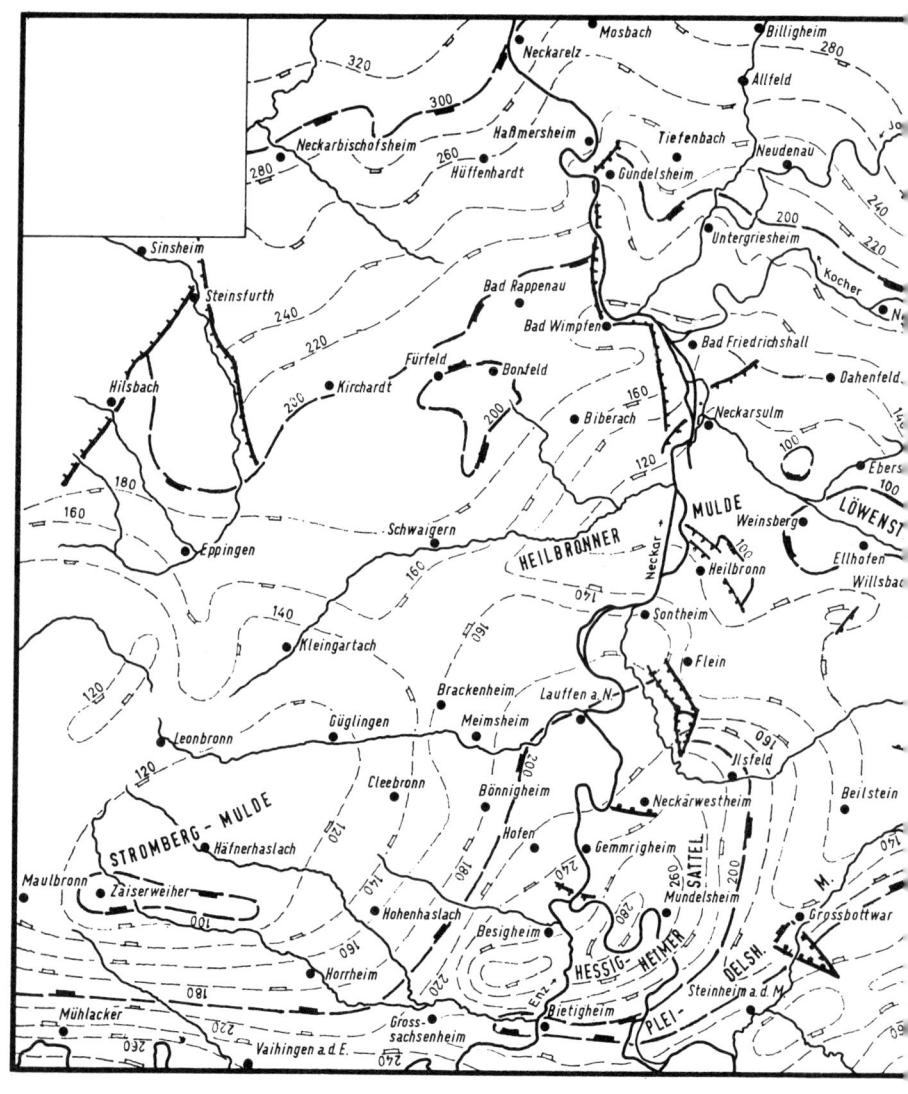

Abb. 15. Strukturkarte. Bezugs[
Zusammengestellt nach ALDINGER & S
1968 d; CARLÉ & LINCK 1949; FRANK 19:
WILD 1958, 1968, 1968 b, sowie eigener